JN005949

Big Five ［ビッグ ファイブ］

パーソナリティ・ハンドブック

5つの因子から「性格」を読み解く

谷　伊織・阿部晋吾・小塩真司
［編著］

福村出版

•はじめに•

小塩真司

　本書は，Big Five Personality（ビッグ・ファイブ・パーソナリティ，以下では
たんに Big Five と示す）について，その歴史から最新の研究までを網羅的にか
つコンパクトに紹介するハンドブックである。心理学の歴史（あるいはそれ以
前の学問の歴史）において，人間（のみならず人間以外の動物についても）のパ
ーソナリティや気質をどのようにとらえるのが適切であるのかという議論は，長
い歴史の中でさまざまな説や理論を生み出してきた。その中でも Big Five は
20世紀後半に見出され21世紀に定着した，比較的新しい枠組みである。

　もちろん，Big Five はパーソナリティの枠組みとして最終的かつ決定的な
ものではない。しかしいまや，この枠組みは心理学の範囲を超え，他の学問分
野，さらには現実社会の中へと，きわめて多くの場面で応用されるようになっ
ている。本書はこのような現状の中で，Big Five 研究の全体像を描き出すこ
とを試みるものである。

1　パーソナリティは何を指すのか

　そもそも，パーソナリティとは何を指すのだろうか。この問いに答えること
は簡単ではない。回答には多種多様な要素を含み，どうしても曖昧なものにな
らざるをえない。まずここでは，本書の内容へと進む前に，パーソナリティと
いう概念について私見を述べてみたい。

　第1に，パーソナリティは認知，感情，態度，価値観，行動，能力など，多
種多様な要素を含む概念である。パーソナリティは一種の概念であり（渡邊，
2010），行動そのものでもなく，スキルそのものでもなく，認知過程そのもの
でもないが，それらの要素を含むものである。パーソナリティと価値観につい
て問われれば，「パーソナリティの中には価値観のような要素が含まれる場合
があるが，価値観の中にパーソナリティが含まれることはないであろう」と回

答するのが適切である。同じように，パーソナリティの中には認知的な要素が含まれることがあるが，認知という概念の中にパーソナリティが含まれるとは考えにくい。これは，態度についても能力についても同様である。とくにBig Fiveは，辞書から抽出された人間を形容する単語を整理する過程で見出されたものである（cf. §1-1）。この点で，パーソナリティはその要素として人間の多様な活動を含む包括的な概念であると考えられる。

20世紀初頭，フランスの心理学者Binet, A.は，世界ではじめて知能検査を開発した。その中でBinetは，行動や判断力，知識，推理などさまざまな課題を用いて難易度順に並べ，年齢に対応づけていった。Binetによると知能とは「傾向の束」であり，何らかの精神作用の全体を表している（滝沢，1971）。だが，他の批判的な研究者からは，知能検査はガラクタの寄せ集めにしかみえなかったのである。パーソナリティ特性もこの考え方によく似ている。あるパーソナリティ特性は一見，さまざまな要素の混在にみえる。しかし，そのパーソナリティ特性は，何らかの「傾向」や「方向性」をもっており，本書において多様な観点から示されるように，具体的な行動や結果を説明するための有用な概念であると考えられる。

第2に，パーソナリティは個人差を表現する。個人差の表現方法はひとつではないが，Big Fiveは特性論とよばれる個人差の表現方法に立脚する。類型論は，人びとをある基準で分類し，分類された人びとの集団を代表する特徴としてパーソナリティ用語を割りあてる。本書にも登場するAllport, G. W.は，「いろいろな類型が提出されていますが，私が満足できるものは一つもありません」と述べた（Evans, 1970／宇津木他訳，1974, p.9）。類型論に共通する特徴は，さまざまな個人に共通する性質を切り取り，外向型やタイプAといった類型（タイプ，つまり人びとのグループ）を作り出すことである。しかし，それぞれのタイプの中に分類された個人は，必ずそれぞれ個人に特有のそれ以外の特徴を有している。あるタイプに属するからといって，それ以外の特徴をまったくもつことがないとは考えにくいのである。

一方で特性論は，多数の特性（指標）を用意することで，各個人の特徴を記述することを試みる。特性論では，多数の意味の異なるモノサシを用意し，あるモノサシではこのあたり，別のモノサシではこのあたりといった形でパーソ

ナリティを記述していく。これは，学力を国語，数学，理科，社会，英語の5つの観点で得点化していくのと同じようなものだと考えてもよいだろう。ただし，いくつのモノサシを用意することで，人間のパーソナリティ全体を効率よく記述することができるかという点が長い間の大きな問題であった。Big Five は，外向性，神経症傾向（情緒安定性），開放性，調和性（協調性），誠実性（勤勉性）という5つのモノサシによって，効率よく人間のパーソナリティを表現できる可能性があるというひとつの解を与えるものである（cf. §1-2）。なお，Big Five の5つの特性の日本語における表現は，ゆらぎがあり確定しているわけではない。表現が異なっていても同じ内容を意味しているということをふまえたうえで，各特性について理解してもらいたい。

　第3に，パーソナリティは比較的安定した特徴であることを意味する。ここでの安定というのは，時間的に安定していることと，場面を超えて安定していることを指す。たとえば外向性というパーソナリティ特性は，朝起きてから夜寝るまでの間に経験するさまざまな場面において，それぞれの場面に応じてコロコロと変化するようなものだと想定されるわけではない。ある程度全体的に個人の特徴として安定しており，それぞれの場面で多少の変化はあったとしても全体的なトーンとして安定していることを想定する。

　ただしこれは，どの程度の解像度をもって，どのような観点から現象をみるかに依存する。ここでの解像度というのは，時間的な解像度と空間的な解像度の両方を意味する。上司や指導教員を目の前にした場面で緊張を伴って行動しているときと，友人と一緒にくつろいで行動しているときとでは，同じ人物は当然異なる行動をとる。その意味で，完全にどの場面でも同じような行動をとる人物はほとんどいないだろう。しかし，そこで感じられる個人差つまり他の人と比べた際に感じられる基本的なトーンには，その人らしい特徴が見出されるかもしれない。目の前にいる人物について「このような人だ」と理解するときには，どの程度の時間と空間の解像度をもって相手をみることが適切なのであろうか。この問題は，パーソナリティについて研究する際の根本的な問題のひとつとなりうるものである。このあたりの議論の詳細は，§1-3を参照するとよいだろう。

2 Big Fiveを見出す

　Big Five は，方法論を重視する中で見出されてきた枠組みである。辞書から人間を形容する単語を抽出し，パーソナリティとして適切な単語を整理する試み（Allport & Odbert, 1936）が発端となり，これらの単語を，因子分析を中心とする多変量解析の手法を用いながら整理していった。因子分析は変数間の関連情報にもとづいて背景に仮定される共通した因子を推定する。この手法を用いることで，Big Five の下位因子（cf. §3）とともに，より上位の因子（cf. §6-1, §6-2）も見出されてきた。もちろん，この整理のプロセスの中では人為的な判断を排除することはできない。探索的因子分析の手法を用いる中で，因子数をいくつに設定するのかという問題についても，恣意的な判断を完全に免れることは不可能である。このようなことから，HEXACO モデル（cf. §6-3）のような Big Five 以外の統合的なモデルも提案されるようになっている。

　統計的な手法を用いてパーソナリティ用語を整理するためには，コンピュータの発展が不可欠であった。とくに，大きなサンプルサイズを伴う多くの変数を用いて計算を行っていくためには，演算の高速化とともに記憶装置の大容量化が不可欠な要素である。Big Five の萌芽が 1960 年代にみられるようになり，1980 年代以降に定着していった背景には，研究環境の発展が大きな影響を及ぼしていると考えられる。

　一方で，いわば Big Five は「まとめてみたらこうなった」という，研究手法を前面に押し出した形で展開してきたのも確かである。当初，このような研究の発展に対し，批判的な態度を示す研究者も少なくはなかった。たとえば 1990 年代はじめ，イギリスのパーソナリティ心理学者 Eysenck, H. J. は，Big Five の因子分析結果の一般性や Big Five が予測する現実の結果，そして理論的背景の欠如という観点から批判している（Eysenck, 1992）。本書の第 2 章における Big Five 各次元の特徴，第 4 章におけるパーソナリティの発達過程，第 5 章における Big Five の背景や基盤，第 7 章における他のパーソナリティモデルとの対応，そして第 9 章で触れられる，日常生活のさまざまな場面における活動と Big Five との関連をみれば，21 世紀以降，どれだけ Big Five 研究

が発展してきたのかが理解されるであろう。現在では，Big Five が基盤となり，他の研究領域や現実場面へと波及していく様子もみられるようになっている（cf. §10）。

3　Big Fiveのメリットと訳語の問題

Big Five が見出された意義は大きい。Big Five によって，世界中の研究者がパーソナリティ特性の共通言語を手にすることができたというメリットは強調しておきたいところである。パーソナリティの研究者たちはたいてい，各自が独自の概念を打ち立てて研究を進めていた。しかし多くの概念が乱立することで相互の関連については不明瞭なままにされることが多く，まとまりがない状態が続いていた。Big Five は，人間を形容する全単語から整理されていった枠組みであることから，多くの概念同士を Big Five が結びつけ，Big Five を介して各概念を解釈することも可能にしていった。ある国で考案された概念を Big Five との関連で表現することで，別の国の研究者もその概念の概要をイメージしやすくなる。このような翻訳機能は，Big Five の大きな副産物だといえるだろう。

Big Five の次元は，Extraversion, Neuroticism, Openness, Agreeableness, Conscientiousness の5つである。なお Extraversion は "Extroversion" と記載されることもある。どうやらもともとは "Extraversion" だったのであるが，Introversion（内向性）という単語のスペルに合わせる形で "Extroversion" が俗語として，アメリカ合衆国で広まったようである（Kaufman, 2015）。また Neuroticism は Emotional instability（情緒不安定性）と記載されることも，方向性を逆転させて Emotional stability（情緒安定性）と記載されることもある。さらに Openness は Openness to Experience（経験への開放性）の省略形として定着したものである。これらのように，海外の研究においても Big Five 各次元の記載は一貫していない。

同様に，これらの日本語訳についても必ずしも一貫していないことから，本書でも完全に統一しているわけではない。それは各研究における背景や経緯，研究者のこだわりが反映しているからである。しかしできるだけ混乱を避けるため，

Extraversion は「外向性」，Neuroticism は「神経症傾向」，Openness は「開放性」，Agreeableness は「協調性・調和性」，Conscientiousness は「勤勉性・誠実性」と記載するが，研究の文脈によって使いわけている点はご容赦願いたい。

4　本書のねらい

　本書は，Big Five パーソナリティについて，研究の全体像と方向性の参考となるような情報を示すことを目的としている。各章，各節は短くコンパクトに構成し，必要最小限の情報を示しながら，本書全体で Big Five の全体像を描き出すことを試みている。本書はあくまでも Big Five 研究の入り口としてのガイドとなるよう構成されたものである。限られた誌面の中で情報を示していることから，それぞれの情報の詳細については引用された文献を参照して頂きたい。

　本書を通じて，Big Five の研究の展開と可能性に触れて頂き，より正確な理解へとつながることを期待している。おそらくあとしばらくの間は，Big Five の枠組みは引き続き用いられていくことだろう。今後もさらに多くの研究領域に応用され，また現実の社会の中でも応用されていくことを期待している。本書をきっかけに，多くのアイデアや創造へと結びつくことを願っている。

2023 年 3 月

第8章　Big Fiveと他の心理学的特性との関連

第9章　Big Fiveと日常生活場面

第10章　Big Fiveのこれから

第 1 章

Big Fiveへの道のり

1-1

心理辞書的研究

橋本泰央 ● 帝京短期大学

1 語彙仮説と語彙研究

各言語には人のパーソナリティを表現するさまざまな言葉が存在する。Allport（1937／託摩他訳，1982）は，パーソナリティを表現する言葉が作り出された背景に，他者の心理性向を適切に表現し，他者を理解し，適切な対処法を取りたいという欲求があったと考えた。こうして人と人との日々の交互作用場面で観察されるもっとも重要な個人差が言語の中に符号化されるという考えを基本名辞仮説（あるいは語彙仮説：fundamental lexical hypothesis）という（Goldberg, 1981）。そして，語彙仮説にもとづいて，パーソナリティを表現した言葉を材料にパーソナリティの構造を探る研究を語彙研究という（Goldberg, 1982）。

2 語彙研究の始まり

語彙研究によるパーソナリティ研究の歴史をまとめた John et al.（1988）によれば，辞書に載っているパーソナリティ表現用語に着目した研究はイギリスの科学者・遺伝学者の Galton（1884）に遡る。Galton, F. はロジェの類語辞典の一部をサンプルとして調べ，全体に約 1,000 語のパーソナリティ表現用語が含まれていると推定した。しかし，Galton の研究はパーソナリティ表現用語の数の推定にとどまり，パーソナリティ構造の検討にまではふみ込まなかった。

その後，Klages（1926）や Baumgarten（1933）によってドイツ語のパーソナリティ表現用語の収集が行われたが，のちに続くドイツ語の研究は行われなかった。

Baumgarten, F. の研究を受けて英語の語彙研究に取り組んだのが Allport & Odbert（1936）であった。2人は『ウェブスター新国際大辞典』（*New International Dictionary* 1925 年版）に掲載された約 40 万語の中から，個人の行動とパーソナリティを特徴づける 17,953 語（全体の約 4.1%）のリストを作成した。このリストは4つにわかれる。ひとつ目は「個人の特性を示す中心的な言葉」4,504 語，2つ目は「一時的な気分や活動を記述する言葉」4,541 語，3つ目は「個人の行為の社会的，性格的判断を意味するか，あるいは他者への影響を指すべく重みづけられた言葉」5,226 語，4つ目は「その他：体格，能力，発達状態の指示。比喩的であいまいな言葉」3,682 語である。

3　語彙研究の成果を利用したパーソナリティ次元の探索

Allport & Odbert（1936）による分類は主観に拠っていたため，境界が曖昧で，重なり合う部分も多いと思われた。因子分析を用いて，その分類をシステマティックに行おうと試みたのが Cattell（1943, 1945a, b, 1947 など）である。Cattell, R. B. は Allport, G. W. らが辞書から抽出した「個人の特性を示す中心的な言葉」と，一時的な気分や活動を記述する言葉 100 語を事前にグループ化したリストを利用して，成人男性 208 人からのデータをもとに 12 の因子を抽出している（Cattell, 1945a）。

Cattell の研究はパーソナリティ構造探求の先鞭となった。1949 年には Fiske, D. W. が，Cattell（1947）のまとめたパーソナリティ特性リストを利用して，5つのパーソナリティ次元（自信に満ちた自己表出，社会的適応性，従順性，情動制御性，知的探求性）を抽出したと報告している。その後，Tupes & Christal（1961）や Norman（1963）も Cattell のリストを利用した調査を行い，リストを構成するパーソナリティ特性が5つの次元にまとまると報告している（高潮性，協調性，信頼性もしくは誠実性，情緒安定性もしくは情動性，文化）。しかし，いずれの研究も Cattell がまとめた特性をもとに質問項目を構成してい

たため，Tupes, E. C. らも Norman, W. T. も，パーソナリティ表現用語そのものに立ち返って分析を行った場合には，他の次元が抽出される可能性にも言及していた。

4　Normanの語彙研究

Norman（1967）は『ウェブスター新国際辞典』（第3版）を確認し，Allport らが抜き出した17,953語に含まれていない言葉を含め，人間を形容する可能性のある言葉が約4万語あるとの推定を発表した。そして，それらの言葉を「安定した特性」，「一時的な状態・活動」，「社会的役割・関係・効果」を表す言葉，および「むずかしい言葉・意味があいまいな言葉・知られていない言葉」に分類し，さらにそれぞれを細かく分類した。次いで，「安定した特性」を表すカテゴリを中心に，適切なパーソナリティ表現用語2,797語を選び出した。

Norman はこの2,797語を使って調査を行った。まず，2,797語のうちの3語を重複させて200語からなる14のリストを作成した。そして大学生男女各50人に，リストに記載された言葉の意味を簡単に記すように求め，意味がわからない言葉には線を引くように求めた。また，リストの言葉が自分自身や，好きな人，嫌いな人，よく知らない人にあてはまる程度をそれぞれ評定するよう求めた。さらに，それぞれの言葉がどの程度望ましいと考えるかを9件法で尋ねた。Norman は2,797語の自己評定や他者評定，望ましさの平均値と標準偏差，および意味がわからないと回答した者の割合を男女ごとに報告している。Norman はその後，意味の曖昧な言葉や一般の大学生になじみのない言葉などを除外し，1,431語を75のカテゴリに分類している（cf. Goldberg, 1990）。

5　Big Fiveの命名

Goldberg（1981, 1982, 1990）は Norman のリストを利用してパーソナリティ構造の検討を試みた。Goldberg, L. R. は調査実施可能な数まで言葉を減らす目的で，Norman の2,797語から名詞や意味のむずかしい言葉，評定値の平均が偏った言葉，望ましさの評定値の分散が大きい言葉などを除外し，1,710語の

表1-1　Goldberg（1992）のBig Fiveマーカーの例

Ⅰ：高潮性	Ⅱ：協調性	Ⅲ：勤勉性	Ⅳ：情緒安定性	Ⅴ：知性
内向的−外向的	冷たい−温かい	気まぐれ− 計画性のある	怒った−平静	非知性的− 知性的
活気のない− 活気に満ちた	不親切−親切	無責任− 責任感のある	緊張− リラックス	鈍い−明敏
寡黙− おしゃべり	非協力的− 協力的	頼りにならない −頼りになる	神経質−気楽	非分析的− 分析的

リストを作成した。さらに，辞書で意味を確認して意味の定義が複数ある言葉や俗語，特定の性別と結びついた言葉などを除外し，辞書には載っていないがよく使われる言葉などを追加して566語のリストを作成した。

　Goldbergは作成したリストを利用して研究を重ね，研究に用いる言葉の数を変えても，サンプルを変えても，評定対象を変えても，因子分析の回転方法を変えても，Norman（1963）が報告した5因子と類似した5つの因子が安定的に抽出され，それ以外に再現性のある因子はみられなかったと報告している。その際，Norman（1963）の5因子を"Big Five"（ビッグ・ファイブ）と命名したことから，語彙研究によって得られた5つの因子はBig Fiveとよばれるようになり，質問紙研究で得られた5因子（cf.§1-2）と区別されることとなった。

　Goldbergはまた，Big Fiveのマーカーとして，各次元ともっとも関連する形容詞を10対（合計50対100語）ずつ選び出している（表1-1）（Goldberg, 1992）。

6　英語以外の言語によるBig Fiveの発見

　オランダ語とドイツ語でも，語彙研究によって早くからBig Fiveに相当する5因子が確認された。オランダ語ではBrokken（1978；cf. John et al., 1988）が辞書からパーソナリティ表現用語を抜き出し，適切と考えられた1,203語のリストを作成した。この1,203語を利用したHofstee（1977；cf. John et al., 1988）は，英語のBig Fiveを含む7つの次元が抽出されたと報告している。同じくBrokken, F. B.のリストから選び出した551語を調査に使用したDe

Raad et al.（1992）は，600 人のデータを因子分析した結果，英語の Big Five に相当する 5 つの因子にまとまったと報告している。

　ドイツ語では Angleitner et al.（1990）が辞書からパーソナリティを表現する言葉を抜き出し，5,092 語の形容詞を 13 のカテゴリに分類した。Ostendorf（1990；cf. John et al., 2008）はさらに約 450 語を選び出して調査・因子分析を行い，Big Five を得たと報告している。さらに Ostendorf, F. は，英語のパーソナリティ質問紙の翻訳版を調査に含め，語彙研究で得られた因子と英語の Big Five 構造の間に相関があることを示し，Big Five が文化間で共通する可能性を示した。

7　日本語の語彙研究

　日本でもパーソナリティを表現する言葉の収集は古くから行われていた。『大日本國語辞典』（昭和 3 年〜昭和 4 年版）を使用した古浦（1952）はパーソナリティを表現する言葉を収集し，品詞ごとに分類している。多田（1966）は『広辞苑』（昭和 30 年，第 1 版）から，明確にパーソナリティ表現用語であると考えられる用語リスト 1,205 語と，パーソナリティ表現用語としての使用が限定的な言葉，あるいは特定範囲の人に限って適用されうる言葉などをまとめた補充リスト 868 語を収集・掲載している。

　青木（1971a）は『明解国語辞典』からパーソナリティ表現用語 3,862 語を抜き出し，Allport らの 4 つのカテゴリへの分類を試みた。さらに個人の傾向性をもっともよく表すと考えられる 455 語を選んで 17 のカテゴリに分類した。そして，各カテゴリから選んだ 128 語を使って大学生と社会人を対象に調査を行い，望ましい特性 3 因子（勤勉・粘り強い，親切・明朗，安定・落着き）と望ましくない特性 3 因子（不安定・自己中心，消極・無気力，不親切・気どり）を抽出した（青木，1971b）。さらに，580 語を使用した研究を行い，社会人からの回答をもとにパーソナリティを 66 対の側面（たとえば「ゆっくり話す−早口に言う」）にまとめあげた（青木，1972）。

　辻（2001）は『広辞苑』（第 5 版）からパーソナリティ表現用語を収集し，13,198 語からなる第 1 次データベースを作成した。次いで，日常で通じるか否

かの評定をとおして11,145語に絞り，これを第2次データベースとした。さらに意味の通じやすさ，パーソナリティ表現用語としての使用の有無の評定を行い，もっとも適切と考えられた400語を選び出している。この400語を用いた大学生の自己評定データをもとに因子分析を行い，11因子解を報告している。

　日本語のパーソナリティ表現用語が5因子にまとまると報告している研究には，村上（2003）と柏木他（2005）がある。村上（2003）は『広辞苑』（第5版）から収集したパーソナリティ表現用語に，青木（1971a）や辻（2001）が収集した言葉を加え，大学生を対象とした調査によってパーソナリティ表現用語として適切と思われる934語を選び出した。さらに同義語や反義語を整理するなどして554語を選択し，大学生から2件法による自己評定データを収集した。そして回答の分散が大きかった317語を対象とした分析を行い，Big Five に相当する5因子（外向性，協調性，勤勉性，情緒安定性，知性）を確認している。柏木他（2005）は辻（2001）の再分析により，400語から5因子（外向性，協調性，勤勉性，情緒不安定性，開放性）を抽出し，さらに各因子を下部構造（ファセット）にわけて，それぞれの代表語を選び出している。

8　語彙研究による，さらなる次元の探索

　当初英語で発見された Big Five が文化や言語を超えて一般化されるのかどうかについては，現在も研究が盛んである。Ashton et al.（2004）は7言語による因子分析解の中に，「正直さ－謙虚さ」と解釈可能な，Big Five 以外の第6の因子が共通して存在すると報告している。一方，De Raad et al.（2010）は12の異なる言語を分析した結果，各言語に共通するのは3因子（外向性，協調性，勤勉性）にすぎないと報告し，11の語彙研究の分析からも同様の結論を導き出している（De Raad et al., 2014）。また，Big Five よりも詳細なパーソナリティの表現を可能にするモデルとして，21次元といった，高次元なモデルの探索も提案されている（Saucier & Iurino, 2020）。

1-2

基本次元の探求から5次元への集約

橋本泰央 ● 帝京短期大学

　Big Five と Five Factor Model（FFM：5因子モデル）はともにパーソナリティを5つの次元で説明するモデルである。Big Five は語彙研究（辞書的アプローチ）に起源をもつ。FFM はおもにパーソナリティ質問紙が測定する概念を，因子分析を用いて整理する研究の流れの中で生まれた（質問紙的アプローチ）。本節では後者の流れに焦点をあて，最後にパーソナリティを5つの次元でとらえる妥当性を示唆する研究を紹介する。

1　因子分析によるパーソナリティ次元の探索

　パーソナリティの基本次元の探索に因子分析が果たした役割は大きかった。因子分析とは各種変数に共通する，直接観察できない要因（因子）を見つけ出す統計手法である。Spearman（1904）が，子どもの知的能力を測定する検査の得点の背後に共通して存在する一般知能因子の存在を仮定したのは，因子分析の手法による。その後，Thurstone（1934）は，60のパーソナリティ形容詞が，その背後に存在する因子によって5つのクラスターにわけられることを示し，因子分析がパーソナリティ次元の探索にも使用可能なことを示した。

　因子分析を利用してパーソナリティ次元の探索を行った研究者に Cattell, R. B. がいる。Cattell（1943, 1945a）は Allport & Odbert（1936）が辞書から抽出したパーソナリティ表現用語の一部を利用し，因子分析を試みた。因子分析の前段階として同義語をグループ化し，各グループの核となる言葉171の変数リストを作成した。その際，対義語をもつ形容詞は対で選ばれた。そして一般成

表 1-2　Cattell（1945a）の 12 因子

A	循環気質　vs.　妄想性分裂気質
B	一般精神能力　vs.　精神障害
C	情緒的成熟，安定した性格　vs.　混乱した一般的情緒性
D	躁うつ，情動亢進　vs.　粘液質的欲求不満耐性
E	支配　vs.　従順
F	高潮性　vs.　憂うつ，恥ずかしがり，退潮性
G	肯定的な性格統合　vs.　未成熟，依存的性格
H	慈悲深い，冒険的高潮性　vs.　心理的抑圧，不安定な退潮性
I	繊細，想像力豊か，神経症的情緒性　vs.　厳格，強靱な態度
J	神経衰弱　vs.　活発で"強迫的"性格
K	訓練された，文化的精神　vs.　野暮
L	のんき，適応的，高潮性　vs.　分裂病的退潮性

人 100 人をリストの観点から評定した結果をもとに，リストの変数を全部で 60 のクラスターに分類した。その後，パーソナリティ特性を 35 のクラスターにまとめ上げたうえで，208 人の成人男性からのデータをもとに 12 の因子を抽出している（表 1-2）。さらに，先行研究で測定されたパーソナリティ特性を収集して 36 対の領域に整理し，そこから因子の抽出も試みている（Cattell, 1947）。これらの因子はのちに 16 因子で構成されたパーソナリティ質問紙（16 Personality Factors：16PF：Cattell et al., 1970）の一部となった。

2　5 因子の発見

Cattell の研究をもとに，のちの FFM につながる 5 つの因子がくり返し発見された（表 1-3）。

Fiske（1949）の報告はパーソナリティの 5 因子を発見した最初期の研究に数えられる。Fiske, D. W. は Cattell がまとめたパーソナリティ特性を含む，22 対のパーソナリティ側面（たとえば，自己主張的－服従的，抑うつ的－陽気な）を表現した項目を利用し，128 人の男性を対象とした調査を行った。調査では 128 人の自己評定，128 人をそれぞれ 3 人の知り合いが評定した他者評定，同

表1-3 5因子の解釈 (McCrae, 1989より作成)

著者	I	II	III	IV	V
Fiske (1949)	自信に満ちた自己表出 (Confident Self-Expression)	社会的適応性 (Social Adaptability)	従順性 (Conformity)	情動制御性 (Emotional Control)	知性探求性 (Inquiring Intellect)
Tupes & Christel (1961)	高潮性 (Surgency)	協調性・調和性 (Agreeableness)	信頼性 (Dependability)	情緒安定性 (Emotional Stability)	文化 (Culture)
Norman (1963)	外向性または高潮性 (Extraversion or Surgency)	協調性・調和性 (Agreeableness)	勤勉性・誠実性 (Conscientiousness)	情緒安定性 (Emotional Stability)	文化 (Culture)
Borgatta (1964)	主張性 (Assertiveness)	好ましさ (Likeability)	仕事への関心／責任 (Task Interest / Responsibility)	情動性 (Emotionality)	知性 (Intelligence)
Digman & Takemoto-Chock (1981)	外向性 (Extraversion)	友愛遵守 (Friendly Compliance)	達成意欲 (Will to Achieve)	エゴの強さ／不安 (Ego Strength / Anxiety)	知性 (Intellect)
Hogan (1983)	野心と社交性 (Ambition and Sociability)	好ましさ (Likeability)	用心深さ (Prudence)	適応 (Adjustment)	知性 (Intelligence)
McCrae & Costa (1985a)	外向性 (Extraversion)	協調性・調和性 (Agreeableness)	勤勉性・誠実性 (Conscientiousness)	神経症傾向 (Neuroticism)	開放性 (Openness)

じく3人の心理学者による評定データを得た。分析の結果，3つの評定すべてで非常によく似た4つの因子（社会的適応性，従順性，情動制御性，知性探求性）がみつかり，他者評定と自己評定からはさらにもうひとつの因子（自信に満ちた自己表出）がみつかった。

　Tupes & Christal (1961) も Cattell (1947) のまとめたパーソナリティを測定するための質問項目を利用して5つの因子を見出している。Tupes, E. C. らは，Cattell と Fiske のサンプルの再分析を含む8つのサンプルの分析を行い，5つの次元がくり返し現れたと報告している。しかし，Tupes らの報告はアメリカ空軍のテクニカルレポート掲載論文として発表されたため，多くのパーソナリティ研究者の目に留まることはなく，当時のパーソナリティモデルに反映されることもなかった (Digman, 1990)。

　Norman (1963) は Tupes らの報告に目をとおしたひとりであった。Norman,

W. T. も Cattell の質問項目を利用した調査を行い，5つの次元（外向性または高潮性，協調性・調和性，勤勉性・誠実性，情緒安定性，文化）を見出した。また，Borgatta（1964）は自己評定と他者評定を含む5つのデータセットの分析から，5つの次元を抽出し，それらを主張性，好ましさ，情動性，知性，仕事への関心（または責任）と解釈した。Smith（1967）は Cattell の42のパーソナリティ変数を利用して，高校，大学，看護学校から他者評定データを得て因子分析を行い，Tupes らや Norman と類似した5因子（協調性・調和性，外向性，性格の強さ，情動性，上品）が，どのサンプルでも安定的に得られたと報告した。

　このように，独立した研究者によって，パーソナリティが5つの上位概念に整理されることがくり返し示されていたにもかかわらず，この5次元がパーソナリティの包括的次元として受け入れられたのは，語彙研究による Big Five の発見以降であった。

3　5因子モデル以外のパーソナリティモデル

　当時使用されていた主たる尺度が測定するパーソナリティ側面の数はさまざまであった。前述した Cattell のモデルが測定するパーソナリティ側面は16，ギルフォード・マーチン人格目録（Guilford-Martin Inventory of Factors：GAMIN；Guilford & Martin, 1943）は5つ，ギルフォード・ジマーマン気質調査（Guilford-Zimmerman Temperament Survey；Guilford & Zimmerman, 1949）では10の側面を測定していた。Eysenck, H. J. が作成したモーズレイ性格検査（Maudsley Personality Inventory）はパーソナリティを神経症傾向と外向性−内向性の2次元で，アイゼンク人格目録（Eysenck Personality Inventory；Eysenck & Eysenck, 1964）は精神病質傾向を加えた3つの次元を測定するものであった。Wiggins, J. S. の対人形容詞尺度（Interpersonal Adjective Scales；Wiggins, 1979）は支配性と親密性の2次元を，ジャクソン性格検査（Personality Research Form；Jackson, 1974）は20のパーソナリティ側面を測定するという具合であった。

4 5因子の再発見

　自記式の質問紙が測定するパーソナリティが，実は5つの次元に集約される
のではないかという予測は1980年頃から現れた（Digman, 1990）。Digman
（1979）はCattell & Cattell（1969）のHigh School Personality Questionnaire
の尺度相関を分析し，Big Fiveの外向性，協調性・調和性，勤勉性・誠実性，
情緒安定性に類似した4つの2次因子を見出した。そしてジャクソン性格検査
（Jackson, 1974）の尺度がそれらの4因子と関連することを示した（cf. Digman,
1990）。Digman & Takemoto-Chock（1981）はCattellやFiskeの研究を含む6
つの研究の再分析に着手し，サンプルや評定対象者の違いを超えて5因子構造
がくり返し見出されると報告した。Goldberg（1981）はNorman（1963）の5
因子をBig Fiveと命名して，さまざまな質問紙で測定されてきたパーソナリ
ティが，語彙研究で見出されたBig Fiveの枠組みで整理できる可能性を示し
た。

5 5因子を測定する質問紙の開発

　パーソナリティの5因子を測定する質問紙の開発は，FFMが広まる契機と
なった。Costa & McCrae（1980）は当初，EysenckやCattell, Guilfordのパー
ソナリティ質問紙の検討から，外向性，神経症傾向，開放性をパーソナリティ
の主たる次元と考えたが，のちに，パーソナリティの包括的表現のためには語
彙研究でくり返し見出されていた調和性と誠実性を加えた5次元が必要と考え，
これらの5次元（およびその下位次元）を測定する質問紙NEO-PI，のちに
NEO-PI-Rを作成した（Costa & McCrae, 1985, 1992b）。
　質問紙の作成により，さまざまなパーソナリティ検査と5次元の関係を検討
することが可能となった。その結果，Eysenckの性格検査（McCrae & Costa,
1985a；Costa & McCrae, 1995a）やジャクソン性格検査（Costa & McCrae, 1988），
MBTI（Myers-Briggs Type Indicator；Myers et al., 1985；McCrae & Costa,
1989a）などの中に5つの次元が表現されていることが明らかとなった（表1-4）。

表1-4　5因子の枠組みからみたパーソナリティモデル（John et al., 2008 より作成）

尺度作成者	I	II	III	IV	V
Hogan (1986)	社交性 (Sociability)	好ましさ (Likeability)	慎重さ (Prudence)	適応（−） (Adjustment (-))	知性 (Intellectance)
Gough (1987)	社交性 (Sociability)	女性らしさ (Femininity)	規範嗜好 (Norm-Favoring)	ウェルビーイング（−） (Well-Being (-))	自立による達成 (Achievement via Independence)
Jackson (1984)	外向的−対人リーダーシップ (Outgoing-Social Leadership)	自己防衛志向（−） (Self-Protective Orientation (-))	仕事志向 (Work Orientation)	信頼（−） (Dependence (-))	美的−知的 (Aesthetic-Intellectual)
Myers & McCaulley (1985)	外向型 (Extraversion)	感覚型 (Feeling)	判断型 (Judging)		直観型 (Intuition)
Cattell (1957) (2次因子)	外向性 (Exvia)	コルテチア (Cortertia)	超自我の強さ (Superego Strength)	不安 (Anxiety)	知性 (Intelligence)
Eysenck (1970)	外向性 (Extraversion)	精神病質傾向 (Psychoticism)		神経症傾向 (Neuroticism)	
Guilford (1975) (2次因子)	社会的活動性 (Social Activity)	パラノイド（−） (Paranoid Disposition (-))	内向性 (Introversion)	情緒安定性（−） (Emotional Stability (-))	
Wiggins (2003)	支配性 (Dominance)	親和性 (Affiliation)			

また，ミネソタ多面人格目録（Minnesota Multiphasic Personality Inventory；Hathaway & McKinley, 1951）が勤勉性・誠実性を除く4次元を表現していることや（Costa et al., 1986），対人円環モデル（cf.§6-4）が表現している支配性と親密性の2次元が外向性と協調性・調和性の次元に相当することなどが示された（McCrae & Costa, 1989b）。また，形容詞チェックリスト（Adjective Check List；Gough & Heilbrun, 1983）に含まれる形容詞が5次元に整理されることも明らかとなった（Piedmont et al., 1991）。

6　5因子モデルとBig Fiveの関連

FFMとBig Fiveとの間には高い関連が示されている。Big Fiveの形容詞尺度（Goldberg, 1983；cf. McCrae, 1989）とNEO-PIの下位尺度得点を算出して同

表 1-5 FFMの5因子とBig Fiveの下位次元の比較（John et al., 2008 より作成）

	NEO-PI-Rの下位次元 (Costa & McCrae, 1992)	語彙研究による下位次元 (Saucier & Ostendorf, 1999)
外向性の 下位次元	温かさ（Warmth）	（A：温かさ／愛情）
	群居性（Gregariousness）	社交性（Sociability）
	断行性（Assertiveness）	主張性（Assertiveness）
	活動性（Activity）	活動性／冒険好き（Activity / Adventurousness）
	刺激希求性（Excitement-Seeking）	
	よい感情（Positive Emotions）	
		抑制に欠ける（Unrestraint）
調和性の 下位次元		温かさ／愛情（Warmth / Affection）
	信頼（Trust）	
	実直さ（Straightforwardness）	
	利他性（Altruism）	
	応諾（Compliance）	穏やかさ（Gentleness）
	慎み深さ（Modesty）	慎み深さ／謙遜（Modesty / Humility）
	優しさ（Tender-Mindedness）	
		寛大（Generosity）
誠実性の 下位次元	コンピテンス（Competence）	（O：物わかりの良さ）
	秩序（Order）	秩序（Orderliness）
	良心性（Dutifulness）	信頼性（Reliability）
	達成追求（Achievement Striving）	勤勉さ（Industriousness）
	自己鍛錬（Self-Discipline）	
	慎重さ（Deliberation）	
		潔さ（Decisiveness）
神経症傾向 の下位次元	不安（Anxiety）	不安感（Insecurity）
	敵意（Angry Hostility）	怒りっぽさ（Irritability）
	抑うつ（Depression）	
	自意識（Self-Consciousness）	
	衝動性（Impulsiveness）	
	傷つきやすさ（Vulnerability）	
		情動性（Emotionality）
開放性の 下位次元	空想（Fantasy）	想像／創造性（Imagination / Creativity）
	審美性（Aesthetics）	
	感情（Feelings）	
	行為（Actions）	
	アイデア（Ideas）	知性（Intellect）
	価値（Values）	
		物わかりの良さ（Perceptiveness）

注：NEO-PI-RではAgreeablenessに「調和性」，Conscientiousnessに「誠実性」の訳語があてられている

14

時に因子分析を行うと，Big Five と NEO-PI の対応する次元同士が同じ因子に高い負荷量をみせると報告されている（McCrae, 1989）。また，形容詞チェックリストの 300 語を 10 人の評定者が Big Five の 5 次元に分類した結果，各次元に含まれる形容詞が表す意味内容は NEO-PI-R の下位次元が表す内容と類似していることが示されている（**表 1-5**）（John et al., 2008）。

7　パーソナリティを 5 次元でとらえる妥当性

5 次元でとらえたパーソナリティは，人が発達の過程で遭遇する人生の課題やライフイベントと関連する形で変化していると考えられる。たとえば協調性・調和性や勤勉性・誠実性の得点は年を重ねるごとに高くなると報告されているが，その変化はとくに青年期で大きいとされる（Roberts et al., 2006 ; Soto et al., 2011）。また，集団内における個人の相対順位の安定性は，若いときほど低く，年齢が高いほど安定することが示されている（Roberts & DelVecchio, 2000）。こうしたパーソナリティ得点の変化は，自我の確立や他者との親密な関係の構築，次世代育成能力の獲得といった生物学的発達課題への対応を反映していると考えられる（Srivastava et al., 2003）。また，パーソナリティの 5 次元が重要なライフイベントと関連して変化する（Costa et al., 2019 ; Bleidorn et al., 2018）という知見は，環境変化への対応に伴うパーソナリティの変化を 5 次元という枠組みがとらえている証左と考えられる。

パーソナリティの 5 次元は，多種多様な文化でもその存在が確認されており（De Fruyt et al., 2009 ; McCrae et al., 2004, 2005b），成人早期のパーソナリティ変化は異なる文化間で類似した軌跡を示す（Bleidorn et al., 2013）。これらはパーソナリティの 5 次元の普遍性を示すと同時に，その生物学的基盤の存在を示唆する証拠とも考えられる（Allik & McCrae, 2002）。5 次元と対応する脳構造については一貫した結果はまだ得られていないようであるが（Chen & Canli, 2022），5 次元と関連する神経ネットワークの存在も報告されている（Cai et al., 2020）。さらに，霊長類を対象とした研究における，人間の 5 因子に相当する特性の発見は，5 因子構造が進化過程の産物である可能性を示すと考えられる（King et al., 2005 ; Úbeda & Llorente, 2015 ; Weiss et al., 2012）。

1-3

一貫性論争と状況論の中の Big Five

堀毛一也 ● 東洋大学

1 一貫性論争と Big Five

「特性（trait）」や特性分類に関する考え方は，ギリシャ時代から近代科学に至るまでさまざまな形で展開されてきた。これをパーソナリティ理論のひとつとして展開したのは Allport（1937）である。Allport, G. W. は，人間行動の一貫性や統合性を説明する概念として「特性」を位置づけ，パーソナリティの主要な構成単位とみなす「特性論（trait theory）」を展開した（McAdams, 2000）。こうした考え方は，Cattell, R. B. や Eysenck, H. J. に引き継がれ，1960 年代の終わりには，パーソナリティ理解の主要な説明理論となっていった。これに対し Mischel（1968）は，「一部の研究領域を除くと，パーソナリティが一貫しているとする考え方を支持するデータはまれである」と主張し，特性論への反駁を行った。この指摘をきっかけとして，特性論の支持者と Mischel, W. らの主張にもとづく状況論者の間に生じた論争が「一貫性論争（consistency controversy）」または「人間 – 状況論争（person situation debate）」とよばれる論争である。論争における主要な立場に関しては**図 1-1** にまとめられている（堀毛・高橋，2007）。

この論争の中で，状況論者は，(1) 行動は高度に状況特定的で，通状況的に一貫したものではない，(2) 状況における個人差は広範な内的性質よりも測定上の誤差に帰因する，(3) 観察される反応パターンは，因果的には状況の中にある刺激と結びつけられる，(4) こうした刺激と反応の結びつきを見出すため

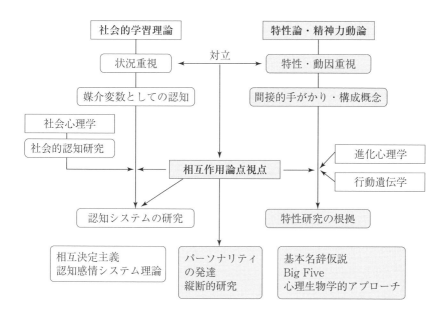

図1-1　一貫性論争の流れ（堀毛・高橋，2007 より作成）

の方法としては実験法がもっとも適切である，と主張した（Krahé, 1992）。こ
れに対し，特性論者は，パーソナリティ研究の基本的な単位としての特性の有
用性を，別の異なった理論的角度から擁護しようとした。そのための試みのひ
とつが5因子モデル（FFM）の探求である。5因子探求の道筋は前節までに詳
述されているのでここでは扱わないが，パーソナリティ構造として，このモデ
ルの頑健性をはじめて主張したのは Goldberg（1981）である（Digman, 1990）。
Goldberg, L. R. のアプローチは「基本名辞（語彙）仮説（fundamental lexical
hypothesis）」とよばれ，「人間の活動において重要な意味をもつ個人差は，日
常使用している言語（自然言語）として符号化されている」（Goldberg, 1981）と
する考え方をもとに，辞書の中から人間の性格表現用語を抽出・整理しようと
する考え方である。こうした試みは，すでに Allport & Odbert（1936）によっ
て行われており，4,504 語の性格特徴が抽出されていた。Goldberg（1981）は，
この成果がほぼ正しいことを確認したうえで，あらためて抽出語に関する適切
さや明確などの評定を行った結果，他の研究者によっても示唆されていた5

因子構造を見出した。同様の辞書的研究は，オランダ，ドイツ，フィリピン，中国など世界的に行われ，いずれも 5 因子が見出されたことにより，文化的な共通性をもつパーソナリティ構造とする見方が強くなっていった。加えて，Costa & McCrae（1985）は，すでに開発されていた NEO とよばれる神経症傾向，外向性，開放性を測定する質問紙と Big Five の共通性を基盤に，誠実性と調和性を加えた NEO-PI-R とよばれる 240 項目からなる 5 因子測定の質問紙を開発した（Costa & McCrae, 1992e）。こちらも世界的に翻訳・使用され（FFM 研究とよばれ，Big Five 研究と区別する場合もある），どの文化でも共通する 5 因子構造が抽出されたこと（通文化的共通性）や，経時的安定性を示すデータが得られたことを根拠に，パーソナリティ研究の基本的単位であるとする主張が強まっていった。

2　状況論と Big Five

　一方，状況論者たちは，当初から Big Five 的アプローチには批判的であった。たとえば Mischel et al.（2007）は，Big Five 論者は，勤勉性・誠実性があるから誠実になると論じるが，勤勉性・誠実性は質問紙などにもとづく行動パターンから推測されたものなので，それを説明変数にすることは間違いであると論じ，社会 − 認知的変数により勤勉性・誠実性を説明すべきであると主張している。Mischel（1973），Mischel et al.（2007）は，こうした社会 − 認知的変数として，(1) 符号化の方略，(2) 期待と信念，(3) 感情反応，(4) 目標と価値，(5) コンピテンスと自己制御方略という 5 つをあげている。これらの変数は，認知 − 感情ユニット（Cognitive Affective Units：CAUs）とよばれ，Mischel & Shoda（1995）の主張する CAPS（Cognitive-Affective Personality System）理論では，パーソナリティを構成する中核的なユニットとして扱われている。CAPS 理論では，特定の状況に遭遇すると，その特徴を符号化し，個人に特有な CAUs が活性化し，固有の関連づけパターンに従って活性化拡散が生じると考える（図 1-2）。つまり，CAUs の活性化には常同的な個人差があり（アクセシビリティの相違），活性化経路は人によって異なる。その結びつき方こそ，個々人のパーソナリティを意味すると考える。結果的に，人の行動に

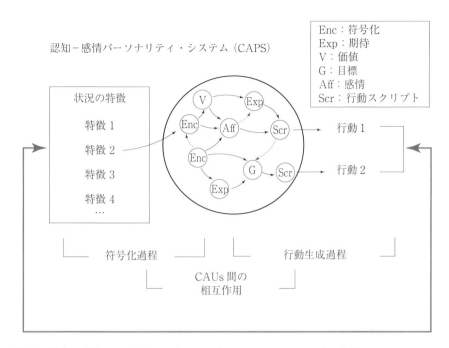

図 1-2 認知−感情パーソナリティ・システム（Smith & Shoda, 2009 より作成）

は，状況に応じた If-Then（もし〜ならば，〜である）で示される一貫したパターンが生じ（行動指紋［behavioral signature］），その違いを検討することが人のパーソナリティを理解する主要な手立てとなる（Mischel et al., 2007）。

3 新たな研究動向 — Fleeson の統合的立場

　Big Five 研究では，こうした認知−感情過程の力動性に注意を向けずにきた。一方状況論では，グローバルなパーソナリティ特性との関連を明確に論じてこなかった。この間に，Big Five 研究の問題点とされてきた「なぜ5因子なのか」という疑問に答える研究として，行動遺伝学，神経生理学，進化心理学などが登場し，遺伝的要因や神経伝達物質などの生理学的側面からも5因子構造が説明できることを明らかにしていった。一方で，状況論者や一部の特性論者たちは，折衷的立場として注目された「新相互作用論」の視点を取り込み

ながら，特性論との統合的視点を構築しようとする努力をはじめた。

　この点で注目されるのは Fleeson, W. の一連の主張である。Fleeson（2001）では，経験サンプリング法を用い，13日間にわたり1日5回，回答までの1時間に何を行いどのような感情を抱いていたか，Big Five の5因子各4項目，陽性感情・陰性感情評定尺度（Positive and Negative Affect Schedule：PANAS）から選択した陽性感情4項目・陰性感情4項目により7段階であてはまりを記録させた。このデータについて，まずそれぞれの特性・感情の個人内分散を検討したところ，その値はそれぞれの特性・感情の全分散の値に近いほど大きかった。つまり，どの特性・感情についても，個々人の行動は，測定された時点ごとに大きく異なること，いいかえれば時間的状況により行動には大きな相違がみられるという状況論的主張の正しさが明らかにされた。一方で，ランダムに選択した特定の2つの時点間の相関はほぼ無相関だったが，ランダムに選択した半数の時点の平均評定と，残り半数の時点の平均評定の関連を検討したところ，両者の間には個人間で高い相関がみられた。つまり，特性・感情としてデータを集積すれば，特性論の主張するようなレベルの一貫性がみられることが示された。Fleeson（2004）は，こうした研究を基盤に，それぞれの時点での行動の予測には状況的要因の影響が大きく，特性による予測はあまり意味をもたないが，個人の特定の行動傾向を集積的に理解する場合には，特性的な理解が有用となること，すなわち，状況論も特性論も，どちらも正しく有用性をもち，予測の個別性・全般性によって使いわけるべきとする結論に達している（以上，堀毛，2014）。

　また，Fleeson（2007）では，2週間にわたり，Big Five 評定（外向性，協調性・調和性，勤勉性・誠実性に限定）を行ったうえで，それぞれの時点で11の状況特徴（他者と相互作用したか，など）について，自分で選択した状況か，親和的な状況かなどについて評定を求め，それぞれの特性について，それぞれの状況特徴に関する一貫性を算定し，個人内行動の一貫性の指標とした。結果は，一貫性の高い群では，たとえば勤勉性・誠実性が高い群では状況の課題志向性の落差が大きくなるなど，特性と状況の相互作用がみられることが示された。

　さらに，Fleeson & Jayawickreme（2015）では，特性論と社会認知論のもつ問題点について，特性論では，特性がどのような機能をもち，どのようにし

て行動の差につながるかというプロセスの説明が欠けていること，社会認知論では，変数間の関連の相違によって，どのような個人差が説明されるかという視点が欠けていることを指摘した。そのうえで，2つの立場を統合した「統一特性論（whole trait theory）」を提唱し，たとえば Big Five による説明は広範な行動にわたるが，そうした側面に特定のメカニズムを「付着（accretion）」する役割として社会認知論が位置づけられると主張している。Big Five のような広範な行動に関連する特性は，特定の状況における特定の行動を説明する多数の「狭い」特性から構成される。こうした「狭い」特性が時間とともに蓄積し，互いに相互作用しながら広範な特性を形作っていくプロセスを「付着」とよぶ。狭い特性に関する因果関係の説明は社会認知論的に行われる。複数のこうした説明の「付着」が，より広範な特性の説明機能を作り上げる。また，生物学的・文化的要因は，付着の仕方を束縛し影響を与え，結果的に社会認知論を基盤とする特性が成立することになると論じている（以上，堀毛，2020）。

4　状況分類と Big Five

　状況論の弱点のひとつは，論争に耐えうる適切な状況分類枠が構築されなかったことにある。この点に関し Rauthmann et al.（2014）は，Funder（2008）の Q 技法による状況分類を基盤に DIAMONDS とよばれる状況分類を提唱した（義務，知性，逆境，配偶，ポジティビティ，ネガティビティ，欺瞞，社会性の 8 因子）。この研究に刺激を受けて，CAPTION（Parrigon et al., 2017），Situation 5（Ziegler et al., 2019）などの状況分類法が次々と提案されている（堀毛，2020）。Sherman et al.（2015）は，DIAMONDS と HEXACO（cf. §6-3）を用いて両者の関連を検討し，たとえば，協調的行動は，協調性・調和性という特性とともに，ポジティビティの高さや欺瞞性の低さという状況特徴によって（$R_m = .44$），また社会的行動は，外向性という特性とともに，社会性という状況特徴によって規定されるなど（$R_m = .37$），HEXACO の各因子に関連する行動が，特性評定とともに，異なる状況分類変数によって規定されることを示している。また，Hartley et al.（2020）も，パーソナリティ特性モデルは，その性質や機能の一部として状況への反応を含むべきと主張し，Big Five に与える影響によって

状況特徴を組織化する必要があり，状況分類研究がそのきっかけになると論じている。 さらに，De Fruyt & Karevold（2021）は，発達研究や縦断的研究においても，こうした状況分類研究が重要な知見をもたらしてくれる可能性があることを指摘している。こうした研究は，いずれも Big Five と状況論の統合の必要性を論じており，今後の Big Five 研究の方向性を示す立場のひとつとして注目すべきアプローチといえるだろう。

第2章

Big Five の各次元

E：外向性

谷　伊織 ● 愛知学院大学

　Big Five を構成する特性のひとつである外向性（Extraversion あるいは Extroversion）とその対にある内向性（Introversion）は，Jung（1921）によって心理学に導入され，現代の主要なパーソナリティ理論において中心的な役割を果たしている。たとえば，Eysenck & Eysenck（1975）の 3 次元モデルにもとづいたモーズレイ性格検査（Maudsley Personality Inventory：MPI），Cattell, R. B. の 16 Personality Factors（16PF）（Cattell et al., 1970），ミネソタ多面人格目録（Minnesota Multiphasic Personality Inventory：MMPI；Hathaway & McKinley, 1951），Ashton & Lee（2007）の HEXACO などの代表的なパーソナリティ尺度に含まれており，内容には違いはあるが由来は同じであると考えられる。

　Jung（1921）は，人間の基本的な態度には内向性と外向性の 2 つがあり，主観的な体験への指向性を内向性，客観的経験への指向性を外向性と定義した。外向性はおもに自分の外界から満足を得る態度であり，社交的で活動的な行動として現れ，内向性は自分自身の内面に関心がある態度であり，控えめで内省的な様子がみられると考えた。Jung（1921）はこのうちどちらが優勢かによって，個人を内向型と外向型に分類したが，Big Five における外向性と内向性は同一次元上に存在し，外向性の尺度得点が低ければ内向的であると評価される。

1　外向性の概念と構造

　外向性の概念について説明するにあたって，Big Five 尺度（和田，1996）の

項目を紹介すると,「話し好き」,「無口な（逆転）」,「社交的」,「無愛想な（逆転）」,「人嫌い（逆転）」,「意思表示しない（逆転）」,「陽気な」,「暗い（逆転）」,「外向的」,「活動的な」,「積極的な」,「地味な（逆転）」の 12 項目が含まれている。日本版 NEO Personality Inventory-Revised（NEO-PI-R）では，外向性の下位尺度であるファセットが「温かさ（Warmth）」,「群居性（Gregariousness）」,「断行性（Assertiveness）」,「活動性（Activity）」,「刺激希求性（Excitement-Seeking）」,「よい感情（Positive Emotions）」の 6 つから構成されている（下仲他，1999）。また，HEXACO（Ashton & Lee, 2007）の外向性のファセットは「社会的自己効力感（Social Self-Esteem）」,「社会的大胆さ（Social Boldness）」,「社交性（Sociability）」,「活力（Liveliness）」の 4 つからなる。項目やファセットより，基本的には上述の Jung（1921）の定義に近い概念であるが，そこから拡張，発展していることがうかがえる。

　まず,「社交性」や「群居性」といったファセットに表れるように，外向性の高い人は集会や会話を好む特徴がある。関連して，Pollet et al.（2011）は外向性の高さが社会的ネットワークの大きさと関連することを報告している。ただし,「社交性」だけが外向性を構成している唯一の特徴ではなく,「活動性」,「刺激希求性」のファセットがみられるように，行動面では活発でエネルギッシュであり，積極的に刺激を求めることが指摘されている。たとえば，Rhodes & Smith（2006）は身体活動の量と Big Five の関連についてメタ分析を行い，外向性との間に正の相関がみられることを報告している。また，国里他（2008）は外向性と Cloninger, C. R. の 7 因子モデルの関連を検討し，高い刺激を求める特性である「報酬依存性」との間に正の相関があることを示している。さらに,「よい感情」,「社会的自己効力感」のファセットに表されるように，感情面ではポジティブで明るく，楽観的な特徴がある。Robins et al.（2001）は自尊感情と Big Five の関連についてメタ分析を行い，外向性との間に正の相関がみられることを示している。また，Pavot et al.（1990）は外向性と主観的幸福感との間にはさまざまな研究で一貫して正の相関があることを述べている。このため，外向性の中核的な特徴としてポジティブな情動反応があげられることもある（Almagor et al., 1995；Costa & McCrae, 1992a；Nettle, 2005b；Tellegen, 1982）。

一方，内向的（外向性が低い）な人の特徴としては，大勢でいるよりもひとりでいることを好み，活動的ではなく落ち着いており，強いポジティブ感情よりも穏やかな気分を求める傾向がある。読書などの孤独な活動を好み，大勢で過ごす時間にはあまり報酬を見出さず，静かでより刺激の少ない外部環境を好むと考えられる。

2　外向性の測定方法

外向性の測定は，自己報告による質問紙法を用いることがほとんどであり，多くの種類の測定尺度があるため，目的や対象に応じて選択することが必要である。具体的な測定尺度については §3 を参照してほしい。また，仲間評定や教師評定，親評定など，他者による評定が行われることもあるが，Big Five は自己報告と他者評定の間にはいずれも正の相関がみられることが報告されている。Gnambs（2013）のメタ分析の報告によると外向性は 5 因子の中でも自己評定と他者評定の相関がもっとも高く，面識の短い他者評定との間には $r = .55$，長い他者評定との間には $r = .62$ の相関が示されている。この 2 つの相関係数の差は 5 因子の中ではもっとも低く，比較的面識が短い他者であってもある程度は正確に外向性を評価することができると考えられる。

外向性は観察によって比較的測定が容易な特性であり，質問紙以外の方法として，行動観察による安定した測定も期待できる。たとえば，thin-slice アプローチ（Tackett et al., 2016）とよばれる手法も開発されており，実験室での行動の録画を視聴した他者による評価からの測定が試みられている。

3　外向性と心身の健康

精神疾患の国際的な診断基準である DSM-5（APA, 2013）には付録として代替モデルが掲載されており，Big Five とほぼ対応する 5 次元が示されている。このうち，「離脱（Detachment）」が外向性と対応しており，落ち着きのなさや興奮状態などを示す精神疾患との関連が想定されている。Watson et al.（2019）は外向性と精神疾患との関係を検討し，外向性とうつ病との負の相関，社会的

機能不全との負の相関，外向性と躁病の間に正の相関関係を指摘している。

　身体的健康との関連については，先述のとおり外向性は運動量と正の相関があることが複数の研究で示されており，このことが身体的健康に好ましい影響があると考えられている。たとえば，Lai & Qin（2018）は，香港のコミュニティサンプルにおける調査研究を行い，外向性の高さが高齢者の活動レベルを高め，身体的健康および精神的健康にポジティブな影響を与えていることを示している。一方，心身の健康は運動だけではなく自己管理や節制による影響が大きく，これらは勤勉性・誠実性と関連が高いと考えられる。

2-2

N：神経症傾向（情緒不安定性）

川本哲也 ● 国士舘大学

　神経症傾向は Big Five を構成する特性のひとつであり，その要素は複数の古典的なパーソナリティ理論において一貫して確認されている（e.g. Cattell, 1957；Eysenck & Eysenck, 1985）。神経症傾向は悲しみや怒り，不安などのネガティブ情動と，脅威となる刺激への反応性の個人差を反映した次元であり（Tackett & Lahey, 2017），この傾向が強い者は不安や怒り，罪悪感，抑うつなどの情感をより頻繁に経験し，かつ何でもないような普通の刺激に対してもそれを脅威と解釈し，大げさに反応する。心身の健康状態を頑健に予測することが確認されている（Soto, 2019；Tackett & Lahey, 2017；cf. §8，§9）。本節では，神経症傾向の概念的構造と測定方法，健康との関連性について概説する。

1　神経症傾向の概念的構造

　神経症傾向の概念は非常に頑健であり，Big Five だけでなく3因子モデル（PEN：Eysenck & Eysenck, 1985）や6因子モデル（HEXACO：Ashton & Lee, 2007）においても，多少の概念的差異はあるが，ほぼ同様の次元が確認されている（HEXACO では情動性［emotionality］と呼称）。その下位次元は一般にファセットとよばれるが，神経症傾向に関しては複数の下位因子構造が提唱されている。もっとも幅の広い大きなファセットを提案するモデルとしては2因子構造のものがある。DeYoung（2015）は神経症傾向の下位次元として怯懦（withdrawal）と変動性（volatility）を提唱している（DeYoung のモデルではファセットではなくアスペクトとよばれる）。

また，Tellegen（1982）によるネガティブ情動性（negative emotionality）も神経症傾向とほぼ同様の次元であるが，このファセットに相当するものとして疎外感（alienation），ストレス反応性（stress reaction），攻撃性（aggression）の3因子が提唱されている（Tellegen & Waller, 2008）。HEXACO モデルの情動性も神経症傾向と基本的には同様の次元であるが，不安（anxiety），恐怖（fearfulness），依存性（dependency），感傷（sentimentality）の4因子構造が提唱されている。

　Eysenck, H. J. による神経症傾向の概念も Big Five の神経症傾向とほぼ同じパーソナリティ次元であり，劣等感（inferiority），惨めさ（unhappy），不安（anxious），依存性（dependent），心気症（hypochondriacal），罪悪感（guilty），強迫性（obsessive）の7因子構造が想定されている（Eysenck et al., 1992）。Big Five の測定尺度である NEO Personality Inventory-Revised（NEO-PI-R）では，神経症傾向のファセットとして6個の下位因子（不安［anxiety］，敵意［angry hostility］，抑うつ［depression］，自意識［self-consciousness］，衝動性［impulsiveness］，傷つきやすさ［vulnerability］）が仮定されている（Costa & McCrae, 1992e）。

　上述のように，神経症傾向の概念定義にはネガティブ情動の感じやすさと，環境中の刺激に対する感受性や応答性の高さが含まれており，怯懦と変動性からなる2因子構造は神経症傾向の概念を比較的まとまりよくとらえているといえるだろう。Tellegen（1982）のネガティブ情動性のファセットでは，疎外感が怯懦と概念的に近しいのに対し，ストレス反応性や攻撃性は変動性と概念的に近しい。HEXACO モデルの情動性では，不安や恐怖，依存性は怯懦と関わるファセットであるが，感傷は情動的な移ろいやすさという点で変動性と近しいファセットである。NEO-PI-R における6つのファセットでは，不安，自意識，抑うつは怯懦と近しいファセットであるが，傷つきやすさ，敵意，衝動性は変動性と近しいファセットである。一方，Eysenck et al.（1992）による神経症傾向の下位次元は基本的に，怯懦に近しいファセットばかりであり（Widiger, 2009），NEO-PI-R のファセットとの関連を検証した知見もそれを支持している（Costa & McCrae, 1995b）。

2 神経症傾向の測定

　神経症傾向の測定には，ほとんどの場合で質問紙法が用いられる。Big Five
や神経症傾向を含む他のパーソナリティモデルの標準化された質問紙は国内外
で数多く作成されており，自己報告や他者報告（養育者・配偶者・教師など）に
よる測定が行われる。とくに青年期以降の人を対象とする場合は自己報告によ
る測定が行われやすいが，乳幼児期から児童期の子どもを対象とする場合は
もっぱら他者報告による測定が用いられる。測定に際しては，神経症傾向をそ
のドメインのレベルで大まかに測定したいのか，それとも細かなファセットの
レベルまで測定をしたいのかという点で，利用すべき尺度が異なる。また，対
象者の年齢や属性，測定を行う環境なども，どの測定尺度を選択するかに関わ
る重要な点である（具体的な測定尺度については§3参照）。

　子どもの神経症傾向を測定する際には，質問紙法以外の測定方法として，標
準化された実験室や家庭での行動観察とその緻密なコーディングを行うことも
ある（Durbin, 2010）。また近年は，スナップジャッジメントとよばれる直観的
な評価を用い，行動観察データからより容易に神経症傾向を含む Big Five を
測定できる方法（thin-slice アプローチ）も考案されている（Tackett et al., 2016）。

　しかしながら，子どもを対象とする調査の場合，神経症傾向は Big Five の
中でもっとも測定がむずかしい特性と考えられている（Tackett & Lahey, 2017）。
神経症傾向は，他の Big Five 特性や気質と比較し評定者間の一致率が低い傾
向があり，とくに悲しみや内在化症状に関わるファセットでその傾向が強い
（Durbin, 2010）。このような神経症傾向の測定上の問題は，成人であれば自己
報告による測定を重視することで回避できる（Vazire, 2010）。しかし，子ども
を対象とする測定の場合には回避がむずかしい。加えて，標準化された実験室
ベースの観察による測定は，養育者報告の質問紙法による神経症傾向得点との
相関が低いことも指摘されている（Durbin, 2010）。以上のことから，とくに年
齢が低い子どもを対象に神経症傾向やネガティブ情動性を測定する場合には，
複数の測定方法と複数の評定者を用いたアプローチをとる必要があるといえる。

3 神経症傾向と心身の健康

神経症傾向は，さまざまな精神障害やメンタルヘルス指標と一貫した強い関連を示している（Tackett & Lahey, 2017）。たとえば，神経症傾向と精神障害の縦断的関連性に関するメタ分析によると，神経症傾向と精神障害は縦断的に強く関連しており，ベースラインの精神病理傾向を統制しても，その関連は弱くなるものの実質的な縦断的関連性を保つことが示された（Jeronimus et al., 2016）。神経症傾向と単一の精神障害との関連に加え，神経症傾向の分散は異なる障害の併存症とも関連している（Tackett & Lahey, 2017）。実際，さまざまな精神病理の背後にある精神病理症状の一般因子（general factor of psychopathology）は神経症傾向と強く関連しており（Tackett et al., 2013b），神経症傾向が複数の精神病理症状の基礎となる重要な特性であることが示唆される。

精神障害との関連に加え，神経症傾向は身体的健康指標とも関連している（Tackett & Lahey, 2017）。たとえば，神経症傾向と喘息（Huovinen et al., 2001），慢性閉塞性肺疾患（Terracciano et al., 2017），過敏性腸症候群（Spiller, 2007）など，個別の身体的疾患との関連性が示されている。ただし，近年の二次メタ分析では神経症傾向と身体的健康との間に関連性が確認できなかったことを示すものもあり，今後のさらなる検討が必要である（Strickhouser et al., 2017）。

2-3

O：開放性（経験への開放性）

三枝高大 ● 福島県立医科大学

1 開放性の研究史

　さまざまな物事に関心，興味をもつこと，空想することに関係する諸特性を包含するBig Fiveパーソナリティの次元／因子が，経験への開放性（Openness to experience：O）である。経験への開放性は，Big Fiveパーソナリティの原型となった語彙リストにもとづく因子分析研究の第5因子として見出された次元である。この第5因子には，Big Five／5因子モデル研究間で扱われる内容に不一致があり，その定義づけについて数多くの議論がなされてきた（Digman, 1990；McCrae & Costa, 1985c；Peabody, 1987）。現在使用されているBig Five／5因子モデルの個人差を測定する諸尺度間においても，第5因子の扱う内容に相違があることが知られている。経験への開放性を扱った諸研究を理解するためには，第5因子が経験への開放性とよばれることに一定の合意が得られるようになるまでの経緯を知る必要があるだろう。

　研究間の第5因子の解釈の違いには，語彙アプローチにもとづいた形容詞による測定尺度とNEO Personality Inventory（NEO-PI；Costa & McCrae, 1985）による測定尺度とで各次元が包含する内容に違いがあることが関係している（e.g. Saucier & Goldberg, 1996）。たとえば，NEO-PIでは，知的好奇心，想像力，美的感覚の高さ，多様性を重視する，自分の内なる感情の探求，型にはまらない価値観といった内容が第5因子の中心ととらえられており，「（経験への）開放性」とよばれている。一方で，語彙アプローチによる研究では，第5因子の

知的側面を重視して，知性（intelligence）とよばれることがある（Borgatta, 1964；Cattell, 1957）。あるいは，語彙アプローチにもとづく研究であっても，第5因子から知性に関する記述を除外して実施された研究では「文化（culture）」を示す因子として解釈されていた（Norman, 1963；Tupes & Christal, 1958）。

　しかし，実際のところ，「知性（intelligence）」あるいは，「文化（culture）」を第5因子の中核とみなす解釈を支持しない因子分析結果が確認されている。「知性」や「文化」の高さを示すと考えられた語（e.g. 文明的，洗練された，威厳のある，先見の明がある，論理的）の多くは第5因子に負荷しておらず，第3因子（勤勉性・誠実性）に負荷していることが示されていた（cf. John, 1990）。加えて，5番目の因子に負荷していた内容は，「経験への開放性」特性に関係する芸術的，好奇心，オリジナル，広い興味（McCrae & Costa, 1985b）であり「知的（intellectual）」特性に関係する内容は知的，洞察，洗練（Digman & Inouye, 1986；Goldberg, 1990；Peabody & Goldberg, 1989）であった。こうした結果は，5つの因子に Big Five という命名を行った Goldberg（1990）によって実施された Big Five の因子の構成を検討した研究結果と整合的なものであった。この Goldberg（1990）の研究は，方法論や使用するデータの研究間の違いを超えた一般化可能性の検証を行うために，Norman（1967）のリストから1,710 の形容詞リストを作成し，調査参加者にパーソナリティの自己評定を求めたものである。この研究の結果から Goldberg（1990）は，第5因子を独自性・知恵・客観性・知識・考察・芸術（Originality, Wisdom, Objectivity, Knowledge, Reflection, and Art）と定義しているように，第5因子は「知性」を中核とする因子というよりも，「知性」は開放性の一側面にすぎないものと考えられる。「文化」という名称には，後天的に獲得されるという意味を含むため，Big Five の生得的側面が考慮されておらず，適切な名称ではないという意見もあった。その他の見解として，Saucier（1994b）は「想像力」という名称を考案している。この名称は，空想，アイデア，美学が第5因子の中核であるという見解に重きを置いた解釈といえるだろう。

2 開放性と知的活動

　先に確認してきたように，第5因子の中核は「経験への開放性」であると考えられているものの，空間能力や言語性知能のような「知能」，あるいは認知能力との関係性が着目されてきた。初期の研究では，経験への開放性は空間能力や言語性知能のような認知能力とみなす見解もあったが（Goldberg, 1981），経験への開放性と知能の相関は正で有意であるものの，経験への開放性を知能とみなせるほど高いものではなかった。また，因子分析の結果では経験への開放性と知能は異なる因子にわかれることが示されている（Costa & McCrae, 1992a；McCrae & Costa, 1985b, c）。

　McCrae & Costa（1997）は，経験への開放性は，物事を理解することに優れているという単一の能力に還元されるものではなく，物事への幅広い関心や曖昧さへの耐性，複雑な物事を好むという動機づけとしての側面をもつものとみなしている。開放性と知的活動への意欲に関する諸特性の関連を示した後年の諸研究でも，開放性が好奇心や能力向上への欲求といった意欲に関する諸特性（Bernard, 2010）や，物事を知りたいという意欲，考えることを楽しむ，自己改善などと正の関連があることが示されている（Clark & Schroth, 2010；Komarraju & Karau, 2005）。これらをふまえると，経験への開放性を，「知能」，「認知能力」の指標とみなすことは困難であるが，経験への開放性の高い人びととは，日常的にさまざまな知的活動に従事しており，そうした知的活動の成果が蓄積されているかもしれない。

　経験への開放性の高い人びとにおいては日常的な知的活動の成果の蓄積がなされていると解釈しうる知見としては，たとえば，経験への開放性が，勤勉性・誠実性に次いで，学業成績と関連するBig Fiveパーソナリティの因子であることがあげられる。たとえば，Poropat, A. E. による開放性と学業成績のメタ分析研究では，自己評価の経験への開放性が，中等教育と高等教育ではその値は低いものの初等教育において学業成績と正の相関を示すことを示している（Poropat, 2009, 2014a）。また，他者評価の経験への開放性では，初等教育，中等・高等教育の学業成績との正の相関が得られており，中等・高等教育では，

知能と学業成績の相関係数の大きさを上回っていることが報告されている（Poropat, 2014b）。Goff & Ackerman（1992）や von Stumm & Ackerman（2013）は，さまざまな研究において学業成績と経験への開放性に正の関連が報告されている理由として，経験への開放性の知的活動を従事しそれを楽しむという McCrae & Costa（1997）の言及したような開放性の動機づけとしての側面を取り上げている。

3　結語

　経験への開放性における「知能」の位置づけには多くの議論があるものの，経験への開放性は，他の因子と比較して「知能」と高い正の相関があることはくり返し確認されている。他の4因子と異なり，経験への開放性の因子が知能と比較的高い関連をしている理由については現在も研究が進められており，パーソナリティと知能を同一の枠組みで説明しようとする試みや，経験への開放性と知能の心理学的・生物学的共通基盤に注目する重要性の指摘がなされている（DeYoung, 2020）。また経験への開放性は，知能だけではなく創造性や価値観といった側面との関連も大きく，他の4因子と異なり Big Five パーソナリティの中でもとくに認知的側面の大きい因子とみなされていることも特徴的である（cf. §8-4）。

2-4

A：協調性・調和性

下司忠大 ● 立正大学

1 協調性・調和性研究の歴史的背景

協調性・調和性（Agreeableness）は，Big Five の中でももっとも「歴史の浅い（small history）」（De Raad, 2000, p.91）特性であるといわれる。De Raad（2000）が 1920 年代から 1990 年代までの各年代で Big Five の各特性に言及した文献数を調査したところ，"Agreeableness" に言及した文献数は 1980 年代までにわずか 52 編であり，他の Big Five の特性の文献数に比べてもっとも少なかった。このような協調性・調和性研究の歴史の浅さは，協調性・調和性に相当する次元に対してそれまで歴史的にさまざまに異なるラベルづけがなされてきたことに起因すると考えられる（Graziano & Eisenberg, 1997）。その一方で，1990 年代には 359 編が確認され（De Raad, 2000），その後，近年に至るまで "Agreeableness" を対象とした査読つき文献数が増加していることは（Furnham, 2017；Tobin & Gadke, 2015），この特性に対する研究者の関心の高さを示唆している。

このような関心の高さとは裏腹に，協調性・調和性の研究は Big Five の中でもっとも進んでいない（Furnham, 2017；Lynam & Miller, 2019）。この背景にある要因としてはさまざまなものが考えられるが，外向性や神経症傾向，開放性のような理論的な背景がないことや（Graziano & Tobin, 2017），勤勉性・誠実性ほど学業，健康，職業達成のような人生における重要なアウトカムを予測しないこと（Furnham, 2017）があげられる。協調性・調和性における理論的

背景の欠如は NEO-PI に由来し，NEO-PI-R（Costa & McCrae, 1992b）において協調性・調和性が導入された際にも，その理論的背景に関する記述は乏しい（Graziano & Tobin, 2017）。協調性・調和性に理論的背景がないことは，1990 年代以降の研究において記述的・ボトムアップ的に研究を進める必要性を生じさせるものであった（Graziano & Eisenberg, 1997）。

2　協調性・調和性とさまざまな個人差との関連

協調性・調和性は前述のように理論的背景の乏しい概念であることから，一見するとパーソナリティ特性を表した概念ではなく，たんに社会的望ましさを反映した概念なのではないかという疑問が浮かぶ（Graziano & Tobin, 2002）。Graziano & Tobin（2002）は，この点を質問紙調査，観察法，実験法の 3 つの手法を用いて多角的に検討した。その結果，協調性・調和性は社会的望ましさを反映した概念ではなく，パーソナリティ特性であることが支持された。それでは，協調性・調和性は人びとのどのような個人差と関連しているのだろうか。

協調性・調和性と人びとの個人差の関連を検討した研究知見について，Tobin & Gadke（2015）は次の 6 つの観点から整理している（Furnham, 2017）。第 1 に「友人関係」であり，協調性・調和性の高い人びとは仲間から受容され，友情を結び，友人から被害を受けることが少ない傾向にある。第 2 に「協力と競争」であり，集団において，協調性・調和性の高い人びとは協力的で，低い人びとは競争的な傾向にある。第 3 に「援助」であり，協調性・調和性の高い人びとは共感的で，他者を助ける傾向にある。第 4 に「葛藤解決」であり，協調性・調和性の高い人びとは話し合いでの葛藤の解決を志向し，低い人びとは力や権力に頼った葛藤解決をする傾向にある。第 5 に「攻撃」であり，協調性・調和性の高い人びとは攻撃性が低い傾向にある。第 6 に「偏見」であり，協調性・調和性の高い人びとは，伝統的に偏見の対象とみなされてきた属性をもつ者も含め，他者に対して全般的に肯定的な見方をする傾向にある。以上の知見をまとめれば，協調性・調和性は対人関係に関わる感情（共感性），認知（他者に対する肯定的な見方），行動（援助，協力）の体系的なパターンとしてとらえることができる。

Jensen-Campbell et al.（2010）によれば，一般に協調性・調和性には2つの迷信がある。ひとつは「協調性・調和性の高い人びとはいつでも左の頬を差し出す」である。協調性・調和性の高い人びとは一見すると誰かに攻撃されても動じずに笑って見すごし，競争とは無縁の平和な傾向にあると思われるかもしれない。しかし，協調性・調和性の高い人びとは自身の脅威になるような場面において否定的な感情を示し，競争性が必要な状況下では競争的になる傾向にあることが支持されている（Jensen-Campbell et al., 2010）。もうひとつの迷信は「協調性・調和性の高い人びとは誘導されたり，影響されたりしやすい」である。協調性・調和性の高い人びとは共感的で他者を肯定的にみることから，他者に同調したり，影響されたりすると思われるかもしれない。しかし，協調性・調和性は社会的影響に対する感受性や集団への同調と関連がなく，この命題も支持されていない（Jensen-Campbell et al., 2010）。

3 協調性・調和性をとらえる理論

以上のように，記述的・ボトムアップ的な研究の蓄積のもと，協調性・調和性は人びとのさまざまな個人差を説明することが示されてきたが，これらの知見を包括的に説明するような理論を構築することはできるだろうか。協調性・調和性の初期の理論として，Wiggins（1991）や Graziano & Eisenberg（1997）は他者とのポジティブな関係を維持する動機づけとして協調性・調和性をとらえ，理論化した。ただし，この理論化では協調性・調和性と偏見の低さとの関連については説明することができない。

その後，Graziano & Tobin（2009）はさらに協調性・調和性の理論を拡張した（理論の詳細については Graziano & Habashi, 2010；Graziano & Tobin, 2013 も参照）。彼らはまず，Dijker & Koomen（2007）によるスティグマ化（stigma-tization）のモデルに着目した。このモデルでは，犯罪や病気などの社会的な価値や期待から逸脱した対象に対して，(1) 素早く反応し，回避・戦闘行動を調整する闘争・逃走システムと，(2) 遅れて反応し，援助行動を調整するケアシステムが活性化されることが想定される。Graziano & Tobin（2009）はこのモデルを協調性・調和性に適用させ，協調性・調和性をケアシステムの個人差に

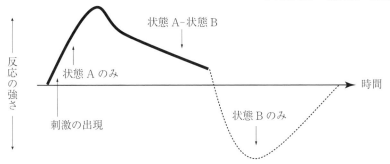

図2-1　協調性・調和性への相反過程理論の適用（Graziano & Habashi［2010］, Graziano & Tobin［2013, 2017, 2019］を参考に作成）

対応するものとして位置づけた。

　そのうえで，これらのシステムはSolomon & Corbit（1974）およびSolomon（1980）による相反過程理論（Opponent-Process Theory）に従って作用すると仮定される（Graziano & Tobin, 2009, 2013；Graziano & Habashi, 2010）。相反過程理論は，快・不快を喚起させる刺激にくり返しさらされたときと，その刺激がなくなったときの情動反応の時間的変化を記述・説明する理論である（相反過程理論の詳細については，たとえば今田［1988］を参照）。相反過程理論を上記の2つのシステムに適用した場合の時間的変化を図2-1に示した。社会的な価値や期待から逸脱した対象に対して，まず闘争・逃走システム（状態A）が働き，その反応がピークに達するとそこから時間経過およびケアシステム（状態B）によって闘争・逃走システムが抑制され（状態A－状態B），ベースラインへと戻っていく。そしてベースラインを超えてケアシステムが活性化し，それがピークに達すると時間経過に伴ってベースラインへと戻っていくという軌跡が想定されている。

　相反過程理論にもとづけば，協調性・調和性と偏見の低さとの関連を説明することができる（Graziano & Tobin, 2009；Graziano & Habashi, 2010）。たとえば，内集団と対立する外集団成員に対する闘争・逃走システムとして偏見を想定し

たとき，その偏見はケアシステムによって抑制されると考えられ，協調性・調和性の高い人びとほどその抑制する程度が大きいと想定される。このように相反過程理論によって協調性・調和性をとらえる試みは，協調性・調和性の知見を包括的に説明するうえで有効なものであるといえよう。なお，この理論に言及した協調性・調和性研究のレビューとしては上述の文献のほかに，Granzino & Tobin（2017, 2018, 2019），Tobin & Graziano（2020）があげられる。

4　協調性・調和性研究のその他の動向，および結語

　上述してきたような研究知見以外の協調性・調和性研究の動向として，以下の2点を補足する。第1に，日本国内の協調性・調和性研究である。現在のところ国内の協調性・調和性研究はほとんどみられないが，協調性・調和性の起源について広範にレビューした登張（2010）や協調性・調和性の多面性をとらえて尺度作成を行った登張他（2019）は，国内の数少ない貴重な文献であるといえよう。第2に，協調性・調和性の個人差の発達要因に関する研究である。協調性・調和性の個人差の発達に関する知見には一定の蓄積があり，Graziano（1994）や登張（2010），Tackett et al.（2019）において広範にレビューされている。このような動向をふまえると，上述の協調性・調和性の理論をさらに精緻化するとともに，その理論を日本人の協調性・調和性に適用したり，協調性・調和性の発達との接合を図ったりすることで，協調性・調和性研究に新たな展開が生まれると考えられる。

2-5

C：勤勉性・誠実性

川本哲也 ● 国士舘大学

　勤勉性・誠実性は，セルフコントロールや責任感，勤勉さ，規律正しさ，規則を守る傾向の個人差を表す構成概念群を反映している（Jackson & Roberts, 2017）。基本的には Big Five を構成する特性のひとつとみなされているが，Cattell（1957）や Gough（1956）などの古典的なパーソナリティ理論にも勤勉性・誠実性の要素が含まれている。勤勉性・誠実性は健康や収入，対人関係などの人生の重要なアウトカムを頑健に予測し（Jackson et al., 2015；Soto, 2019；cf. §8, §9），心理的な構成概念としての勤勉性・誠実性の有用性は疑う余地がない。本節では，勤勉性・誠実性の概念構造，類似概念との関連性，測定方法について概説する。

1　勤勉性・誠実性の概念構造

　一般に，Big Five の特性の下にはファセットとよばれるより概念領域の狭い特性が複数想定されている。上述のように，勤勉性・誠実性は関連しつつも異なる複数の構成概念を含んだパーソナリティ特性であるため，勤勉性・誠実性を頂点としてより広い概念から狭いものへと，階層的な構造をなしていると考えられる。

　勤勉性・誠実性の概念構造として，能動的成分（proactive component）と抑制的成分（inhibitory component）からなる2因子構造が指摘されている。能動的成分とは目標志向的に行動し，自ら努力をしたりする要素を含むのに対し，抑制的成分は責任感や満足の遅延，衝動制御などの要素を含む（Jackson et al.,

2010；Roberts et al., 2005)。なお，Big Five の各特性の神経科学的な基盤をモデル化する Cybernetics Big Five 理論（CB5T）でも（DeYoung, 2015），勤勉性・誠実性の下位要素（CB5T ではアスペクトとよばれる）として勤勉さ（industriousness）と秩序性（orderliness）の２因子が仮定されている。しかし，多くの実証的研究の知見を総合すると，CB5T の勤勉さと秩序性はともに勤勉性・誠実性の能動的成分に該当することが指摘されている（Roberts et al., 2005)。

　より細かなファセットを観察している研究では，３因子構造（達成 [achievement]，セルフコントロール [self-control]，責任感 [responsibility]：Jackson et al., 2010；Roberts et al., 2005）や４因子構造（秩序性 [orderliness]，勤勉さ [industriousness]，責任感 [responsibility]，セルフコントロール [self-control]：Jackson et al., 2010；Roberts et al., 2014）が比較的安定した勤勉性・誠実性の概念構造として提唱されている。また，Big Five の測定尺度である NEO Personality Inventory-Revised（NEO-PI-R）では，誠実性のファセットとして６個の下位因子（コンピテンス [competence]，秩序 [order]，良心性 [dutifulness]，達成追求 [achievement striving]，自己鍛錬 [self-discipline]，慎重さ [deliberation]）が仮定されている（Costa & McCrae, 1992e)。

2　類似概念との関連性

　勤勉性・誠実性は健康や収入，対人関係といった種々のアウトカムを頑健に予測するため，この構成概念に対する注目はパーソナリティ心理学にとどまらず，他の心理学分野や，経済学や疫学などの関連分野に波及している（高橋他, 2011)。しかしその関連分野においては勤勉性・誠実性としてではなく，類似した別の構成概念として扱われることも多い。たとえば Tellegen (1982) による抑制（constraint）は衝動制御と密接に関わる概念であり，当然ながら勤勉性・誠実性と強く関連した概念ととらえられる。抑制は勤勉性・誠実性のほとんどのファセットと関連し（Gaughan et al., 2009)，一部に調和性の要素を含んだ勤勉性・誠実性よりやや幅の広い概念であることが指摘されている（Jackson & Roberts, 2017)。

セルフコントロールも勤勉性・誠実性と密接な関連が想定される構成概念である。すでに勤勉性・誠実性のファセットの中にも，セルフコントロールと称される下位次元が存在している。しかし自己心理学におけるセルフコントロールの概念は，理想や価値観，道徳，社会的期待などの基準を満たすよう自分自身の反応を変化させる能力であり，長期的目標の達成に寄与する（Baumeister et al., 2007），勤勉さや責任感の要素が含まれている。

セルフコントロールと概念的な重複がみられる自己制御（self-regulation）も，勤勉性・誠実性との密接な関連がみられる概念である。自己制御は自己が理想とする目標状態に向け，自分自身の行動や思考，感情を制御する過程を指し，セルフコントロールを包含する上位概念として位置づけられている（Hofmann et al., 2012）。Jackson & Roberts（2017）によれば，自己制御は勤勉性・誠実性におけるセルフコントロールや勤勉さのファセットの，より状態的な側面を反映しているという。

乳幼児の行動や感情表出の個人差を表す気質に含まれるエフォートフルコントロール（effortful control）は，状況に合わせ，いま表出している行動を抑制し，かわりに別の行動を開始し，計画性をもってその行動を実行する傾向を表す（Rothbart & Bates, 2006）。パーソナリティ発達の研究では，エフォートフルコントロールは勤勉性・誠実性の前駆体として位置づけられている（Shiner, 2015）。

比較的新しい概念であるグリット（grit）は，長期的な目標に向かって興味や努力を持続するスキルと定義されており，学校成績などを予測できる特性として注目されている（Duckworth et al., 2007）。その概念定義から，グリットは忍耐力，勤勉さ，自制心などと概念的に類似しており，グリットと勤勉性・誠実性の間には強い相関がみられる（Jackson & Roberts, 2017）。

最近行われた双生児研究では，勤勉性・誠実性とセルフコントロール，エフォートフルコントロール，グリットの間に .7 を超す高い相関係数が確認されており，その高い相関係数の背後に .8 を超す高い遺伝相関（遺伝要因間の相関）と .5 を超す中程度の環境相関（環境要因間の相関）が存在することが明らかにされた（Takahashi et al., 2021）。この知見は，勤勉性・誠実性がこれらの類似概念とかなりの程度で重複しており，本来的には同一の構成概念を，それ

ぞれの研究の文脈で別個の名称で扱っている可能性（ジャングルの誤謬）を示唆している。

3 勤勉性・誠実性の測定方法

　勤勉性・誠実性の測定は質問紙法を用いることがほとんどである。とくに青年期以降の子どもや成人を対象とする場合，自己報告や他者報告による質問紙法を用いた勤勉性・誠実性の測定は広く用いられている。具体的な測定尺度にも多くの種類があり，勤勉性・誠実性の広範な概念を大まかに評価するような項目数の少ないものから，より概念の幅が狭いファセットまでを詳細に測定可能なものまで，数多く存在している（Jackson & Roberts, 2017）。どの尺度を選択するかは，どのような目的で，どのような対象者に対し，どのような条件下で測定を行いたいのかということに依存する。具体的な測定尺度については§3を参照されたい。

　質問紙法によらない測定方法は，ほとんどの場合，子どもの勤勉性・誠実性を測定する際に用いられる。質問紙法以外の測定方法としては，標準化された実験室環境下での行動をビデオなどで録画し，事後に微細なコーディングを行い得点化する手法が用いられる（Rothbart & Bates, 2006）。また，近年は実験室内で課題に取り組む様子を録画し，それを顔見知りではない人に短い時間で視聴してもらい，スナップジャッジメントとよばれる直観的な評価を行わせることで勤勉性・誠実性を測定できる，thin-slice アプローチという手法も開発されている（Tackett et al., 2016）。

第 **3** 章

Big Fiveの測定

3-1

NEO-PI-R，NEO-FFI

橋本泰央 ● 帝京短期大学

　NEO-PI-R（NEO Personality Inventory-Revised）は Costa & McCrae（1992b）が開発したパーソナリティ質問紙である。パーソナリティを測定するさまざまな質問紙の検討，および語彙研究の成果を取り入れて作成された。Big Five に類似した5つの次元でパーソナリティをとらえる，Five Factor Model（FFM）にもとづく尺度である。

　Costa Jr, P. T. と McCrae, R. R. は，Eysenck, H. J. や Cattell, R. B.，Guilford, J. P. らのパーソナリティ質問紙の検討から，当初，神経症傾向（Neuroticism），外向性（Extraversion），経験への開放性（Openness to Experience）の3次元をパーソナリティの主たる次元と考えた（Costa & McCrae, 1980；McCrae & Costa, 1983）。その後，語彙研究で見出された Big Five の協調性・調和性（Agreeableness）と勤勉性・誠実性（Conscientiousness）を加え，1985 年にパーソナリティを5次元で包括的にとらえた NEO-PI（Costa & McCrae, 1985），1992 年に NEO-PI を改定した NEO-PI-R（Costa & McCrae, 1992b）を作成した。

　Costa と McCrae は作成した尺度を用いて Murray の欲求，Jung の心理学的タイプ，対人円環，カリフォルニア人格検査など，さまざまな心理学的構成概念やパーソナリティ検査との関連を調べ，FFM の特徴を調べると同時に，FFM がパーソナリティを包括的にとらえたモデルであることを示した（cf. Costa & McCrae, 2008）。Goldberg（1983）の Big Five 尺度とのジョイント因子分析では，FFM と Big Five との高い関連も示されている（McCrae, 1989：cf. §1-2 の表 1-3）。

表3-1　NEO-PI-Rの5次元とファセット

次元	ファセット
N：神経症傾向 （Neuroticism）	N1：不安（Anxiety），N2：敵意（Angry Hostility），N3：抑うつ（Depression），N4：自意識（Self-Consciousness），N5：衝動性（Impulsiveness），N6：傷つきやすさ（Vulnerability）
E：外向性 （Extraversion）	E1：温かさ（Warmth），E2：群居性（Gregariousness），E3：断行性（Assertiveness），E4：活動性（Activity），E5：刺激希求性（Excitement-Seeking），E6：よい感情（Positive Emotions）
O：開放性 （Openness）	O1：空想（Fantasy），O2：審美性（Aesthetics），O3：感情（Feelings），O4：行為（Actions），O5：アイデア（Ideas），O6：価値（Values）
A：調和性 （Agreeableness）	A1：信頼（Trust），A2：実直さ（Straightforwardness），A3：利他性（Altruism），A4：応諾（Compliance），A5：慎み深さ（Modesty），A6：優しさ（Tender-Mindedness）
C：誠実性 （Conscientiousness）	C1：コンピテンス（Competence），C2：秩序（Order），C3：良心性（Dutifulness），C4：達成追求（Achievement Striving），C5：自己鍛錬（Self-Discipline），C6：慎重さ（Deliberation）

　NEO-PI-Rは5つの次元（ドメイン）それぞれの下に6つの下位次元（ファセット）を想定した階層構造をもつ（**表3-1**）。各ファセットは8項目，合計240項目で測定される。項目は短文形式で，逆転項目が各ファセットに混じっている。5件法で回答し，素点をT得点に換算して解釈する。規準集団は性別ごとに18歳から22歳の大学生と，21歳以上の成人にわかれる。自己評定式のS版と他者評定式のR版がある。

　NEO-PI-Rの短縮版がNEO-FFI（Costa & McCrae, 1992b）である。NEO-PI-Rの各次元に高い因子負荷をみせた項目で構成される。各次元を12項目（合計60項目）で測定する。項目選択の際に選ばれていないファセットもあるため，ファセットまでは測定できない。

　青年期の回答者に対しても使いやすいとされるNEO-PI-3（McCrae et al., 2005a）もある。NEO-PI-3はNEO-PI-Rの項目のうち，14歳から20歳の回答者が意味をとらえにくい項目や項目テスト相関の低い項目を新たに書き直したものである。ドメイン－ファセットの階層構造はそのままに，内的一貫性や項目の読みやすさがNEO-PI-Rよりも改善されているとされる。

　NEO-PI-R，NEO-FFIには日本語版が存在する（下仲他，1999）。いずれも自己評定式である。18歳から87歳を対象に標準化が行われた。得点の解釈は大

学生と成人，性別でわけたパーセンタイル換算表を介して行う。日本語版NEO-FFI の項目構成は原版と同じである。NEO-PI-R の内的整合性（成人サンプル N = 659）は5つの次元で α = .86-.92，30 ファセットでは α 係数の中央値 .71（.42-.78）であった。1週間間隔での検査－再検査信頼性は5つの次元で .84-.91，30 ファセットでは中央値 .71（.55-.85）である。NEO-FFI を構成する項目の α 係数の範囲は .68-.83 であった。NEO-PI-R と NEO-FFI の対応する次元間の単純な相関は .82-.92 の範囲であり，NEO-FFI に含まれる項目を除いた NEO-PI-R と NEO-FFI の，対応する次元間の相関は .65-.82 の範囲であった。基準関連妥当性の検証には YG 性格検査とアイゼンク性格検査が用いられ，NEO-PI-R と NEO-FFI のいずれの尺度においても対応する次元との間で相関が高く，対応のない次元との間では非常に低い相関しか認められなかった。もっとも，YG 性格検査とアイゼンク性格検査の性格上，収束的妥当性が認められたのは神経症傾向と外向性の2次元であり，開放性，協調性・調和性，勤勉性・誠実性の3次元の収束的妥当性までは下仲他（1999）では示されていない。しかし，NEO-PI-R，NEO-FFI と他の Big Five 尺度との相関を報告した研究（並川他，2012；小塩他，2012；Oshio et al., 2013）によれば，一部のファセットを除き，開放性，協調性・調和性，勤勉性・誠実性のほとんどのファセットや次元で，対応する次元との間の有意な相関が報告されている。

3-2

FFPQ, FFPQ-50 (短縮版)

山田尚子 ● 甲南女子大学

　5因子性格検査（Five-Factor Personality Questionnaire：FFPQ）は辻を中心とするグループが作成した自己報告形式のパーソナリティ・テストで，1998年に初版，2002年に改訂版が出版されている（FFPQ研究会，2002）。

　FFPQ作成に際しては，日本人のパーソナリティ理解に適した独自の5因子モデルを構築すること，パーソナリティ特性は価値判断から自由であるという観点から特性の名称や特徴に両極的表現を用いること，超特性と要素特性からなる階層構造を有しながら，できるだけ回答者の負担を軽減するように尺度を構成することの3点をめざした。とくにFFPQが依拠する5因子モデルでは，先行研究において頑健性が認められてきた外向性，神経症傾向（FFPQでは情動性）を除く3特性を再解釈した点が特徴である（辻他，1997；辻，1998）。

　FFPQは表3-2のように5超特性×5要素特性×6項目の合計150項目から構成され，大学生であれば20〜30分程度で回答できる。またある精神科病院では約20年間にわたり神経症患者の入院時にFFPQが実施されてきたが，極端な意欲減退状態にあるごく少数を除いて実施が可能だった。検査用紙はカーボン形式で採点が容易であり，回答者，検査者両方にとって負担が少ない検査だといえよう。結果は標準集団の結果にもとづいて作成されたフィードバック用紙を用いることで自身のパーソナリティの特徴を視覚的に理解することが可能であり，それらが有利に働く点，注意を要する点の両面から解釈される。

　併存的妥当性を検討するために大学生を対象としてFFPQとNEO-PI-Rおよび主要5因子性格検査との関連を調べたところ（山田他，2001），超特性レベルでは外向性，愛着性，統制性，情動性と他の2検査の対応する因子との間に

表3-2　FFPQの尺度構成

超特性	要素特性				
	1	2	3	4	5
内向性－ 外向性（Ex）	非活動－活動	服従－支配	独居－群居	興奮忌避－ 興奮追求	注意回避－ 注意獲得
分離性－ 愛着性（A）	冷淡－温厚	競争－協調	警戒－信頼	非共感－共感	自己尊重－ 他者尊重
自然性－ 統制性（C）	大まか－ 几帳面	無執着－執着	無責任－ 責任感	衝動－ 自己統制	無計画－計画
非情動性－ 情動性（Em）	のんき－ 心配性	弛緩－緊張	非抑うつ－ 抑うつ	自己受容－ 自己批判	気分安定－ 気分変動
現実性－ 遊戯性（P）	保守－進取	実際－空想	芸術への無関 心－関心	内的経験への 鈍感－敏感	堅実－奔放

は中程度以上の相関が認められたが，遊戯性と主要5因子性格検査の知性との
関連は弱く，これはFFPQが知性をパーソナリティ特性とはみなさない立場
で作成された検査であるためと考えられる。要素特性レベルではNEO-PI-Rの
慎み深さ（調和性）がFFPQの愛着性よりも注意獲得（外向性）と，また
NEO-PI-Rの衝動性（神経症傾向）がFFPQの情動性ではなく自己統制（統制
性）と高く相関するなど，それぞれの検査が依拠するモデルの違いを示唆する
結果が得られている。また，遊戯性が前述の神経症患者の現実へのとらわれや
行動の硬さをうまく記述できること，芸大生のFFPQプロフィールは遊戯性
の高さだけではなく愛着性，統制性の点からも一般大学生とは異なる特徴をも
つことが確認されており，FFPQの有用性を示すと考えられる（いずれも辻，
1998）。
　その後，藤島他（2005）は5因子性格検査短縮版（FFPQ-50）を作成した。
短縮版はFFPQの25要素特性×2項目の50項目で構成され，5つの超特性得
点を算出できる。藤島らは東大式エゴグラム（TEG）を用いてFFPQおよび
FFPQ-50との相関パターンを比較し，短縮版が150項目版と同様の並存的妥
当性をもっていることを確認した。短縮版は一層簡便に実施できることから研
究上の利用や学校，職場などでの実施例は多い[1]。

1　FFPQ-50の使用に関する問い合わせは山田尚子まで。

3-3

主要 5 因子性格検査

橋本泰央 ● 帝京短期大学

　主要 5 因子性格検査（村上・村上，1997）は Big Five の 5 次元を測定する短文形式の 60 項目（各次元 12 項目）と，受検態度を測定する建前尺度 10 項目の合計 70 項目で構成される。回答形式は「はい」，「？」，「いいえ」からの 3 択で，「？」は不応答を表し，「？」が 5 つ以上ある回答者は質問の意味が理解しにくい回答者，もしくはテストに非協力的である可能性が示唆される。また，普通の回答パターンからの逸脱を測定するために，70 項目の中から「はい」もしくは「いいえ」の比率の高い項目 8 項目を選んで F（頻度）尺度としている。F 尺度得点が高い，もしくは低い場合には，質問内容が理解しにくい，受検に対する心理的抵抗がある，社会的に望ましくないことや心理的に異常な内容を認めないように警戒している，などの可能性が示唆される（村上・村上，2008）。

　主要 5 因子性格検査の作成に際し，まずは 95 項目からなる試作版が作成された。内訳は Big Five の 5 次元を測定する NEO-PI から 30 項目（各次元 6 項目），柏木他（1993）の形容詞チェックリストを参考に執筆した 43 項目，「頭の良い人」についての言葉をもとに執筆した 43 項目であった。大学生 236 人からの回答をもとに因子分析を行い，因子負荷量の小さな項目を削除して，最終的に 69 項目からなる試作版が作成された。

　主要 5 因子性格検査は，この試作版を全体的に作り直した尺度である。村上・村上（1997）は，試作版の項目中に洗練されていない言い回しがあること，受検態度を測定する尺度の追加が必要なことを理由に，尺度を再構成する目的で，試作版 69 項目を含めた 300 項目を準備した。妥当性検証のための外部基

表3-3　主要5因子性格検査の5次元と，関係する形容詞（村上・村上，2008より作成）

主要5因子性格検査の5次元	関係する形容詞	
外向性（E）	(+)	外向的，精力的，おしゃべりな，勇敢な，活発な，主張的，冒険的
	(−)	内向的，精力的でない，無口な，臆病な，不活発な，引っ込み思案の，冒険的でない
協調性（A）	(+)	温かい，親切な，協力的，利己的でない，愉快な，信じやすい，気前がよい
	(−)	冷たい，不親切な，非協力的，利己的，不愉快な，疑い深い，けちな
良識性（C）	(+)	計画性のある，責任感のある，良心的，実際的，徹底的，勤勉な，節約的
	(−)	でたらめな，無責任な，怠慢な，観念的，いい加減な，怠惰な，浪費的
情緒安定性（N）	(+)	穏やかな，弛緩した，気楽な，嫉妬深くない，安定した，満足した，感情的でない
	(−)	怒って，緊張した，神経質な，嫉妬深い，不安定な，不満足な，感情的
知的好奇心（O）	(+)	知性的，分析的，思慮深い，好奇心のある，空想的，創造的，洗練された
	(−)	知性的でない，分析的でない，思慮深くない，好奇心のない，空想的でない，創造的でない，素朴な

注：(+) は正項目，(−) は逆転項目

準には Goldberg の SD 尺度（反意語同士を組み合わせた形容詞対で構成された Big Five の尺度；Goldberg, 1992)，および MINI 性格検査（村上・村上，1992；抑鬱感・無力感・心労，交際嫌い，猜疑心・不信感・敵意，妄想型分裂病，身体症状，社会的内向，緊張・心労，女性的興味，分裂感情障害の9尺度250項目）が利用された。大学生496人に回答を依頼し，MINI 性格検査の結果から洞察力に問題があると考えられた回答者を除いた443人の回答をもとに因子分析が行われた。その結果選ばれた60項目（各次元12項目）で明確な単純構造が得られた。5次元の α 係数は .72 から .84 の範囲で，1週間間隔で行われた再検査結果（回答者227人）との相関は .85 から .95 であった。SD 尺度の対応する5次元との相関は .51 から .77 の範囲であった。

　主要5因子性格検査の5つの因子は，当初は外向性（E），協調性（A），勤

勉性（C），情緒安定性（N），知性（O）（村上・村上，1997），のちには外向性（E），協調性（A），良識性（C），情緒安定性（N），知的好奇心（O）（村上・村上，2008）と命名された（**表 3-3**）。知性，知的好奇心は先行研究で "Culture"（Tupes & Christal, 1961 ; Norman, 1963 ; De Raad et al., 1988 など），"Openness to Experience"（Digman & Takemoto-Chock, 1981 ; McCrae & Costa, 1985c など），"開放性"（和田，1996 ; 下仲他，1999 など）などと命名されている因子に相当する（村上・村上，2008）。

　主要 5 因子性格検査はのちに標準化されている（村上・村上，1999a）。多段階無作為抽出法によるサンプリングで得られた 1,166 人の有効回答をもとに，青年期（12 ～ 22 歳），成人前期（23 ～ 39 歳），成人中期（40 ～ 59 歳），成人後期（60 歳以上）の 4 つの世代，さらに性別ごとに標準得点が算出されている。

　なお，主要 5 因子性格検査には小学生用も存在する（小学生用主要 5 因子性格検査：村上・畑山，2010）。小学生用主要 5 因子性格検査は Big Five の 5 次元を測定する 30 項目（各次元 6 項目）に，虚言応答やランダム応答を検知するための頻度尺度，そして問題攻撃性尺度を加えた合計 47 項目である。村上・村上（2008）では標準得点換算表を参照することができる。

3-4

形容詞尺度：BFS

橋本泰央 ● 帝京短期大学

Big Five Scale（BFS：和田，1996）は Big Five の5次元を60項目（各12項目）で測定する尺度である。7件法の回答形式（「まったくあてはまらない（1点）」から「非常にあてはまる（7点）」）でも，5件法（「まったくあてはまらない（5点）」から「非常にあてはまる（1点）」）でも，同じ5因子構造が得られるとされている。

BFS は Gough & Heilbrun（1983）が作成した Adjective Check List（ACL：37尺度300項目）の翻訳をもとに作成された。ACL の項目は質問文ではなく，パーソナリティを表現する形容語で構成されている。

BFS 作成に際しては形容語ならではの苦労があった。項目の翻訳である。英語のパーソナリティ形容語を翻訳する際に，英語におけるニュアンスの違いを日本語として訳しわけられずに，同じ訳語になってしまう語彙が存在する。そうした場合，重複した訳語は削除せざるをえない。逆に，訳語をひとつに絞り切れない語彙もあり，その場合は候補となる訳語をすべて残す手続きがとられた。そして，残った語彙が Big Five のどの次元に相当するかを考慮し，仮説的に分類が行われた。各次元を測定する項目に正負両方の項目が含まれること，各次元を測定する項目の数を極力揃えることを念頭に項目が整理され，不足分は青木（1974）から補われている。

こうして用意した198のパーソナリティ形容語を使い，和田は583人の大学生を対象に，各語彙が自分にどの程度あてはまるかの調査を7件法で行った。スクリープロットをもとに因子数を5に指定し，共通性（0.10未満），因子負荷量（絶対値0.3未満），複数因子への負荷（2つ以上の因子に絶対値0.35以上）

表 3-4　BFS の次元と項目（和田，1996 より作成）

次元		項目
外向性 (E)	(＋)	話し好き*，陽気な*，外向的*，社交的*，活動的な，積極的な
	(－)	無口な*，暗い，無愛想な，人嫌い，意思表示しない，地味な
情緒不安定性 (N)	(＋)	悩みがち，不安になりやすい*，心配性*，気苦労の多い，弱気になる*，傷つきやすい，動揺しやすい，神経質な，悲観的な，緊張しやすい*，憂鬱な*
	(－)	くよくよしない
開放性 (O)		独創的な*，多才の*，進歩的*，洞察力のある，想像力に富んだ，美的感覚の鋭い，頭の回転の速い*，臨機応変な，興味の広い*，好奇心が強い*，独立した，呑み込みの早い
誠実性 (C)	(＋)	計画性のある*，勤勉な，几帳面な*
	(－)	いい加減な*，ルーズな*，怠惰な*，成り行きまかせ*，不躾な，無頓着な，軽率な*，無節操，飽きっぽい
調和性 (A)	(＋)	温和な*，寛大な*，親切な*，良心的な，協力的な，素直な
	(－)	短気*，怒りっぽい*，とげがある，かんしゃくもち，自己中心的*，反抗的

注：（＋）は正項目，（－）は逆転項目。*は並川他（2012）の短縮版で選択された項目を示す

　を基準に項目を削除しながら，因子分析をくり返した。その結果，各 13 項目，合計 65 項目で構成された 5 因子解が得られた。

　しかし，5 因子解の内容は調和性が正負に分離し，開放性が抜け落ちているというものであった。そこで除外された項目を対象に前段の基準で分析をくり返し，開放性としてまとまった 13 項目を 65 項目と一緒に再分析することとした。すると，調和性が正負の 2 因子にわかれたものの，Big Five に対応する 6 因子解を得ることができた。そこで調和性の項目を減らして各因子 12 項目とし，合計 60 項目を対象にあらためて因子分析を行うと，Big Five と対応する 5 因子解が得られた（表 3-4）。

　この結果をもとに，和田は作成された BFS と新性格検査 130 項目（柳井他，1987）との関連を検討している。まず，大学生 350 人を対象に，各項目が自分にあてはまる程度を回答してもらった（5 件法）。そして，回答をもとに参加者ごとの BFS と新性格検査の下位尺度得点を算出し，BFS と新性格検査の両方の下位尺度得点をまとめて因子分析にかけた。その結果，第 1 因子に対しては

表 3-5　BFS と新性格検査のジョイント因子分析結果（和田, 1996 より作成）

		F1		F2		F3		F4		F5
BFS	情緒不安定性	.936	外向性	.821	調和性	-.783	開放性	.715	誠実性	.924
新性格検査	劣等感	.466	社会的外向性	.915	共感性	-.546	進取性	.879	持久性	.544
	神経質	.854	活動性	.603	攻撃性	.813	自己顕示性	.394	規律性	.763
	抑うつ性	.712	共感性	.449	非協調性	.561				
			自己顕示性	.397						

BFS の情緒不安定性と新性格検査の神経質尺度，抑うつ性尺度，劣等感尺度が負荷を示した。第 2 因子に対しては同じく BFS の外向性と新性格検査の社会的外向性，活動性，共感性，自己顕示性が，第 3 因子に対しては BFS の調和性と新性格検査の共感性（それぞれ負荷量の符号は負），攻撃性，非協調性が，第 4 因子に対しては BFS の開放性と新性格検査の進取性，自己顕示性が，第 5 因子に対しては BFS の誠実性と新性格検査の持久性と規律性がそれぞれ負荷する結果となった（表 3-5）。

　BFS のひとつ目の特徴として，外向性と開放性の間に中程度の相関（.48）が報告されている。外向性の活動性に関わる部分と開放性の自己顕示性に関わる部分との間に強い関連がみられるようである。それ以外の次元間では相関はほとんどみられなかった。2 つ目の特徴としては BFS の開放性を構成する項目内容があげられる。Big Five を用いた研究では，開放性の中で知性に関する側面を重視する研究もあれば，知性に関する側面を含めない研究もある。BFS の開放性には，項目内容から判断する限り，創造性に関する側面（「独創的な」，「好奇心が強い」）と知性に関する側面（「頭の回転が速い」，「洞察力のある」）の両方が含まれているようである。

　なお，BFS には，項目反応理論を利用して構成された，29 項目からなる短縮版（並川他，2012）が存在する（cf. §3-5）。また，内田（2005）は BFS 60 項目のうち各次元 4 語，合計 20 語を選んで Big Five の測定に利用している。

3-5

Big Five尺度短縮版

並川　努 ● 新潟大学

1　Big Five尺度の活用と短縮版のニーズ

　前節でも紹介されていたように，和田（1996）の Big Five 尺度は，60 項目の形容詞のみによって構成されており，比較的短時間で回答が可能な尺度である。しかし，研究や臨床の現場などで心理尺度を用いる際には，単一の尺度への回答のみで完結することは少なく，複数の尺度を併用したり，他の実験課題と同時に実施したりするのが一般的である。そのため，状況によっては 60 項目でも回答者にとって大きな負担となり，より簡易な形での測定が必要とされることがある。

　実際，Big Five 尺度の 60 項目から一部の項目を抜粋して使用する形で，測定を行っている研究も多くみられる。たとえば，内田（2005）では，各因子 4 項目ずつの計 20 項目を選択し，短縮版として使用している。しかしながら，このように抜粋して使用される場合の項目は，研究によって異なる場合も多いため，さまざまな場面での活用を見据えた場合，共通して利用可能な精度の高い短縮版が確立されていくことは重要であるといえる。

2　Big Five尺度短縮版の提案

　そこで，並川他（2012）は，和田（1996）の Big Five 尺度に関して新たに分析を行い，短縮版として利用する項目の組合せを提案している。この研究の特

表3-6 Big Five尺度短縮版の項目（並川他，2012；和田，1996より作成）

因子	項目	項目数
外向性（E）	無口な，社交的，話し好き，外向的，陽気な	5
情緒不安定性（N）	不安になりやすい，心配性，弱気になる，緊張しやすい，憂鬱な	5
開放性（O）	多才の，進歩的，独創的な，頭の回転の速い，興味の広い，好奇心が強い	6
調和性（A）	短気，怒りっぽい，温和な，寛大な，自己中心的，親切な	6
誠実性（C）	いい加減な，ルーズな，成り行きまかせ，怠惰な，計画性のある，軽率な，几帳面な	7

徴としてあげられるのは，従来の古典的テスト理論にもとづく方法に比べて尺度や項目に関して精緻な情報が得られるItem Response Theory（IRT：項目反応理論）を適用して，項目の選択や，項目数の決定を行っている点である。

　まず，項目の選択は，slopeパラメータが高い，すなわち識別力が高いと思われる項目を最初に選択したうえで，すでに選択された項目とはlocationパラメータができるだけ異なる項目を追加していく形で行われている。これにより，たんに識別力が高い項目だけでなく，幅広い範囲の能力値の測定に適した項目が選ばれるようになっている。

　さらに，項目数についても，IRTのテスト情報量$I(\theta)$をもとに因子ごとに決定されている。もちろん5因子すべてで項目数を揃えることも可能ではあるが，その場合十分な測定精度が保たれる因子とそうでない因子が出てくる恐れがある。そこで，一定の測定精度を保つために，特性尺度値θが-2.00から2.00の範囲において，平均テスト情報量が3.33を超えることを基準に[1]，因子ごとに必要な項目数が検討されている。

　その結果，最終的に各因子5から7項目の計29項目が短縮版として提案されている（表3-6）。この短縮版については，因子的な妥当性も確認されており，クロンバックのα係数も各因子.75から.84と十分な値が得られている。さら

1　測定の標準誤差の観点から，クロンバックの$\alpha = .7$に相当するのが$I(\theta) = 3.33$であることをもとにしている。

に，オリジナル版の得点との相関が対応する因子間でいずれも.93以上と高い
ことが示されるとともに，NEO-FFI（下仲他，1999）の対応する下位尺度との
間にも有意な相関が認められるなど，外的基準との関連も確認されている。こ
れらから，この29項目を短縮版として用いることで，一定の精度を保ちつつ
回答者の負担を減らした測定が可能になると考えられる。

3　短縮版の課題

　Big Five尺度短縮版（並川他，2012）は，新規に作成された尺度というより
は，教示なども基本的に和田（1996）に準拠したうえで，使用する項目の組合
せを提案しているものである。測定の目的や状況によっては，オリジナル版に
かえて十分に活用可能なものであるが，より精緻な測定が必要な場合にはオリ
ジナル版が望ましいことは変わらない。また，必ずしも完成されたものではな
く，今後もよりよい測定に向けた検討は必要であると考えられる。たとえば並
川他（2012）では，IRT（Generalized Partial Credit Model）を適用する際に，一
部でcategoryパラメータに逆転が認められたため，7件法を5件法に変換し
たうえで分析を行っている。そのため，和田（1996）と同様に7件法で測定す
るだけでなく，5件法で測定したほうが望ましいという議論も可能であると考
えられる。ただし，こういった点についてはまだ十分検討がなされていないの
が現状である。

3-6

BFIとBFI-2

吉野伸哉 ● 早稲田大学

1 BFI

Big Five Inventory（BFI：Benet-Martínez & John, 1998；John et al., 1991, 2008）は，44項目の短い文章で構成されたBig Five尺度である。たんに特性語のみの項目の場合，意味が曖昧であったり，多義的になっていたりすることがあるため，パーソナリティがうまく測定されない可能性がある。BFIでは，Big Fiveの各ドメイン（次元）において，それぞれ標準的と考えられる特性語（John, 1990）を使い，それらの意味合いを精確に表すような記述を加えた質問項目が考案されている。たとえば，勤勉性・誠実性の特性語である"Persevering"（「辛抱強い」）を用いた項目は，"Perseveres until the task is finished"（「課題が終わるまで辛抱強く取り組む」）となっている。

このようにBFIは簡易な言葉でかつシンプルな内容で構成されており，項目数も多くはない。そのため，他の尺度よりも文章が理解しやすく，素早く回答できるとされている。またスペイン語（Benet-Martínez & John, 1998）やオランダ語（Denissen et al., 2008）などさまざまな言語への翻訳も行われている。さらに10項目を選抜して作成された短縮版もあり（Rammstedt & John, 2007），用途に応じて利用されている。

60

2 BFI-2

　一方で BFI はいくつかの課題も指摘されていた。まず，ファセット（下位概念）が想定されていない点である。Big Five はパーソナリティの包括的な概念であるため，各ドメインの帯域幅は広い一方，忠実度は低い。そのため尺度においては，各ドメインに対して，概念がより特定的で明瞭なファセットをいくつか設けて階層構造にするのが望ましい（Soto & John, 2009, 2019）。次に，黙従傾向に対応できていない点である。黙従傾向とは，尺度の項目に対して一貫して「あてはまる」もしくは「あてはまらない」に回答する反応スタイルのことである。黙従傾向のサンプルが一定数あることで，因子構造に影響を及ぼしたり，内的一貫性や尺度得点の結果が逆転項目の割合で変わってしまったりすることが指摘されている。これは心理尺度全般の問題であるが，項目の構成によって統制することも可能であるため改善点としてあげられた（Soto & John, 2017）。

　Big Five Inventory-2（BFI-2：Soto & John, 2017）は BFI の利点を引き継ぎつつ，上記の課題を解消するために作成された。まず Soto & John（2017）は，ファセット構造を検討している先行研究（e.g. DeYoung et al., 2007）をレビューし，各ドメインにおいて 3 つのファセットを選出している（表3-7）。ファセットは概念が特定的であるため，外部基準の変数を狭く強く予測する。ドメインはそれらのファセットの総体であるため，強くはないが多様な変数との関連が見込まれる。このような階層構造が想定されている。次に，黙従傾向への対応として，順向項目と逆転項目の数が同一になるように作られている。すなわち，全 60 項目のうち 30 項目が逆転項目であり，各ドメインまたは各ファセットにおいても半数が逆転項目（ドメイン：12 項目のうち 6 項目，ファセット：4 項目のうち 2 項目）で構成されている。逆転項目の割合をファセット間やドメイン間で同じにすることで内的一貫性や尺度得点への影響が統制される。また探索的因子分析や主成分分析を実施する際に，個人内での中心化を行うことで黙従傾向の影響を除いている。

　BFI-2 においても他言語への翻訳が進んでおり，日本語版も作成された

表3-7　BFI-2 の定義一覧

ドメイン	ファセット	英語名	定義
外向性 (Extraversion)	社交性	Sociability	社交的に接し，他者（面識のない人を含む）と関わりをもとうとする
	自己主張性	Assertiveness	進んで自分の意見を表明し，社会的な影響を与えようとする
	活力	Energy Level	積極的に行動し，感情が高ぶっている
協調性・調和性 (Agreeableness)	思いやり	Compassion	他者のことを気にかけており，援助や介抱する
	敬意	Respectfulness	他者の権利や価値観を尊重し，自己中心的な振る舞いや攻撃行動を制御する
	信用	Trust	基本的に他者を信じており，人に対する寛容さが根底にある
勤勉性・誠実性 (Conscientiousness)	秩序	Organization	決まり事や仕組みを好んでおり，これらを確立するために勤しむ
	生産性	Productiveness	目標に向かって根気強く取り組み，効率的・効果的にタスクをこなす
	責任感	Responsibility	任務や義務を果たそうと尽力する
神経症傾向 (Negative Emotionality)	不安	Anxiety	ストレスをうまく扱えず，恐怖や不安，心配を抱えやすい
	抑うつ	Depression	物事を前向きにとらえづらく，悲しみや抑うつを抱えやすい
	情緒不安定性	Emotional Volatility	苛立ちや不機嫌など気分の移ろいが頻繁にある
開放性 (Open-Mindedness)	知的好奇心	Intellectual Curiosity	知的な興味や考えることが好きである
	美的感性	Aesthetic Sensitivity	芸術的なものに興味をもち，美しいものを鑑賞する
	創造的想像力	Creative Imagination	新しくて役に立つアイデアや解決法を生み出す

注：神経症傾向は日本語版 BFI-2 では否定的情動性という名称を用いている

（Yoshino et al., 2022）。

　BFI や BFI-2 は安定した構造と使いやすさから利用頻度の多い尺度である。また心理変数間の研究だけでなく，健康指標や政治的態度など生活上のアウトカムとの関連を検討する際に用いられることも多い（Cemalcilar et al., 2021；Soto, 2019）。このことから日常生活や社会における Big Five の役割を示すうえでも重要な尺度と考えられる。

3-7

TIPI と TIPI-J

阿部晋吾 ● 関西大学

多数の項目で構成される尺度に比べ，少数の項目からなる尺度は心理測定の観点から問題視されることがある。しかしながら，研究計画上あるいは実施上の制約から多数の項目を使用することが困難な研究場面において，最善とはいえないまでも，一定の信頼性と妥当性が確保された簡便な尺度が必要とされることは多い。たとえば，オンライン上で限られた時間内に回答を求める調査，パーソナリティ以外に主要な研究的関心があり，そちらにも項目数を割く必要がある社会調査や疫学調査など，項目数の制約が大きい場合である。また，複数の人物のパーソナリティについて連続して評定を求めるような場合にも，回答者の負担を低減させることが求められる。このような研究遂行の制約下において，Big Five の各側面を効率的に測定するために開発されたのが Gosling et al.（2003）による Ten Item Personality Inventory（TIPI）である。

1 TIPIの開発

TIPI はその名前のとおり，Big Five の各側面をわずか 10 項目で測定することができる。作成にあたっては，既存の Big Five 尺度である Big Five markers（Goldberg, 1992 ; Saucier, 1994a）や BFI（John & Srivastava, 1999）から，次の 5 つの基準に従って項目が選ばれた。第 1 に Big Five のファセットを参考にしながら幅広い意味範囲をカバーすること，第 2 に Big Five の各側面を表現する正方向と逆方向の項目を含むこと，第 3 に極端な回答（天井効果や床効果）を導く項目を含まないこと，第 4 に単純に逆の意味を示す項目を避ける

こと，そして第5に冗長な表現を避けることである。なお Gosling et al.（2003）は Big Five の各下位尺度を 1 項目のみで測定する Five Item Personality Inventory（FIPI）も作成したうえで，TIPI と FIPI の信頼性と妥当性を比較し，TIPI のほうが Big Five を測定するうえで優れた尺度であることを示している。TIPI はより項目数の多い尺度に比べるとやや劣るものの，(1) 既存の Big Five 尺度との収束的妥当性，(2) 再検査信頼性，(3) 予測される外的変数との関連，(4) 自己評価と他者評価の間の一致度，などの点において十分な水準を満たしている。

2 TIPI日本語版（TIPI-J）の開発

TIPI-J は小塩他（2012）によって作成された。日本語版作成にあたっては原版の直訳ではなく，原版の訳語の範囲内で，日本語として Big Five の各特性を的確に反映させることを考慮しながら訳出が行われた。予備調査を複数回行い，各項目が極端に偏った得点分布を示さないこと，また対応する項目間に有意な負の相関がみられることの2点に留意し，日本語表現の推敲をくり返した。そして最終版をバックトランスレーションし，原著者が内容を確認した（表3-8）。

TIPI-J の信頼性と妥当性を検討した結果，Big Five の各次元を構成する2項目間には有意な負の相関がみられ，再検査信頼性も十分な値を示した。併存的妥当性と弁別的妥当性の検討のために，FFPQ-

表 3-8　TIPI-Jの項目番号と項目内容（小塩他，2012 より作成）

外向性	
1	活発で，外向的だと思う
6	ひかえめで，おとなしいと思う
協調性	
2	他人に不満をもち，もめごとを起こしやすいと思う
7	人に気をつかう，やさしい人間だと思う
勤勉性	
3	しっかりしていて，自分に厳しいと思う
8	だらしなく，うっかりしていると思う
神経症傾向	
4	心配性で，うろたえやすいと思う
9	冷静で，気分が安定していると思う
開放性	
5	新しいことが好きで，変わった考えをもつと思う
10	発想力に欠けた，平凡な人間だと思う

50（藤島他，2005），BFS（和田，1996），BFS-S（内田，2002），主要5因子性格検査（村上・村上，1999b），NEO-FFI日本語版（下仲他，1999）との関連が検討され，いずれとも十分に高い正の相関が確認された。また，自己評定と友人評定との関連を検討したところ，外向性と勤勉性については中程度の相関がみられた。

さらに Oshio et al.（2013）では，TIPI-J の内容妥当性を，NEO-PI-R 日本語版（下仲他，1999）の30のファセットと照らし合わせて評価した。その結果，TIPI-J と NEO-PI-R 日本語版の間には収束的相関がみられた。TIPI-J と NEO-PI-R の Big Five 次元における対応する次元同士の相関は，$r = .65$（外向性），$r = .49$（協調性），$r = .63$（勤勉性），$r = .70$（神経症傾向），$r = .46$（開放性）であった。NEO-PI-R の30のファセットのうち28は，TIPI-J の対応する Big Five 次元と有意な正の相関を示した。TIPI-J の Big Five 次元と NEO-PI-R-J の30のファセットのジョイント因子分析においても，明確な5因子構造が示された。これらより，TIPI-J は Big Five の次元を適切に表現しており，多数の項目およびファセットから構成される NEO-PI-R とも十分な対応関係があることが示された。

ここまでの TIPI-J の妥当性を検討する研究は，すべて日本語で行われてきた。このような単一言語への依存は，再検査信頼性や日本語内での収束的妥当性を明らかにすることはできても，もともとは英語で概念化された次元を完全に反映しているかは不明なため，尺度の内容妥当性に懸念が残る。そこで，Oshio et al.（2014）では，TIPI-J とオリジナル版である英語版の BFI（John & Srivastava, 1999）との関連を検証した。228人の日本人大学生がこの2つの尺度（日本語の TIPI と，英語の BFI）に回答した。相関分析および構造方程式モデリングの結果，TIPI-J と英語版の BFI には一致した構造がみられ，TIPI-J の内容的妥当性を支持することが示された。

TIPI は日本語だけでなくドイツ語版（Muck et al., 2007），オランダ語版（Hofmans et al., 2008），ポルトガル語版（Nunes et al., 2018）など各国語版が開発されており，国際比較が可能であること，またその簡便さから心理学にとどまらず幅広い学術領域の研究で使用されている。

3-8

IPIP-NEO

橋本泰央 ● 帝京短期大学

IPIP-NEO は，International Personality Item Pool（IPIP：https://ipip.ori.org/）の項目を利用して構成された。NEO-PI-R（Costa & McCrae, 1992b）と同様に，5つの次元（ドメイン）とその下位次元30（ファセット）を測定する（表3-9）。300項目の原版（Goldberg, 1999）と，120項目（Johnson, 2014）および60項目（Maples-Keller et al., 2019）で構成される短縮版がある。

IPIP はオランダのフローニンゲン大学の心理学者である Hofstee, W. K. らのプロジェクトから生まれた英語のパーソナリティ項目プールである。パーソナリティを表現する項目が文章形式の明示的でわかりやすい表現で 3,000 以上掲載されている（2022 年時点）。項目はすべてオープンアクセスで，IPIP の項目を利用して作成された 250 以上のパーソナリティ尺度も，誰でも無料で使用することができる。ホームページからは英語以外の言語に翻訳された尺度へのリンクも設定されている。

IPIP-NEO の作成に際して Goldberg, L. R. が利用したデータは，アメリカオレゴン州ユージーン・スプリングフィールドの男女約 1,000 人（18 〜 85 歳）を対象に行われた調査にもとづく。調査項目には IPIP の項目や NEO-PI-R といった既存の尺度，その他，身体的健康や職業上の興味などに関連する項目が含まれていた。NEO-PI-R の対応するファセットとの相関係数は .86-.99（希薄化を修正した値）で，信頼性係数は平均 $\alpha = .80$ と，NEO-PI-R の平均（$\alpha = .75$）よりも高かった。Goldberg は IPIP-NEO が NEO-PI-R よりも回答者の健康関連行動をよりよく予測すると報告している（Goldberg, 1999）。

Johnson, J. A. はパーソナリティの5つの次元とファセットを測定できる簡

表3-9 IPIP-NEOのドメインとファセット

ドメイン	ファセット
N：神経症傾向 (Neuroticism)	不安（Anxiety；N1*），怒り（Anger；N2），抑うつ（Depression；N3*），自意識（Self-consciousness；N4*），節度のなさ（Immoderation；N5），傷つきやすさ（Vulnerability；N6*）
E：外向性 (Extraversion)	親しみやすさ（Friendliness；E1），群居性（Gregariousness；E2*），断行性（Assertiveness；E3*），活動レベル（Activity-level；E4），刺激希求性（Excitement-seeking；E5*），快活さ（Cheerfulness；E6）
O：開放性 (Openness to Experience)	想像力（Imagination；O1），芸術的関心（Artistic interests；O2），情動性（Emotionality；O3），冒険心（Adventurousness；O4），知性（Intellect；O5），リベラリズム（Liberalism；O6）
A：協調性・調和性 (Agreeableness)	信頼（Trust；A1*），道徳性（Morality；A2），利他性（Altruism；A3*），協力（Cooperation；A4），慎み深さ（Modesty；A5*），同情（Sympathy；A6）
C：勤勉性・誠実性 (Conscientiousness)	自己効力感（Self-efficacy；C1），秩序（Orderliness；C2），良心性（Dutifulness；C3*），達成追求（Achievement-striving；C4*），自己鍛錬（Self-discipline；C5*），注意深さ（Cautiousness；C6）

注：英語のファセット名の後につけられたN1，N2などの記号は，NEO-PI-Rの対応するファセットを表し，その右肩につけられた「*」は，そのファセット名がNEO-PI-Rのファセット名と同じであることを表す

便な尺度の構成を目指して，2万人以上のデータをもとに，IPIP-NEOの各ファセットから4項目ずつ，合計120項目を選び出した。Goldbergのデータや2つの大規模なインターネットサンプル（30万人以上と60万人以上）の分析から，IPIP-NEO 120項目版にはNEO-PI-RやIPIP-NEOと遜色のない内的一貫性や，対応するファセットとの高い相関がみられたと報告している（Johnson, 2014）。

Maples-Keller et al.（2019）はIPIP-NEOの30ファセットの中から項目反応理論を利用して2項目ずつ，合計60項目を選び出した。学部生，地域住民，オンライン調査から得た3つのサンプルを分析した結果，5つの次元の信頼性は良好で，NEO-PI-RやIPIP-NEO，BFI-2（Soto & John, 2017）との間で良好な収束的妥当性が示された（対応する次元間の相関は平均.83）としている。

IPIP-NEOは，ビデオゲームの好み（Quick et al., 2012），不安（Kaplan et al., 2015），創造性（Toh & Miller, 2016），パーソナリティの国際比較（Kajonius & Mac Giolla, 2017），新任教師のパフォーマンス（Bastian et al., 2017），集団での

相互作用（Proto et al., 2019），心理的健康（Bleidorn et al., 2020a）などの研究にも有用であることが示されている。

　IPIP のホームページには IPIP-NEO 300 項目の日本語版も掲載されているが，信頼性と妥当性に関する情報は公開されていないようである。

3-9

尺度間の関連

阿部晋吾 ● 関西大学

　これまでにさまざまな Big Five 尺度が開発されてきたが，これらの尺度同士の関連はどの程度あるのだろうか。ここでは NEO-PI-R を軸にして，尺度間の関連について概説する。

1　オリジナルの尺度間の関連

　NEO-PI-R 以降に作成された Big Five 尺度は，開発時やその改良版あるいは短縮版の作成時の論文において妥当性を検証するために NEO-PI-R との関連が検討されていることが多い。BFI（および BFI-2），TIPI，IPIP-NEO（300 項目版および 120 項目版。それぞれ IPIP-NEO-300, IPIP-NEO-120）はこれにあたり，それぞれ対応する次元同士の相関の範囲は，BFI で r = .66（調和性）〜 .74（誠実性），BFI-2 で r = .68（外向性）〜 .74（誠実性・開放性）（Soto & John, 2017），TIPI で r = .56（開放性）〜 .68（誠実性）（Gosling et al., 2003），IPIP-NEO-300 で r = .83（調和性）〜 .89（外向性），IPIP-NEO-120 で r = .76（調和性）〜 .87（神経症傾向）（Johnson, 2014），となっており，いずれの尺度も NEO-PI-R とは全般的に強い関連性が確認されているといえよう（表 3-10）。なお BFI と TIPI の関連については，対応する次元同士の相関の範囲は r = .65（開放性）〜 .87（外向性）（Gosling et al., 2003）となっており，こちらも強い関連性が確認されている。

表3-10　NEO-PI-Rと各尺度の対応する次元同士での相関係数

	BFI	BFI-2	TIPI	IPIP-NEO-300	IPIP-NEO-120
外向性	.67	.68	.65	.89	.85
調和性	.66	.71	.59	.83	.76
誠実性	.74	.74	.68	.84	.80
神経症傾向	.73	.73	.66	.88	.87
開放性	.69	.74	.56	.87	.84

注：文中で示した論文において報告されている相関係数をもとに作成

2　日本語版の尺度間の関連

　日本語版の尺度においても，TIPI-J は NEO-PI-R 日本語版との関連を検討しており，対応する次元同士の相関の範囲は $r = .46$（開放性）〜 .70（神経症傾向）となっている（Oshio et al., 2013）。BFS（および BFS 短縮版）は NEO-PI-R ではないがその短縮版である NEO-FFI 日本語版との関連を検討しており，BFS で $r = .25$（開放性）〜 .79（外向性），BFS 短縮版で $r = .21$（開放性）〜 .74（外向性）となっており（並川他，2012），開放性の相関が低い傾向がみられる。また，大野木（2004）は当時日本において作成されていた3つの Big Five 尺度（FFPQ，BFPI，NEO-PI-R 日本語版）を大学生 263 人に対して実施し，その関連性を検討している。3つの尺度間で対応する次元同士の相関の範囲は，外向性で $r = .69$ 〜 .78，調和性で $r = .54$ 〜 .66，誠実性で $r = .77$ 〜 .83，神経症傾向で $r = .65$ 〜 .81 の高い相関係数が得られ，強い関連性が認められた。ただし開放性にあたる概念については，FFPQ の「遊戯性」と NEO-PI-R の「開放性」の間の相関係数は $r = .66$ と強い関連性がみられた一方で，BFPI の「知性」とその他の2尺度間については有意ではあるものの低い相関係数が示された。FFPQ の「遊戯性」および NEO-PI-R の「開放性」に対して BFPI の「知性」の相関係数が相対的に高くないという結果は，ジョイント因子分析やファセットの相関分析の結果においても確認された。この理由としては，BFPI の「知性」は好奇心や知識の範囲が広く思慮深い能力を表すと考えられるのに対して，FFPQ の「遊戯性」や NEO-PI-R の「開放性」にはファセット

表3-11　NEO-PI-R日本語版と各尺度の対応する次元同士での相関係数

	TIPI-J	BFS	BFS短縮版	FFPQ	BFPI	BFI-2-J
外向性	.65	.79	.74	.78	.69	.74
調和性	.49	.54	.46	.66	.54	.75
誠実性	.63	.52	.52	.83	.77	.76
神経症傾向	.70	.73	.70	.81	.65	.70
開放性	.46	.25	.21	.66	.29	.70

注：文中で示した論文において報告されている相関係数をもとに作成。BFS，BFS短縮版，BFI-2-J
　　はNEO-FFI日本語版との相関係数

として「空想」が含まれており，想定される側面の差異が関連性の低さに影響
していると考えられる（大野木，2004）。BFI-2-J は NEO-FFI 日本語版との関
連を検討しており，$r = .70$（神経症傾向・開放性）～ .76（誠実性）と全般的に
強い関連性が確認されている（Yoshino et al., 2022）。これらの結果をまとめた
ものを表3-11 に示す。

　なお，TIPI-J は NEO-PI-R 日本語版のみならず，既存の日本語版の Big
Five 尺度ほぼすべて（FFPQ-50 ［藤島他，2005］，BFS ［和田，1996］，BFS 短縮
版 ［内田，2002］，BFPI ［村上・村上，1999b］，NEO-FFI 日本語版 ［下仲他，
1999］）との相関を確認しており（小塩他，2012），TIPI-J を軸として各尺度間
の関連を確認することもできる。その結果によると，外向性，勤勉性，神経症
傾向については，TIPI-J と他の尺度の対応する次元との間にはそれぞれ $r = .67$
以上，$r = .58$ 以上，$r = .60$ 以上の相関が示された。協調性・調和性に関して
は，BFS および BFS 短縮版（$r = .65$, $r = .72$）および NEO-FFI（$r = .58$）との
間に中程度以上の相関係数がみられたが，FFPQ-50（$r = .45$）および BFPI（$r
= .47$）との相関係数はそれに比べるとやや低い値であった。開放性について
は，NEO-FFI の対応する次元とやや低い相関を示したが（$r = .35$），それ以外
の尺度においては $r = .50$ 以上の相関係数を示した。先述のとおり，大野木
（2004）によれば FFPQ の「遊戯性」と BFPI の「知性」の相関は低いが（$r
= .24$），TIPI-J の開放性は「遊戯性」，「知性」いずれとも中程度の相関を示し
た（$r = .51$, $r = .50$）。

　このように，独自の作成・開発経緯がある中で，それぞれの Big Five 尺度

の各次元同士は NEO-PI-R を軸として全般的には強い関連が示されており，理論どおりの対応関係がみられる。ただし開放性においては，日本で作成された尺度同士は低い相関を示すものが一部あることについては留意すべきであろう。

第4章

Big Fiveの発達

4-1

気質からBig Fiveへ

清水由紀 ● 早稲田大学

1 気質とは

気質（temperament）とは，発達の初期に現れる，生理的な基盤をもつ一貫した行動的特徴を指す。気質は生後間もなく現れる個人差を表し，のちのパーソナリティの基礎を形成すると考えられている（Rothbart et al., 2000）。また学校場面における適応（Eisenberg et al., 2010），仲間関係（Sanson et al., 2004），うつなどの精神病理学的症状（Klein et al., 2012）など，さまざまな発達的結果において重要な要因となることが示唆されている。

気質を測定する方法としては，とくに幼い子どもを対象とする場合は内省を得ることはむずかしいため，おもに親による報告や行動観察などの方法が取られる。親の報告によるものでは，質問紙法が用いられることが多く，たとえば3 〜 12か月児を対象としたIBQ-R（Infant Behavior Questionnaire-Revised）（Gartstein & Rothbart, 2003）や，4 〜 8か月児を対象としたR-ITQ（Revision of Infant Temperament Questionnaire）（Carey & McDevitt, 1978），1 〜 3歳児を対象としたTTS（Toddler Temperament Questionnaire）（Fullard et al., 1984）などが開発されている。また後述する Thomas, A. と Chess, S. の研究（Thomas & Chess, 1984）のように，親に対する面接調査によって乳児の日常の行動を報告してもらう方法も取られている。行動観察では，実験室において統制された環境下での乳児の振る舞いを客観的に観察する方法や，家庭での日常の様子を観察する方法が用いられる（Rothbart & Goldsmith, 1985）。

2 気質の構造

　気質がどのような次元から成り立っているのかについて最初に体系的な検討を行ったのは，Thomas と Chess のニューヨーク縦断研究である（Thomas & Chess, 1984；Thomas et al., 1963）。この研究では，ニューヨークに住む乳児（平均月齢3.3か月）の親に面接調査を行い，子どもの日常におけるさまざまな行動に関する報告を得た。その報告にもとづき9つの気質次元，すなわち，活動性，律動性，接近・回避，順応性，反応強度，気分の質，持続性，気の紛らわせやすさ，反応の閾値を抽出した（表4-1）。さらには各次元の得点の組合せから，扱いやすい子ども（easy child），扱いにくい子ども（difficult child），出だしの遅い子ども（slow-to-warm-up child）の3カテゴリを設定した。扱いやすい子どもは，新奇場面にも比較的早く適応し，ポジティブな感情を示しやすく，規則的な食事・睡眠のパターンをもつ。扱いにくい子どもは，感情が激しくなだまりにくく，よく泣き，食事・睡眠のパターンが不規則になりやすい。出だしの遅い子は，活動レベルが低く，新奇な場面に適応しにくいが，くり返されると受け入れることができる。Thomas と Chess らの研究で対象とされた子どものうち，約65％がいずれかのパターンにあてはまり，その内訳は40％が扱

表4-1　Thomas と Chess のニューヨーク縦断研究による子どもの9つの気質次元（Thomas et al., 1963；水野，2017 より作成）

気質次元	主な特徴
活動性	身体活動の活発さ
律動性	睡眠・排泄などの身体機能の規則正しさ
接近・回避	新奇な刺激に対する積極性・消極性
順応性	環境変化に対する慣れやすさ
反応強度	泣く・笑うなどの反応の強さ
気分の質	親和的行動・非親和的行動の頻度
持続性	特定の行動に携わる時間の長さ・集中性
気の紛らわせやすさ	外的刺激による気の散りやすさ
反応の閾値	感覚刺激に対する敏感さ

いやすい子，10％が扱いにくい子，15％が出だしの遅い子であった。Thomas
らは，これらの行動タイプを示す子どもが，置かれた環境とどう相互作用し適
応に影響するのかという適合度（Goodness of fit）の概念も提唱している。

　一方 Rothbart, M. K. ら（Rothbart & Bates, 2006；Rothbart & Derryberry,
1981）は，気質を情動，運動，注意における反応性（reactivity）と自己調節
（self-regulation）における生物学的なベースをもつ体質的な個人差であるとと
らえた。反応性とは，外的・内的環境の変化に直面したときの行動，神経内分
泌，および自律神経系の覚醒の程度を指す。自己調節は，接近・回避，注意の
方向づけなどの，反応性を調節するプロセスに関係している。Rothbart らは，
気質次元として，ネガティブ感情（negative affectivity），サージェンシー
（surgency），エフォートフルコントロール（effortful control）の３次元を抽出し
た。ネガティブ感情には，怒り，不快感，恐怖，鎮静性（なだまりにくさ），悲
しみなどの個人差が反映され，不安障害やうつ病などの精神病理学的問題と関
連している（Muris et al., 2007）。サージェンシーには活動レベル，ポジティブ
な期待，笑顔，衝動性などの個人差が含まれ，過度なリスクテイクや非行行動
の少なさと関連している（Polak-Toste & Gunnar, 2006）。エフォートフルコント
ロールは環境に注意を向け，状況の要求に対してより意図的かつ合理的な対応
を実行するために，一時的な衝動を抑える自発的な能力を指し，問題行動の少
なさや社会的関係の良好さと関連する（Eisenberg et al., 2010）。

　また Kagan, J. は行動抑制性（behavioral inhibition）に着目し，新奇な場面や
刺激に対して，用心深く不安になりネガティブ感情（e.g. 泣き）を示しやすい
子どもと，リラックスしてその場面に自発的に飛び込み比較的苦痛を示さない
子どもがいることを示した（Kagan, 1998）。Kagan のアプローチの大きな特徴
は，行動観察と生物学的測定のいずれをも用いて気質を評価したことである。
行動の抑制は扁桃体の反応と関連しており，新奇性に対する反応は，自律神経，
ホルモン，および脳のパターンに反映されることを示した（Kagan et al., 2007）。
たとえば行動抑制性の高い子どもは，ストレスフルな出来事に直面したときに
扁桃体が強く反応して，交感神経が興奮しやすく，コルチゾールの分泌が多く
なる。

3 気質の安定性

　発達初期にみられるこれらの気質が，成長に伴いどの程度安定しているのか，あるいは変化しやすいかについて調べるためには，同じ個人について異なる発達の時点で縦断的に気質を測定する必要がある。たとえば前述した Thomas et al.（1963）のニューヨーク縦断研究では，9つの気質次元の安定性について，生後3～4か月から18～25歳という長いスパンについて検討している。また Kagan et al.（2007）は，行動抑制性の安定性について，生後4か月から14～17歳まで追跡して調べた。日本人を対象とした研究では，菅原らが生後6か月から11年間の追跡を行っている（菅原他，1999）。

　安定性は2つの異なる観点から調べられることが多く，ひとつ目は平均値の安定性（測定の平均値が一定かどうか），2つ目は順位安定性（相対的な位置が維持されるかどうか）である。発達的な安定性を調べるためには，順位安定性のほうがより適切であると考えられる（Rothbart et al., 2000）。なぜなら，脳機能をはじめとしたさまざまな側面の成熟に伴って顕著に出現してくる気質特性もあるからである。たとえばエフォートフルコントロールは，前頭葉の制御システムの活動が反映され，生後2年目以降にその個人差が出現し，その違いは発達とともに大きくなっていく（Rothbart et al., 2003）。これまでに実施された縦断研究のレビューからは，多くの気質次元の順位安定性は，低～中程度の値を示し，期間が長くなるほど安定性は小さくなることが示されている。また，発達的に後期になるほうが大きくなることが報告されている（Shiner & Caspi, 2012）。すなわち，乳児期から幼児期よりも，青年期から成人期のほうがより安定している。さらには，行動観察よりも親による報告，とくに質問紙を用いた方法において高い安定性を示す（Roberts & DelVecchio, 2000）。

4 気質とBig Fiveの関連

　伝統的に，気質とパーソナリティは別個の概念としてとらえられ，関連し合うことなく別々に研究されてきた。気質は体質的な行動特徴とみなされ，パー

ソナリティよりも遺伝と成熟の寄与が大きいと想定されてきた。また，気質は人生の非常に早い段階で現れるが，パーソナリティのいくつかの側面は自己や社会的スキルの発達とともに出現してくるという認識がなされてきた（Chen & Schmidt, 2015）。したがって，気質はおもに就学前までの子どもの個人差，パーソナリティはおもに成人期における個人差を説明するために使用されてきた。測定法も異なっており，気質は親の報告や行動観察がおもに用いられ，パーソナリティは自己報告による尺度がおもに用いられてきた。これらの違いが両者の統合をむずかしくしてきたと考えられる。

　しかし近年では，気質とパーソナリティ，とりわけ Big Five 特性がどうリンクするのかについて検討されている。乳幼児期における Big Five 特性に該当する特徴の出現が調べられ，気質の理論と対応させる形での統合が試みられてきた。その結果として，Shiner（2015）は，気質とパーソナリティは，基本的な特徴の次元はほぼ同じであり，気質は人生の初期に現れ，それゆえ範囲が限定されているのに対し，パーソナリティ（Big Five）は人生において少し後に現れ，範囲がより広いものである，という形で概念的に統合できると述べている。具体的な対応づけとしては，ポジティブ感情は外向性に，ネガティブ感情は神経症傾向に，エフォートフルコントロールは勤勉性・誠実性に，社交性は協調性・調和性にリンクし，開放性は初期の気質との直接的な関連性が低いとした（Caspi & Shiner, 2008）。中でも，ポジティブ感情／外向性，およびネガティブ感情／神経症傾向の 2 つの次元は，人生の初期から生涯を通じて存在するコアとなる特性であるとされており，子ども期においても成人期においても互いに独立して現れ，また発達段階にまたがる安定性も高いことが示唆されている（Clark & Watson, 1999；Goldsmith et al., 2000；Rothbart et al., 2000；Rothbart & Bates, 1998）。ただし，実証研究においては，気質から Big Five 特性を明確に予測することは容易ではなく，そこには多くの要因が複雑に絡み合っている可能性が指摘されている（McAdams, 2019）。

　気質に遺伝的・生理的基盤があることは，行動遺伝学や脳科学における研究から明らかであるが（Caspi et al., 2005），気質の安定性における媒介・調整要因として，ジェンダー，出生順序，在胎週数（正期産児か早期産児か），社会経済的地位（socioeconomic status：SES），親の養育行動など，さまざまなものが

存在していることが示唆されている（Bornstein et al., 2015）。さらには近年，環境が遺伝子発現に影響するといったエピジェネティクスの知見も蓄積されつつある。たとえば，母親の子ども時代の養育環境の過酷さと，子どものセロトニントランスポーター遺伝子多型（5-HTTLPR）が相互作用して，のちの子どものネガティブ感情の大きさに影響することが示唆されている（Bouvette-Turcot et al., 2015）。しかしさまざまな要因間の媒介・調整メカニズムについては，いまだ不明な部分が大きく，今後の研究が期待される。

4-2

児童期から青年期の Big Five

川本哲也 ● 国士舘大学

幼少期のパーソナリティは成人期の心身の健康，年収や社会的地位，良好な対人関係といったさまざまな帰結と関連する（De Fruyt et al., 2017）。しかもこの関連性は必ずしも直線的なものではなく，媒介や調整といったより複雑なメカニズムの関与も指摘されている（Hampson, 2008）。児童期から青年期にかけてのパーソナリティ発達に関する知見は，実践的意義をもつ重要なトピックといえるだろう。

1 児童期から青年期における気質と Big Five

従来，気質とパーソナリティは別個の研究領域として扱われてきた。「気質」という用語はおもに乳幼児を中心とした子どもの個人差を表し，「パーソナリティ」は成人の個人差を反映するものとして用いられることが多い。しかし，近年は両者を基本的には同様の概念とみなし，その共通性を強調する向きが強い（Shiner & DeYoung, 2013）。もちろん，それぞれが非常に類似した概念を反映しつつも，それぞれに若干の独自成分が含まれることは否定されていない（Tackett et al., 2013a）。

Big Five のうち，外向性，神経症傾向，勤勉性・誠実性の3特性については，気質との間に明瞭な対応関係があり，外向性はポジティブ情動性（positive emotionality）・高潮性（surgency），神経症傾向はネガティブ情動性（negative emotionality），勤勉性・誠実性はエフォートフルコントロール（effortful control）・抑制（constraint）と対応している（e.g. Tackett et al., 2013a）。

協調性・調和性については親和性（affiliation），開放性については知覚的敏感さ（sensory sensitivity）との対応が指摘されているものの，外向性，神経症傾向，勤勉性・誠実性と比べるとその対応関係は明瞭ではない（Shiner & DeYoung, 2013）。

2 Big Five の因子構造

　子どもと成人の Big Five を比較する際，両者の間にもっとも大きな概念的な違いがみられるのは開放性である。成人の開放性は，審美性や文化と関わる経験への開放性と，想像力や批判的思考と関わる知性の 2 つの要素を含んでいるが（cf. §2-3），とくに児童期の開放性は知性が開放性概念の大半を占める（De Fruyt et al., 2002）。それと関連し，児童期の開放性は勤勉性・誠実性と比較的強い相関がみられることも，児童期の特徴のひとつである（Soto & Tackett, 2015）。成人期には，開放性はとくに外向性との間に正の相関が認められ，勤勉性・誠実性との相関は相対的に弱いものになるが（cf. §6-1），児童期ではその特性間の相関パターンがやや異なっている。

　協調性・調和性と低い神経症傾向が概念的に重複する点も，成人の Big Five との違いとして指摘される。児童期の子どもでは協調性・調和性の中に神経症傾向の低さを反映するファセットが含まれてしまうが，青年期前期には協調性・調和性の概念はほぼ成人期のそれと同様のものとなる（Tackett et al., 2012）。加えて，成人期においては外向性の要素とみなされうる活動性（activity）が，児童期には他の Big Five 特性と同程度に大きな個人差次元として見出されることも，この発達段階の特徴といえる（Soto & Tackett, 2015）。

　青年期は児童期と成人期の間の発達段階であり，Big Five の因子構造に関しては児童期の構造から成人期の構造へと切り替わり，それが安定化して一貫性が出てくる時期である。実際，Big Five の測定尺度として世界的に多用されている Big Five Inventory（BFI）では，青年期の子どもたちにおいても成人と同様の内的一貫性が示されており（Soto et al., 2008），青年期の Big Five 構造は成人とおおむね一致しているといえる。

3 Big Fiveの相対的安定性

パーソナリティ発達を論じる重要な視点のひとつとして，経時的な相対的安定性（順位の安定性）があげられる。Big Five を含むパーソナリティ特性の相対的安定性は比較的高く，さらにその安定性の程度は幼少期から成人期後期にかけて一貫して高くなる傾向があり（Roberts & DelVecchio, 2000），これを累積安定化の法則（cumulative continuity principle）とよぶ。

児童期・青年期の Big Five についてもこの法則はあてはまり，児童期と比して青年期のほうが Big Five の経時的な相対的安定性は高い（Roberts & DelVecchio, 2000）。なお，Big Five の次元によって安定性の程度がやや異なり，神経症傾向は Big Five の中でもっとも安定性が低い次元であることが一貫して確認されている（e.g. Roberts & DelVecchio, 2000）。

4 Big Fiveの平均値レベルの変化

パーソナリティ発達を論じる別の視点として，平均値レベルの変化があげられる。人のパーソナリティは，成人期を通じて協調性・調和性と勤勉性・誠実性のレベルが高くなり，神経症傾向のレベルは低くなる（Roberts et al., 2006）。つまり，成人期のパーソナリティは全体的に一貫して社会的に望ましい方向に変化していくため，これを成熟化の原則（maturity principle）とよぶ（cf. §4-3, §4-4）。

しかし，児童期のパーソナリティではこの成熟化の原則があてはまらず，むしろ成熟とは反対の方向に変化していくことが指摘されており，これを混乱仮説（disruption hypothesis）とよぶ（Soto & Tackett, 2015）。とくに児童期・青年期においては，勤勉性・誠実性と開放性が，男女ともに児童期から少なくとも青年期中期まで一貫して低下することが，横断研究，縦断研究，メタ分析の結果から頑健に示されている（Denissen et al, 2013；Soto, 2016；Van den Akker et al., 2014）。

外向性，神経症傾向，協調性・調和性については，メタ分析の結果では有意な変化は認められなかった（Denissen et al., 2013）。しかしより最近の知見では，

外向性は男女ともに児童期から青年期後期まで一貫して低下する傾向が認めら
れている（Kawamoto & Endo, 2015；Soto, 2016；Van den Akker et al., 2014）。神
経症傾向は，とくに女子において児童期から青年期後期まで一貫して上昇する
傾向が認められているが（Soto, 2016；Van den Akker et al., 2014），本邦におい
ては男女ともに上昇する結果が得られている（Kawamoto & Endo, 2015）。協調
性・調和性については，児童期を通じて低下した後，青年期の間はその平均値
はほぼ変わらないようである（Soto, 2016；Van den Akker et al., 2014）。

5　パーソナリティ発達と類型

　Big Five の各特性を個別にみる変数志向的アプローチと比較して，パーソ
ナリティに対する類型論的な解釈は個人志向的なアプローチということができ
る。成人を対象とした研究では観察されるパーソナリティタイプの数が研究に
より異なり，3 ～ 5 個の類型が報告されている。しかし，児童期・青年期を対
象としたパーソナリティタイプの研究では 3 個の類型（レジリエント型
［resilients］・統制過剰型［overcontrollers］・統制不全型［undercontrollers］）が一
貫して確認されている（cf. §6-5）。
　パーソナリティ発達に対する類型論的アプローチを試みる研究には，パーソ
ナリティ発達の軌跡を類型化するものと，パーソナリティタイプそのものの発
達軌跡を検討するものがある。前者の研究では，Big Five の発達軌跡を潜在
クラス成長モデルや成長混合モデルを用いて分析する。これまでの研究から，
児童期から青年期にかけてのパーソナリティ発達の軌跡も 3 タイプ（レジリエ
ント型・統制過剰型・統制不全型）にわけられ，タイプごとに発達軌跡が異なる
ことが示されている（de Haan et al., 2013）。
　一方，パーソナリティタイプの発達を検討する研究では，一般対数線形モデ
ルや潜在移行分析を用いた分析が行われる。これまでの研究から，青年期では
パーソナリティタイプは全体的に安定しており，とくにレジリエント型は他の
2 つのタイプに移行しづらく，統制過剰型は他のタイプに移行しづらいものの
レジリエント型への移行が多少みられ，統制不全型はもっとも安定性が低くタ
イプが変わりやすいことが明らかにされている（Meeus et al., 2011）。

4-3

成人期の Big Five

西田裕紀子 ● 国立長寿医療研究センター

---

1 成人期のパーソナリティ発達

　成人期にパーソナリティがどのように変化するのかについては，何十年にもわたり多くの議論が行われてきた。たとえば，1970年代には，ほぼすべての人のパーソナリティは安定しないとする考え方（e.g. Mischel, 1969），1980年代から1990年代には，ほぼすべての人のパーソナリティは安定しているという考え方（e.g. Costa & McCrae, 1986）が注目されていたようである。現在では，人は人生全体にわたり発達し続けるという生涯発達の見方（e.g. Baltes et al., 1977），さらに，最近20年間ほどのめまぐるしい縦断研究の進展（大規模な研究が増えたり，精緻化した解析手法が発達したこと）を背景として，成人期のパーソナリティは変化すること，そこには平均的（体系的）な軌跡があることがわかっている。

　Big Five の平均的な軌跡に関する具体的なデータをみてみよう（ここでは，高齢期を含む変化もあわせて確認する）。図 4-1 は，6万人以上の調査対象者を含む16の研究の縦断データを用いた統合的な解析の結果（Graham et al., 2020）である。神経症傾向は成人期初期に低下し，高齢期に少し上昇している。外向性，開放性は加齢に伴い低下する一方，協調性・調和性は加齢に伴い上昇する。勤勉性・誠実性は加齢に伴い少し減少する（ただし，勤勉性・誠実性については個々の研究により軌跡が異なり，いくつかの研究は勤勉性・誠実性が成人初期から中期にかけて上昇し，高齢期において少し減少することを示している）。

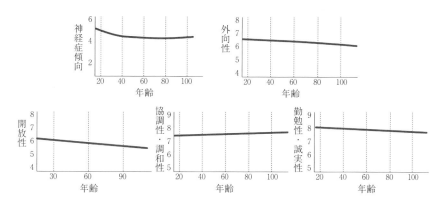

図 4-1　Big Five の平均的な軌跡（Graham et al., 2020 を参考に作成）

2　パーソナリティの「個人内変化の個人差」

　上記の変化は，集団における平均的な軌跡であり，パーソナリティの変化には，重要な「個人内変化の個人差（inter-individual differences in intra-individual change)」がある。すなわち，成人期における Big Five の各特性の変化はある人には生じるがある人には生じない。また，生じる変化の程度や方向性，そのタイミングも多様である。では，その個人差をもたらすものとは何であろうか。

　パーソナリティの発達は，遺伝的要因と環境要因の双方の影響を受けるが，とくに，家庭環境を離れ，独自の新しい体験に遭遇しやすい成人初期から中期には，環境あるいは経験の要因の重要性が増すと考えられている（Bleidorn, 2015）。それらを説明する理論のひとつは，社会的投資の原則（Social investment principle：Roberts et al., 2006）である。私たちは人生を通じてさまざまな生活上の課題に直面し，役割の移行を経験していく。とくに成人期は，新しい家族を形成したり，仕事において責任ある立場を担ったりすることが多く，大人としての社会的役割に自分自身を投資し，コミットすることが求められる時期である。それに応えることにより，パーソナリティが刺激を受け，変化が生じる。そして，成人期の経験が多様であるために，パーソナリティの個人内変化には大きな個人差が生じると考えられる。Bleidorn et al.（2018）は社

会的投資の原則に関連するライフイベントとして，愛情に関するもの（恋愛関係，結婚，離婚，親になること，配偶者を亡くすことなど），仕事に関するもの（学校や大学からの卒業，就職，失業，退職など）をあげており，愛情に関するライフイベントは感情や情緒面の特性（神経症傾向，外向性など），仕事に関するライフイベントは行動や認知の内容を反映する特性（勤勉性・誠実性，開放性など）の変容を促す可能性があると指摘している。ただし，パーソナリティの変化に影響すると考えられる共変量（年齢，収入，教育年数など）を考慮すると，想定されたライフイベント経験とパーソナリティ変化との直接的な関係が消失するという報告（van Schepping et al., 2016）もあり，成人期のライフイベントがもたらすパーソナリティ変化の内容やそのタイミングなどについては，さらなる研究の蓄積が必要とされている（これらの点については，畑野［2020］のレビューが参考になる）。

3　成人初期のパーソナリティの変化とその要因

　成人期の中でも，成人初期（親からの自立や就職などの社会的役割の取得後から40歳頃）は多くの人にとって人生の転機となり，生活や周囲の環境が大きく変わる時期である。その時期のパーソナリティの変化，とくに神経症傾向（情緒安定性），勤勉性・誠実性，協調性・調和性の3つの特性の発達に着目する研究は多い。図 4-2 は，92 の縦断研究を統合した解析の結果（Roberts et al., 2006）であり，パーソナリティ特性の変化が累積的であると仮定した場合の，情緒安定性，勤勉性・誠実性，協調性・調和性得点の累積変化量を示している。興味深いことに，成人初期にあたる 20 代から 40 歳頃にかけて，情緒安定性，勤勉性・誠実性は顕著に上昇しており，協調性・調和性はそれと比較すると緩やかであるが，やはりその時期に上昇する傾向が認められる（協調性・調和性は，情緒安定性，勤勉性・誠実性の成熟を追いかけるようにその後の40歳から50歳で顕著な上昇を示している点も興味深い）。たとえば，Lehnart et al.（2010）は，安定したパートナーを得ることが神経症傾向を低下させることを示している。また，Specht et al.（2011）は，人生における最初の仕事に就くことが勤勉性・誠実性の向上と関連することを報告しており，図 4-2 に示すパーソナリティ

の発達は，上述した社会的投資の原則
とも関わり，成人初期に仕事に就くこ
と，新しい家庭をもつことなどの社会
的な役割へのコミットメントを通じた
社会的な成熟を反映しているとも考え
られる。

　ただし，パーソナリティの変化と就
職，結婚など，成人初期に重要な影響
を及ぼすと考えられるライフイベント
との関連に関する証拠は，（仮説を立て
ることが容易であるにもかかわらず）予想
外に一貫せず（Bleidorn et al., 2020b），こ
の点に関しても多くの議論がある。第1
に，多くの研究は，「仕事に就くこと」，
「結婚すること」などのデモグラフィックな変数とパーソナリティの変化との

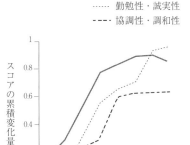

図 4-2　Big Five 3 特性のスコアの累積
変化量（Roberts et al., 2006 を参考に
作成）

関連を検討している。しかしながら，もともとのパーソナリティがそれらのラ
イフイベントを「どのように経験するか」に影響し，それらがパーソナリティ
変容をもたらす可能性も考慮した，さらに詳細な検討が必要である。第2に，
ほとんどのライフイベントは単独では生じない。たとえば，大学の卒業は就職
などの新しい経験につながり，就職は昇進，失業などの新しい経験につながる。
すなわち，どのようなライフイベントも，生活文脈や他のライフイベントとの
関連において経験するため，単独のライフイベントによるパーソナリティ変容
を明らかにすることはむずかしい。第3に，パーソナリティの変化をとらえる
ためには，同一個人を複数回追跡する縦断的なアプローチが重要であるが，縦
断研究は通常，あらかじめ設定された研究デザイン（追跡の間隔が2年，5年，
10年など比較的長いことが多い）に沿って進められる。特定の経験に影響を受
けるパーソナリティの変化は，急速に生じた後に緩やかになる可能性
（Roberts et al., 2017）もあり，評価間のタイムラグが長い縦断研究は，パーソ
ナリティの変容を不明瞭にする可能性がある。

4 成人期のパーソナリティの重要性

これまでみてきたように，成人期には確かにパーソナリティの変化が生じうるが，パーソナリティの変化がどのように生じるのかについてはわかっていないことも多い。一方，パーソナリティが重要な人生の結果と関連しているという証拠は多く報告されており，その重要性は頑健である。たとえば，神経症傾向は，メンタルヘルスを予測する重要な鍵となり（Ormel et al., 2013），勤勉性・誠実性，協調性・調和性の低さは行動障害や反社会的行動（Miller & Lynam, 2001；Atherton et al., 2019）と関連する。職業に関わることとして，勤勉性・誠実性はその後の職務の遂行を予測し（Dudley et al., 2006），神経症傾向，外向性，開放性，勤勉性・誠実性はリーダーシップの発揮と関連する（Judge et al., 2002）。興味深いことに，特定のパーソナリティ特性が重要ということではなく，自分のパーソナリティに合った仕事に就くことが経済的成功につながるという報告もある（Denissen et al., 2018）。さらに，恋愛関係や結婚がどのように進むかについても，パーソナリティの役割は大きいことがわかっている（e.g. Asendorpf et al., 2011；Wagner et al., 2015）。

今後は，パーソナリティが人生の結果に及ぼす影響，その経験がさらなるパーソナリティの成熟をもたらすといった，よりダイナミックな研究の蓄積が大いに期待される。

4-4

高齢期の Big Five

西田裕紀子 ● 国立長寿医療研究センター

---

1 高齢期のパーソナリティ発達

歳をとって性格がまるくなった，頑固になった，あるいは心配性になったなどといわれることがある。高齢になると，本当にパーソナリティは変化するのだろうか。

前節では，成人期から高齢期にかけての Big Five の平均的な軌跡を示した（cf. 図 4-1）が，あらためて，高齢期（ここでは世界保健機関が定義する 65 歳以上とする）に焦点をあてて，Big Five の加齢変化の様子を確認してみよう。まず，神経症傾向は高齢期の前半頃までは低下しており，高齢期の後半からは少し上昇する。外向性，開放性は，成人期から一直線に低下しており，高齢期にも低下する。協調性・調和性は成人期から上昇し，高齢期にも上昇し続けている。勤勉性・誠実性は，成人期から高齢期の前半にかけて低下，あるいは少し上昇する（研究によって相違がある）が，とくに高齢期の後半には少し低下することが示されている。このように，集団における平均的な軌跡としてとらえれば，高齢期にもパーソナリティは変化すると考えられる。

一方，数十年ぶりの同窓会などで久しぶりに会い，お互いに「若い頃とまったく変わらない」などといい合ったりするように，私たちはパーソナリティを安定したものと感じることも多い。パーソナリティの安定性に関して，Roberts & DelVecchio（2000）は，152 の縦断研究を統合する先駆的な解析を行い，パーソナリティの一致度（約 7 年間隔の測定値から計算した再検査相関）

は，児童期には.54，30代では.64，50～70代には.74であり，加齢に伴い
パーソナリティは安定することを指摘している（ただし，約18万人のデータを
解析した最近の報告［Bleidorn et al., 2022］は，成人初期以降，加齢に伴いパーソナ
リティの安定性が上昇するという証拠は見出されなかったとしており，加齢に伴っ
てパーソナリティは安定するかについては，いまも議論が続いている）。

2 Big Fiveと長寿・健康

　私たちの心身の健康には，生活習慣や行動習慣が大きく影響する。パーソナ
リティはそれらの習慣を規定する重要な要因であり，以前から多くの実証研究
が行われている。

　たとえば，勤勉性・誠実性の高さ，すなわち，規律正しく，目標に向かって
行動し，衝動をコントロールするという特性の高さは，喫煙や過度の飲酒など，
健康面でのリスクとなる行動を抑制し，バランスのよい食生活や適度な運動な
どの健康行動とポジティブに関連することが指摘されている（Gerlach et al.,
2015；Keller & Siegrist, 2015）。また，勤勉性・誠実性が高い人は，健康診断の
受診率が高いこと，病気になった場合に，医師のアドバイスによく従い，処方
された薬を忘れず飲み続ける傾向があることが知られている。その結果，勤勉
性・誠実性の高さは，慢性的な疾患（高血圧，脳卒中，糖尿病，メタボリックシ
ンドロームなど）のリスクを軽減し（Sutin et al., 2010；Weston et al., 2015），病
気の進行を遅らせる（Ironson et al., 2008）。重要なことに，大規模な7つのコ
ホート調査（対象者合計76,150人）のデータを統合した研究では，Big Five の
中でもとくに勤勉性・誠実性が高いことが，年齢，性別，Big Five の他の特
性などを考慮（調整）してもなお，長生き（死亡リスクの軽減）と関連すること
が報告されている（図4-3）（Jokela et al., 2013）。

　一方，開放性は認知的な刺激を伴う活動と関連し（Stephan et al., 2014），高
齢期における認知予備能（脳内に病理学的変化が生じても，それに対抗する能力）
を高めること（Franchow et al., 2013）から，高齢期にもなお，認知機能を維持
したり，あるいは認知症の発症に対して保護的に働いたりすること（Nishita et
al., 2016；Cipriani et al., 2015）が報告されている。また，神経症傾向が高いほど，

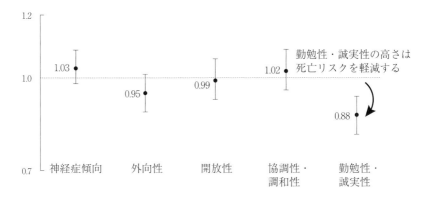

図4-3　Big Fiveと死亡リスクの関連（Jokela et al., 2013を参考に作成）

ストレッサーをより脅威に感じることからうつ病などの精神的疾患を引き起こ
しやすく，神経症傾向が高い群は低い群よりもその後の死亡率が高いといわれ
ている（ただし最近では "healthy neurotic" という考え方もあり，適度な神経症傾
向の高さは健康行動を動機づけ，疾患の進行を抑制すると指摘されている）。一方，
外向性，協調性・調和性については，健康との一貫した関連は示されていない。
これらの特性については，下位の特性（ファセット）を検討する必要性が指摘
されている（Turiano et al., 2021）。たとえば，外向性の高さは，社会的活動の
豊富さやポジティブな感情などの健康保護的な側面と，外食や飲酒などの健康
を脅かす側面の双方に関わるため，一貫した傾向が示されない可能性がある。

　図4-4は，パーソナリティから寿命への影響経路を示すモデルである
（Turiano et al., 2021）。Big Five特性は，健康行動，ストレス評価，社会関係と
相互に関連しながら，ストレスへの対処，生理的な反応，疾患，そして寿命に
影響すると考えられている。

3　Big Fiveとフレイル

　フレイルは高齢者の健康状態を表す概念で，「Frailty（虚弱）」の日本語訳で
ある。フレイルは，健康な状態と要介護状態の中間に位置し，身体的機能や認
知機能の低下がみられる状態であるが，適切な治療や予防を行うことで要介護

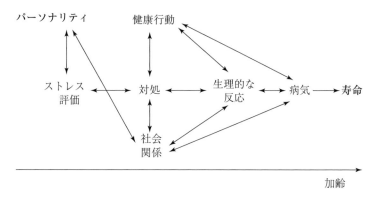

図4-4　パーソナリティと健康のプロセス（Turiano et al., 2021を参考に作成）

状態に進まずにすむ可能性があるとして，最近，老年学や高齢者心理学の分野で注目されている。Big Fiveとフレイルに関する研究を2つみてみよう。

　Stephan et al.（2017）は，Wisconsin Longitudinal Study，Health and Retirement Studyなどの4つの研究に参加した65〜104歳の高齢者10,977人を対象として，フレイルとBig Fiveとの関連を検討した。その結果，フレイルとすべてのBig Five特性との間に横断的に有意な関連があり，高い神経症傾向，低い外向性，低い開放性，低い協調性・調和性，低い勤勉性・誠実性の場合にフレイルが進行していた。さらに一部の対象者の縦断データを用いて，Big Fiveがその後のフレイル進行に影響を及ぼすかを検討した結果，神経症傾向の高さが8年後のフレイルの悪化を予測したことを報告している。また，Gale et al.（2017）は，English Longitudinal Study of Ageingの参加者である60〜90歳の高齢者5,314人を対象として，Big Fiveが2年後のフレイルの進行に及ぼす影響を検討した結果，神経症傾向がフレイルを悪化させる一方，外向性と勤勉性・誠実性はフレイルの進行に対して保護的に働くことを報告している。これらの結果は，不安を感じやすく傷つきやすいといった神経症傾向はフレイルを進行させる要因になること，人づきあいを好みポジティブな感情が高いという特徴の外向性や，真面目さや慎重で注意深いことを表す勤勉性・誠実性の高さがフレイルの進行を抑制することを示している。

4 高齢者理解とパーソナリティ

　パーソナリティと健康との関連に関するこれらの研究から，高齢者理解や支援に関する示唆として以下の2点をあげることができよう。第1に，これまでみてきたように，パーソナリティは凝り固まったものではなく，高齢期にも変化しうる。興味深いことに，Jackson et al.（2012）は，認知機能の向上をめざすプログラムに参加した高齢者のパーソナリティの変容（開放性が高くなったこと）を見出しており，パーソナリティは介入により変化する可能性も指摘されている。高齢者に対して，とくに，上述したように長寿や健康との関連が示されている勤勉性・誠実性の重要性を働きかけていくことは，よりよく歳を重ねるために重要であると考えられる。第2に，Big Five は高齢者のその人らしさを把握するために有用な枠組みである。たとえば，食生活や運動習慣の改善や，定期的な服薬が必要な場面で，勤勉性・誠実性の高い高齢者は，比較的指示どおりに行動することができる。しかしながら，勤勉性・誠実性の低い高齢者に対しては，周囲が細やかに協力したり，より具体的でわかりやすいプログラムを提示したり，日々の行動が達成されているか否かを細かく確認するようなシステム作りが必要かもしれない。すなわち，Big Five の観点から高齢者のパーソナリティを把握することは個性を理解することであり，各々の特性にあった支援の方法を考える一助となると考えられる。

第5章

Big Fiveの基盤と変化

5-1

進化的背景

三枝高大 ● 福島県立医科大学

---

1 パーソナリティの個人差の進化的説明

　Big Five パーソナリティの5つの因子は，人間の個人差にもとづいて見出されたものである。しかし，Big Five パーソナリティの5つの因子になぜ個人差があり，その個人差は消えることなく存続しているのだろうか。この理由について，環境のばらつきと頻度依存選択という進化的観点に立った考え方からは次のように説明されている（Penke et al., 2007）。

　頻度依存選択は，個人差が消えずに維持される均衡選択の特殊なケースである。各個体の置かれた環境にばらつきがなければ，ある特性の最適なレベルは一定であり，個体差は生じないが，各個体の置かれた環境に違いがある場合には，環境に応じて最適なレベルが異なることから個体差が生じる可能性がある（Lewis & Buss, 2021）。たとえば，食料が不足している環境下では，危険を顧みず，未知の領域への探索行動を行う大胆な人びとのほうが，探索に伴う危険を回避する慎重な人びとよりも多く子孫を残すかもしれない。逆に食料が豊富な環境で，むやみに探索行動を行うことは捕食されたり，攻撃を受けるというような不要な脅威にさらされたりする機会を増やすことになるかもしれない。つまり，大胆であることが望ましい環境と慎重であることが望ましい環境が，時期や場所によって異なる場合には，パーソナリティの個体差が遺伝的に維持されることが考えられる。Nettle（2006）は，パーソナリティ特性の進化的適応性とそのコストを Big Five パーソナリティの特性ごとに仮説を立てて説明している。

2　Big Five パーソナリティの進化的適応性とそのコストの仮説

　Nettle（2006）の想定した各特性についての仮説を簡単に紹介しよう。Nettle（2006）によれば，外向性の高さは性的パートナーの数の増加（Nettle, 2005a），社会的地位と社会的注目の増加（Ashton et al., 2002；Nettle, 2007），身体活動のレベルの増加（Kirkcaldy, 1982）に関連している。これらは適応した環境下では繁殖，仲間の形成，環境探索の成功を促進するものの，事故や病気，社会的対立，資源の枯渇といったリスクを伴う。実際，外向性の高い人びとは低い人びとに比べて事故（Nettle, 2005a）や逮捕される（Samuels et al., 2004）ことが多く，寿命が短いことが確認されている（Friedman et al., 1995）。

　神経症傾向の高さには，ストレスによる心身の病気の増加（Neeleman et al., 2002）や，不安のようなネガティブ感情に伴う人間関係に生じる問題（Kelly & Conley, 1987）という欠点があることから，その個人差が維持される理由を頻度依存選択から説明することは一見困難であるようにみえる。しかし，ネガティブ感情には，脅威を察知し，それに対処するという役割がある（Nesse, 2005）。脅威が多い，あるいは脅威の程度の著しい環境では脅威の誤検出が多くなっても，脅威を見逃すことによる損失が大きいため，検出感度の高さが重要となる（Haselton & Buss, 2000；Haselton & Nettle, 2006；Nesse, 2005）。したがって，神経症傾向が低い場合には，実際に存在する脅威を検出できないことが危険につながりうる。そして，心身や人間関係に著しい問題が生じない範囲の神経症傾向の程度であれば，環境の脅威の程度に応じて進化的に適応的な役割を果たしうるものと考えられる（Nesse, 2005）。

　勤勉性・誠実性の高い人びとの，計画を立て，それを遵守するという特徴は学校成績や仕事上の成功に関わっていることが報告されている（Barrick & Mount, 1991）。こうした特徴を祖先の進化的環境にあてはめて考えるならば，たとえば，危険の少ない環境で農作物の収穫作業などに集中してそれに取り組むことは，収穫の成果を高めるものと想定できる。一方で，突然に襲撃を受けたり，狩猟に出たりする場合などには，熟考せず，素早い対応を行える勤勉性・誠実性の低さが適応的といいうるだろう（Nettle, 2006）。

協調性・調和性の高さは，他者との協力（Ben-Ner et al., 2008；Koole et al., 2001）や人間関係の安定（Asendorpf & Wilpers, 1998）に関連しており，社会生活を営むうえで有利に働くものと考えられる（Nettle, 2006）。ただし，協力によって得られる大きな利益が見込めない場合には，協力せずに個人で働いたほうがよい。しかし協調性・調和性の高い人びとは，自身の利益を犠牲にしてまで，社会的関係を守ることに注力してしまうことがあり（Nettle, 2007），騙されたり，搾取されたりしやすい。そして，協調性・調和性の高い人びとが多く存在する環境では，他者に協力しない，協調性・調和性の低い人びとが一方的に利益を受けることになりうるため，協調性・調和性の低さに利点が生じる可能性がある（Buss & Duntley, 2008）。こうした協調性・調和性の低さの利点によって，集団における協調性・調和性の高低の割合が一定に維持されるということが考えられる。

　Nettle（2006）は，開放性の高さのポジティブな側面として芸術的創造性（McCrae, 1987）や知能（DeYoung et al., 2005）との正の関連，ネガティブな側面として超常現象の信奉（McCrae & Costa, 1997），精神科の受診歴の高さ（Soldz & Vaillant, 1999），統合失調症型パーソナリティ障害（Gurrera et al., 2005），精神症（Burch et al., 2006）との正の関連を取り上げている。開放性の高さの主要な利点は，高い創造性に伴う社会的・性的魅力の増大（Miller, 2000；Nettle & Clegg, 2006）であり，これらは繁殖の成功の増加に寄与するものだが，そのコストとして超常現象の信奉や精神症状の増加も伴うと述べている（Nettle, 2001）。

3　最後に

　ここまで Nettle（2006）によるパーソナリティ特性の進化的適応性とそのコストについての仮説を紹介してきたが，これらの仮説とは異なる解釈も考えられる（Nettle, 2011）。これらの仮説は，今後数多くの研究によって検証されることが必要である。Nettle（2006）の仮説のどれもが支持されるということはないにしても，これらの仮説には，現在も発展途上にある進化的観点から行われるパーソナリティの個人差研究の活性化を促す役割が期待される。

5-2

遺伝的背景

敷島千鶴 ● 帝京大学

　人間の形質の個人差に寄与する要因を，「遺伝」による影響と，「環境」による影響へと分離し，形質の背後にある遺伝と環境の相対的影響力を量的に推定する方法に，行動遺伝学の方法論がある。具体的には，家系内の関係にある成員同士の形質に観察される類似性を，2人の遺伝子の共有度および環境の共有度の関数として表現し，その数値を，異なる血縁関係者間や，養家成員と実家成員間で比較する。とくに一卵性双生児と二卵性双生児という二種類の双生児間の比較は，「双生児法」とよばれ，双生児であれば，2人の家庭環境や年齢が統制できるという他の血縁関係にない利点が，双生児法を行動遺伝学研究における格好のデザインにさせている（安藤，2014；Knopik et al., 2017；尾崎，2021）。本節では，まず，この行動遺伝学の研究から得られる「遺伝率」とは何かを説明したうえで，双生児法を用いて Big Five の遺伝的基盤を明らかにした研究を紹介する。

1　遺伝率とは

　行動遺伝学の理論の基本は量的遺伝学にある。量的遺伝学では，複数の遺伝子型の効果が，環境の効果を伴って個人の表現型を発現させると考える。すなわち，表現型として実際に観察される量的形質の値をP，遺伝の効果をG，環境の効果（非遺伝的要因）をEとしたとき，$P = G + E$ の式が成り立つことが前提とされる。

　この量的遺伝学の理論に従い行動遺伝学では，高次の精神機能の個人差に寄

与する遺伝の効果として，遺伝子多型をもつ多数の遺伝子（ポリジーン）の加算的な効果である「相加的遺伝要因」を仮定している。たとえば，パーソナリティの個人差に寄与する遺伝子は，決して一組の対立遺伝子ではなく，一つひとつの効果は小さいがおそらく数百という単位の数の遺伝子群であることが推察される。

　さらに，もうひとつの遺伝要因として，異なる遺伝子座にある対立遺伝子同士の交互作用（エピスタシス），および，ひとつの遺伝子座における対立遺伝子間の交互作用（ドミナンス）を仮定する場合がある。これは遺伝の効果であっても加算性では説明できない成分であり，「非相加的遺伝要因」とよばれる。パーソナリティ次元において，この「非相加的遺伝要因」の寄与の可能性を指摘する研究があるが（e.g. Keller et al., 2005），本稿では，「相加的」，「非相加的」を区別せず，両者を合わせて広義の遺伝要因として言及することとする。

　環境の効果は，家族成員で共有され家族単位で異なる「共有環境要因」と，家庭外の生活や，家庭内にあっても家族では共有されない独自の体験など，個人単位で異なる「非共有環境要因」に区別される。

　このように，個人差を作る要因を，「遺伝要因」，「共有環境要因」，「非共有環境要因」に分割して，それぞれの寄与の大きさを求めることができるが，その中で，遺伝要因が占める相対的な寄与の割合を「遺伝率」とよぶ。

2　各次元の遺伝率

　各国の行動遺伝学研究は一貫して，自記式質問紙で測定されたパーソナリティの遺伝率は 30 ～ 50％であり，残りは家族では共有されない個人独自の環境（非共有環境要因）の影響であることを示している（e.g. Knopik et al., 2017）。Big Five も例外ではない。

　16 または 17 の海外の行動遺伝学研究を対象とし，Big Five 遺伝率の効果量の平均を求めたメタ分析は，神経症傾向 37％，外向性 36％，開放性 41％，協調性・調和性 35％，勤勉性・誠実性 31％ の値を算出している（Vukasović & Bratko, 2015）。そして，性別や年齢が遺伝率の高低を調整することはないことも明らかにしている。

日本においても，Big Five を用いた行動遺伝学研究はくり返し行われているが（e.g. Shikishima et al., 2018），その先駆的研究（Ono et al., 2000）は，青年期・成人初期の双生児 251 組の NEO-PI-R の回答を分析することにより，神経症傾向 43%，外向性 43%，開放性 62%，協調性・調和性 40%，勤勉性・誠実性 53%の各遺伝率を報告している。

　つまり，Big Five は，どの次元であっても，個人差を決める要因のうちの 4割程度が，その個人の遺伝的な影響であるといえる。そして残りの 6 割程度は，環境の影響であるが，その環境は家族では共有されない，個人独自の非共有環境であることも一貫した研究結果である。

　Big Five の縦断研究は，5 次元の各レベルが個人内で長期に及び，安定していることを指摘するが（e.g. Roberts & DelVecchio, 2000），その原因となるのが，遺伝要因の存在である。ドイツの双生児から，平均年齢 23・29・35 歳，または 41・48・55 歳の 3 時点において収集された NEO-FFI データを分析した Kandler et al.（2010）の研究は，3 時点の遺伝要因間の相関は，協調性・調和性と勤勉性・誠実性で，一部 1 を下回る 2 時点があるものの，その他では，相関係数は常に 1 であり，個人内で同一の遺伝要因が，長期間効果をもち続けていることを明らかにしている。

3　遺伝因子構造

　McCrae & Costa（1999）は，Big Five の背後には，遺伝的基盤があるために，人間のパーソナリティは異なる文化においても，普遍的に 5 因子モデルで説明可能であると主張した。行動遺伝学の多変量遺伝分析を用いれば，一つひとつの変数の遺伝率の推定にとどまらず，変数と変数の間の表現型の共分散を遺伝共分散と環境共分散に分割させることができる（尾崎，2021）。そして，その遺伝共分散に因子分析を施せば，Big Five が遺伝レベルにおいて，いくつの因子で説明可能なのかがわかる。つまり，Big Five 理論を，遺伝レベルで検証することができるのである。

　ここでは，この多変量遺伝分析の方法を用いることにより，Big Five 理論の妥当性を遺伝因子構造から検討した，日本・ドイツ・カナダの国際比較研究

（Yamagata et al., 2006；山形，印刷中）を紹介する。

　この研究では，日本・ドイツ・カナダ各国の双生児，合計 1,910 組から NEO-PI-R データを収集し，年齢と性別の効果を統制した 30 のファセットレベル（各ドメインにつき 6 つのファセット）得点に，多変量遺伝分析が施された。その結果，どの国のデータからも，表現型レベル，遺伝レベル，非共有環境レベルのすべてにおいて，5 因子が抽出されたが，5 因子構造は，遺伝レベルにおいてもっとも強固であった。3 国間の遺伝因子構造は酷似しており，一致性係数は，日本とカナダ間の協調性・調和性を除き，他のすべての組合せにおいて .92 ～ .97 と高かった。つまり，Big Five は遺伝レベルにおいても 5 因子であり，その構造は異なる文化においても共通であった。

　語彙の整理から抽出された Big Five であるが，各次元が遺伝的基盤を有すること，遺伝レベルにおいても独立した 5 因子であること，そしてその構造が異なる言語・異なる文化においても普遍であることは，Big Five 理論の妥当性を，その根底となる原因論から強く支持するものである。

　その一方で，行動遺伝学がくり返し明らかにしてきた Big Five の遺伝の影響を説明可能とするような，候補遺伝子の特定にはいまだ至っていないのが現状である。ゲノム関連マトリックス残差最尤法（genomic-relatedness-matrix residual maximum likelihood：GREML）を用いて，ヨーロッパの 5,011 成人から，527,469 か所の一塩基多型（SNPs）の変異を調べることにより，Big Five 各次元の遺伝率を推定した研究は，神経症傾向で 15％，開放性で 21％の遺伝率を得たが，外向性，協調性・調和性，勤勉性・誠実性に有意な遺伝率は検出できなかったこと，神経症傾向と開放性の遺伝要因は同一であることを報告している（Power & Pluess, 2015）。双生児法による推定値とは大きな隔たりがあり，その原因のひとつとして，非相加的遺伝要因の寄与があげられるほか，双生児法が遺伝率を高めに推定している可能性も指摘されている（Knopik et al., 2017）。今後の方法論の洗練が，手法の違いによる遺伝率の違いを，徐々に埋めていってくれることに期待したい。

5-3

Big Five と脳神経活動

川本哲也 ● 国士舘大学

　私たち人間の行動や経験は，おもに脳内で生じる生物学的なプロセスから生み出される。ゆえに，個人内で安定した行動や認知，感情，動機づけのパターンから構成されるパーソナリティは，必然的に脳の生物学的機能の規則性と関連することになる。パーソナリティに対する神経科学的なアプローチは近年急速に発展し，数多くの知見が積み重ねられつつある。本節では，Big Five の各特性に関する神経科学的な知見を紹介する。

1　パーソナリティ神経科学の諸理論

　パーソナリティに対し神経科学的なアプローチをした研究は多く，古くは Eysenck, H. J. によるパーソナリティの3特性（PEN）に対する生物学的な理論づけや（cf. §7-1），Cloninger, C. R. のモデルの中の3特性（新奇性追求，損害回避，報酬依存）が特定の神経伝達物質と対応しているという論考があげられる（cf. §7-3）。Gray, J. A. の強化感受性理論は，報酬への接近を媒介する行動賦活系（Behavioral Activation System：BAS），脅威の能動的回避を媒介し，恐怖システムと大きく重なる闘争・逃走・凍結系（Fight-Flight-Freeze System：FFFS），BAS と FFFS の間で動機づけの対立が生じたときに即時的な行動反応を抑制する行動抑制系（Behavioral Inhibition System：BIS）の3つの主要なシステムの存在を仮定したものであり（Gray & McNaughton, 2003：cf. §7-2），それぞれのシステムに対応する神経基盤が想定されている。この他，Zuckerman（2005）や Depue, R. A. ら（Depue & Collins, 1999；Depue & Morrone-Strupinsky,

2005）も，独自のパーソナリティ理論とその神経基盤の関連性を述べている。

2　Big Fiveに関する神経科学的知見

　パーソナリティ心理学において広く用いられている Big Five は，比較文化的な双生児研究の結果から遺伝的な因子構造が通文化的に保たれていることが示されており，Big Five の普遍性が支持されている（Yamagata et al., 2006；cf. §5-2）。DeYoung（2015）による Cybernetic Big Five 理論（CB5T）は，生物学的に普遍な Big Five の各特性の基礎にある神経生物学的システムの特定を試みたはじめての理論である。CB5T は，Big Five の各特性が，人を含む哺乳類全般において基本的な生物学的欲求の充足に資するよう進化した心理的メカニズムであるという前提にもとづいている（cf. §5-1）。ゆえに，Big Five の各特性が，人間が広く共有している神経生物学的メカニズムの多様性を反映していると考えられる。

　CB5T では，外向性の中核的機能として接近すべき目標である具体的な報酬に対する感受性が仮定されている。Depue & Collins（1999）では，ドーパミン神経系を介した報酬感受性が外向性の主要な動因となると主張されており，CB5T もこの主張に依拠している。ドーパミン作動性機能と外向性の関連はこの分野の中でもっとも頑健に確認されている知見であり，ドーパミン神経系に対する薬理学的操作の効果は外向性によって調節されることがくり返し示されている（Allen & DeYoung, 2017）。また，ドーパミン神経系に加えて内因性オピオイド系との関連も指摘されており，外向性の中でも主体性や支配性と関わる自己主張性（assertiveness）のアスペクトはドーパミン神経系と，社交性やポジティブ情動と関わる情熱（enthusiasm）のアスペクトは内因性オピオイド系と関連すると考えられている（Allen & DeYoung, 2017；Depue & Morrone-Strupinsky, 2005）。外向性に関する神経画像研究からは，内側眼窩前頭皮質（mOFC），側坐核，扁桃体，線条体を含む領域における脳活動と正の関連が確認されており，とくに mOFC は，外向性と mOFC の体積の間に正の関連がみられることも示されている（DeYoung & Blain, 2020）。

　神経症傾向は，不確実性や脅威，罰に対する防衛反応を機能とし，脅威に対

する感受性や，不安，抑うつ，怒り，苛立ちなど，脅威や罰の経験に伴うネガティブな情動や認知を反映している。CB5T では目標間の葛藤の形を取る脅威に反応する BIS と，葛藤を伴わない脅威に反応する FFFS の間で共有された感受性として神経症傾向を位置づけている。セロトニンとノルアドレナリンは BIS と FFFS の両方の機能を調節するため，神経症傾向との関連が期待される（Gray & McNaughton, 2003）。実際，神経症傾向とセロトニン作動性機能との関連はくり返し確認されている。また数は少ないものの，より高いレベルのノルアドレナリンとの関連も指摘されている（Allen & DeYoung, 2017；DeYoung & Blain, 2020）。神経画像研究からは，扁桃体や島，前帯状皮質など，ネガティブ情動に関わる領域の脳活動と関連することが示されている。とくに扁桃体は，神経症傾向と扁桃体体積の間に正の相関が確認されている（DeYoung & Blain, 2020）。

　開放性・知性（openness/intellect）は，認知的探索と情報への関与をその機能としており，認知的な探求や柔軟性に関連するさまざまな特性を反映している。CB5T では，開放性と知性は関連しつつもやや異なるパーソナリティの側面を反映していると想定しているため（DeYoung, 2015），複合的なラベルを利用している。CB5T において，開放性・知性はドーパミン作動性機能と関連すると想定されている。とくに顕著性（salience）に対して反応し，ポジティブな情報とネガティブな情報の両方で活性化するドーパミン作動性ニューロンと関わると考えられている（DeYoung, 2013）。近年の fMRI 研究によれば，開放性・知性は，ドーパミン神経系の起点となる中脳領域（黒質，腹側被蓋野）と，注意制御に関わる背外側前頭前野（dlPFC）との機能的結合と関連しているという（Passamonti et al., 2015）。また，内側前頭前野，後帯状皮質，下頭頂小葉などを含むデフォルトモードネットワーク（DMN）は，空想や未来志向的思考，創造的または革新的なアイデアの生産などに関与しており，開放性・知性と DMN の間の関連性が指摘されている（Allen & DeYoung, 2017；DeYoung & Blain, 2020）。

　協調性・調和性は，利他性や協力，他者との目標・解釈・戦略の調整をその機能とし，他者の欲求や感情に関心をもち，配慮する一方で，他者から搾取したり，他者を傷つけたり，自分の意志を押しつけたりすることを控える一般的

傾向を反映している。協調性・調和性は思いやり（compassion）と礼儀正しさ（politeness）の 2 つのアスペクトにわけることができ（DeYoung, 2015），前者は共感や同情，他者の欲求や感情への関心に関わる特性を包含しているのに対し，後者は社会規範に従う傾向や攻撃性を控える傾向を反映している。協調性・調和性に寄与すると考えられる神経伝達物質には，社会的関係性やアタッチメントの構築に関わるオキシトシンやバソプレシン，攻撃性やその衝動制御に関わるテストステロンやエストロゲン，セロトニンがあげられる（Allen & DeYoung, 2017；DeYoung & Blain, 2020）。神経基盤としては，他者の心的状態の読み取りに関わる DMN 領域が明らかに協調性・調和性と関連しているが，この特性に関する神経科学的研究は少なく，今後さらなる研究が必要である。

　勤勉性・誠実性は，複雑で抽象的な目標や戦略を失敗せずにやり遂げることをその機能とし，目標の達成に対して計画を立て，それを組織的に実行する傾向を反映している。複数の fMRI 研究が，勤勉性・誠実性と dlPFC の体積との間の正の相関を見出している（e.g. Riccelli et al., 2017）。また，近年の機能的結合研究から，外側前頭前野，前島，被殻，前帯状皮質，外側頭頂皮質を含む腹側注意ネットワークと顕著性ネットワークが，複数の目標の順位づけや目標に関連する刺激に注意を切り替えることに関与していることが示され（Allen & DeYoung, 2017；DeYoung, 2015），両ネットワークが勤勉性・誠実性の重要な神経相関であることが示唆されている（DeYoung & Blain, 2020）。

5-4

動物のパーソナリティ次元

今野晃嗣 ● 帝京科学大学

1 はじめに

近年，ヒト以外のさまざまな動物にみられる状況や時間に依存しない一貫した行動形質，すなわち「パーソナリティ」について，領域横断的な研究が進められている（Gosling, 2001）。本節では，ヒト以外の動物のパーソナリティ次元を記述する代表的なモデルとして，Big Five，行動シンドローム，コーピングスタイルを取り上げ，各研究の概要を解説する。

2 Big Five

第1のモデルは，Big Five である。心理学的研究では，ヒトの Big Five に含まれる語彙にもとづいて動物用の質問紙尺度を開発し，評定データからヒト以外の動物の次元構造を推定する手法が採用されている。表 5-1 は，飼育下の大型類人猿，鯨類，伴侶動物を対象にした代表的な語彙的研究を筆者が選び，各研究で得られたパーソナリティ次元の内容を精査し，Big Five との対応の有無を整理したものである（King & Figueredo, 1997；Weiss et al., 2000, 2006；Schaefer & Steklis, 2014；Eckardt et al., 2015；Morton et al., 2021；Úbeda et al., 2019；Ley et al., 2008, 2009；Litchfield et al., 2017；Bennett et al., 2017；McGrogan et al., 2008；Lloyd et al., 2008）。

分類群別にみると，飼育下の大型類人猿や鯨類の次元はヒトの Big Five に

表 5-1　飼育下の動物の語彙的研究から抽出されたパーソナリティ次元

動物種	外向性	神経症傾向	協調性・調和性	勤勉性・誠実性	開放性	他のパーソナリティ次元
ヒト	+	+	+	+	+	
チンパンジー	+	+	+	+	+	Dominance
ゴリラ	+		+	+	+	Dominance
オランウータン	+	+	+		+	
ハンドウイルカ	+		+		+	Directedness
シャチ	+		+	+		Dominance
イヌ	+	+	+			Motivation（Dominance）, Training focus
ネコ	+	+	+			Dominance, Impulsiveness, Playfulness, Demandingness, Gullibility
ウマ	+	+	+			Dominance, Excitability, Protection, Inquisitiveness

注：ヒトの Big Five の各次元との対応があると判断した場合に「＋」を付与した

類似している。一方，伴侶動物では，訓練集中性（Training focus）や衝動性（Impulsiveness）など固有の次元がみられる。また，すべての分類群で優位性（Dominance）という独自の因子が抽出されている。以上から，ヒトの特性評定を他の動物に用いた場合でも Big Five がそのまま適用されるわけではなく，対象種により主要なパーソナリティ次元が異なる可能性が示唆される。ただし，こうした次元の種特異性がたんにヒトの心理的な構成概念にすぎないという可能性を排除するため，後続の研究で各次元の信頼性と妥当性を確認することが重視される。Big Five を基準にすることで，ヒトの研究との接続が容易になり，動物界に広くみられるパーソナリティ概念を大局的に理解することができる（Gosling & John, 1999）。

3　行動シンドローム

　第 2 のモデルは，行動シンドロームである。行動生態学では，対象種が暮らす環境の生態的文脈（採食，捕食者回避，集団生活，繁殖など）を重視する。各研

表 5-2 行動生態学における主なパーソナリティ次元 (Réale et al., 2007 を改変)

次元	定義	行動測定法
シャイネス－大胆性	リスク状況における接近もしくは回避傾向	捕食者提示テスト，逃走距離の測定
探索性－回避性	新奇状況における接近もしくは回避傾向	新奇物体提示テスト，オープンフィールドテスト
活動性	一般的な活動水準の高低	生息環境における移動距離の測定
攻撃性	同種他個体に対する敵対的行動の高低	鏡映像テスト
社会性	同種他個体の在不在に対する反応	集団からの分離テスト，個体間距離や交渉頻度の測定

究では，個体の適応度との関連が予想されるパーソナリティ次元をあらかじめ設定し，行動データを用いて行動の個体差を測定する。**表 5-2** は，当該分野におけるおもなパーソナリティ次元（シャイネス－大胆性［Shyness-Boldness］，探索性－回避性［Exploration-Avoidance］，活動性［Activity］，攻撃性［Aggressiveness］，社会性［Sociability］）の定義と測定法をまとめたものである（Réale et al., 2007）。

　これらの次元は網羅的解析により抽出されたわけではないため，互いに相関する場合がある。こうした異なる生態的文脈間における行動の相関関係のことは行動シンドロームとよばれ，無脊椎動物を含むさまざまな種で調べられている（Sih et al., 2004）。具体的には大胆性と攻撃性の相関がよく報告されているが，次元構造の普遍的なパターンはみつかっていない。他方，特定の次元が個体の適応度や生活史形質と関連することが示唆されている（Dingemanse & Wolf, 2010）。たとえば，大胆性の高いオスのほうが繁殖成功は高いが，生存率が低いというトレードオフ関係がみられている（Smith & Blumstein, 2008）。行動シンドローム研究の知見は，パーソナリティ次元の進化適応的意義や維持機構を理解するうえでとくに有用である。

4　コーピングスタイル

　第3のモデルは，コーピングスタイルである。野生型のラットとマウスを対象にした実験動物学的研究から，個体がさまざまなストレスに対処するときの

表5-3 コーピングスタイルの行動的特徴（Koolhaas et al., 2010を改変）

行動指標		能動型	受動型
能動性／主張性テスト	侵入者への攻撃潜時	短	長
	優位個体からの逃走	高	低
	防御的穴掘り	高	低
	積極的ショック回避	高	低
	巣作り行動	高	低
	強制水泳テストでの活動性	高	低
警戒性／柔軟性テスト	定位反応	低	高
	新奇性恐怖	低	高
	手がかり依存性	低	高
	ルーティン形成	高	低

方略が能動型（Proactive）と受動型（Reactive）に区別されることがわかり，それがコーピングスタイルとよばれている（Koolhaas et al., 1999, 2010）。表5-3に示したように，能動型は，社会的脅威に対して攻撃的に反応し，非社会的脅威に対しても活動的に対処するが，環境変化に対する警戒性や認知的柔軟性は低い。一方，受動型は反対の行動傾向を示す。また，能動型と受動型は視床下部－下垂体－副腎（HPA）系，自律神経系，性ホルモンといった神経内分泌機能も異なることが実証されている。

　同様のタイプの違いはシジュウカラなどの野生動物やブタなどの畜産動物にもみられることから（Verbeek et al., 1994；Bolhuis et al., 2004），系統群の違いを超えた共通の生理基盤があると考えられる。コーピングスタイルの研究は，とくに動物の攻撃性に関与するパーソナリティ次元の至近的要因の解明に貢献している。また，動物の健康や福祉，認知や学習との関連が深く，周辺領域への波及効果も少なくない。

5　まとめ

　本節で解説したモデルは，「どのようなパーソナリティ次元を扱うか」という研究の出発点は異なるが，通状況的および通時間的な一貫性をもつ行動形質

に目を向け，動物行動学における基本的な問い（機構，発達，機能，起源）の解明をめざす点は共通している。今後の研究の積み重ねにより，約150万種にも及ぶ動物のパーソナリティの至近および究極要因の解明と，それを理解するための新しい理論モデルの構築が進むことが期待される。

5-5

Big Five の性差

阿部晋吾 ● 関西大学

Big Five の性差に関しては異なる研究グループが実施した世界規模での
データが複数存在する。ここではその全般的な傾向と国や文化による違いにつ
いて述べる。

1　性差の全般的な傾向

世界 55 か国で実施された大規模サンプルを用いて Big Five の性差を検討し
た研究（Schmitt et al., 2008）によれば，女性は男性よりも神経症傾向，外向性，
協調性・調和性，勤勉性・誠実性が高いことが報告されている。とくに女性に
おいて神経症傾向と協調性・調和性が高いという結果はその他の研究において
も一貫してみられており（Costa et al., 2001；Lippa, 2010；Mac Giolla & Kajonius,
2019；Weisberg et al., 2011），若年層，中年層のみならず高齢者においてもその
傾向は確認されている（Chapman et al., 2007）。

また，Big Five の次元では性差がさほど大きくない特性においても，ファ
セットでは差異がみられることを示した研究もある。Costa et al.（2001）では，
開放性の中でも女性は感情の開放性が高く，男性はアイデアの開放性が高いこ
とが報告されている。また，Weisberg et al.（2011）もファセットではより広
範な性差が認められることを明らかにしており，外向性，開放性，勤勉性・誠
実性については，ファセットでは性差がみられるが，Big Five の次元では性
差が小さいか検出されないことが示されている。

2 国や文化による違いとその説明理論

　そして Big Five の性差において興味深いのは国や文化圏による違いである。発達における社会的役割を重視する立場（社会的役割理論）では，性差は主として認識された性別の役割，性別の社会化，社会化の圧力から生じるとされている（Schmitt et al., 2008）。社会的役割理論に従えば，男女平等主義の文化圏では Big Five の性差が小さくなることが予想される。ところがその予測に反して，世界各国で収集した大規模なサンプルを用いた複数の研究によって，男女平等の価値観が強い先進国においては，Big Five の性差はむしろ大きくなることが明らかとなっている（Costa et al., 2001；Lippa, 2010；Mac Giolla & Kajonius, 2019；Schmitt et al., 2008；Weisberg et al., 2011）。たとえば Schmitt et al.（2008）では，健康や長寿，知識や教育への平等なアクセス，経済的豊かさといった人間開発指数の高さが，国家間での Big Five の性差の大きさを予測する主要な要因であることが明らかとなった。とくに男性の Big Five の変動が，文化間の性差の主な原因となっていた。Mac Giolla & Kajonius（2019）においても，各国の Big Five の性差と男女平等指数との間には強い正の相関がみられた（$r = .69$）。またこれは自己評価による Big Five の測定においてだけでなく，他者評価による測定においても同様の傾向がみられている（McCrae et al., 2005b）。

　社会的役割理論では説明できないこうした国による性差の違いを説明するものとして，大きくは以下の２つがある（Schmitt et al., 2008）。ひとつは進化論的な説明である。これはヒトの進化史において，男性はよりリスクを取り競争的であることが子孫を残すうえで有利になる一方で，女性はより慎重で養育的であることが有利になるという性淘汰圧が，パーソナリティの性差を規定しているというものである。Schmitt et al.（2008）は先進国では男女のパーソナリティに対する制約が少なく，性差が自然に拡大する一方で，社会的・経済的に恵まれていない国では，男女間の生得的なパーソナリティの差異が減衰する可能性があると指摘している。さらに Schmitt et al.（2017）では，Big Five だけでなく，Dark Triad，自尊心，主観的幸福感，抑うつ，価値観といったパーソナリティのほとんどの側面における性差は，社会政治的に男女平等な文化圏

で際立って大きくなることを示しつつ，同様のパターンは，認知能力のテスト
や身長・血圧といった身体的特徴など，客観的に測定された属性でもみられる
と述べている。これらのことから，社会的役割理論よりも進化論的説明のほう
が，人間のパーソナリティの性差を説明するうえでより有用であると主張して
いる。

　もうひとつの説明は，性差を測定上のアーティファクト（人工的に生み出さ
れたもの）とみなすものである。これは社会的望ましさ，自己認識，帰属処理
の違いなどの影響により，質問項目に対する回答が歪められると説明する。
Costa et al.（2001）は社会的役割理論に反する性差がみられたことの説明とし
て，個人主義・平等主義的な文化では男性的行動と女性的行動が個人のパーソ
ナリティを直接反映した自由意志にもとづく行為として認識されるのに対して，
伝統的な文化では同じ行動がたんなる性役割規範の遵守としてみなされる可能
性があることをあげている。たとえば，ある女性が協調的・調和的な行動を示
したときに，個人主義・平等主義的な文化ではそれがその人物の「優しさ」と
して本人も他者も認識する一方で，伝統的な文化では同じ行動を「女性として
当然のこと」とみなし，その人物の「優しさ」とはみなさないのかもしれない。

　なお，国や文化が性差に及ぼす影響がさほど大きくないことを示した研究も
ある。Lippa（2010）は，国連の男女平等指数や経済発展指数は，協調性・調
和性の性差の大きさと関連していたが，他の次元の性差とは関連しないことを
明らかにしている。また重回帰分析により，性別，男女平等，およびそれらの
交互作用が，106の国ごとの男女別のBig Fiveの平均値を予測する程度を調
べた。その結果，男女平等や，性別と男女平等の交互作用よりも，性別のほう
がより強くBig Fiveの男女別平均値を予測した。これらの結果は，生物学的
要因がBig Fiveの性差に強く寄与している可能性を示唆しており，文化が性
差を調整するうえであまり大きな役割を担っていないことを示唆するものであ
る。

5-6

Big Five の変化と介入

小塩真司 ● 早稲田大学

　パーソナリティを望むように変えることができるのか，という疑問は，多くの人びとが抱くものであろう。本節では，何らかの介入によって Big Five の各特性が変化する可能性について記述する。

1　変わるとは何か

　パーソナリティが変わるとは，どのような現象を指すのだろうか。個々人に注目すれば，さまざまな要因によって，パーソナリティの変動が生じているはずである。これは，それぞれの人に面接調査や記述式の調査などを行い，詳細な記録を収集することによって検討することができるであろう。

　しかしながら一般的にここでの変化とは，特定の出来事や介入を経た際の，集団における平均値の変化のことを指す。たとえば何らかのライフイベントを経験する前と後における，パーソナリティ特性の平均値の変化を検討することである。

　また人為的な介入を行う前後における，平均値の変化を検討することもある。たとえば運動によってパーソナリティの変化が生じることを検討するのであれば，運動前後の2時点でパーソナリティの測定が行われており，一定の集団で平均値が比較されることを必要とする。その際には，特定の介入を行わない比較対照群（統制群）が設定されることが望ましく，かつ介入群と統制群にはランダムに参加者が割りあてられること，さらに実験者にも参加者にもどちらの群が介入群・統制群であるのかがわからないようにする盲検化が行われれば，

なおよいであろう。

　では実際に，どのようなパーソナリティを変化させる試みが行われているのかをみていきたい。

2　ライフイベントによる変化

　パーソナリティ特性はライフイベントによって変化するのだろうか。Bleidorn et al.（2018）は，この問題について詳細なレビューを行っている。この研究ではまず，ライフイベントを9つの領域にわけている。9つの領域はさらに大きく2つの領域にまとめられている。たとえば恋愛関係，結婚，離婚，親となること，配偶者の死去の5つは，愛情関係のライフイベントである。また，学校間の移行，就職，離職，退職は，職業に関するライフイベントとしてまとめられている。

　では，これらのライフイベントは，Big Five の各特性の変化に影響を及ぼしているといえるのだろうか。まず愛情関係については，青年たちが最初の恋愛関係を形成する際に，パーソナリティの変化を経験することが複数の研究で報告されており，神経症傾向の減少と外向性の増加がみられるという結果に集約されるという。また，子どもを生み親になることによって，勤勉性・誠実性や外向性の増加，神経症傾向の減少がみられるという報告もあるが，いずれも小さな効果にとどまっているといえる。なお，結婚や離婚，死別に伴うパーソナリティの変化については研究数が少ないことから，明確な結論を示すことはむずかしい状況にある。

　職業に関するライフイベントについてはどうだろうか。成人期初期において，高校から大学への移行については，開放性，協調性・調和性，勤勉性・誠実性の増加，神経症傾向の減少というパーソナリティの変化に関連するといえそうである。また，就職によって，勤勉性・誠実性の上昇がみられるという点も比較的安定した結果であろう。ただし昇進や失職，退職に伴うパーソナリティの変化については，明確なことはいえない状況にある。

　以上のように，特定のライフイベントは一定の範囲でパーソナリティの変化をもたらすといえそうである。全体的にライフイベントによって望ましい方向

へのパーソナリティの変化がみられるという点は，成人期を通じたパーソナリティの発達（cf. §4-3）にも通じる研究知見である。しかしながら，個別のライフイベントの経験とパーソナリティの変化についてはまだ不明瞭な点も多く，さらなる研究が待たれる状況にある。

3 臨床的介入による変化

では，カウンセリングなどの臨床的な介入によって，パーソナリティ特性は変化するのだろうか。Roberts et al.（2017）によるメタ分析の結果にもとづいて，変化の可能性をみていきたい。この研究では，介入の前後でパーソナリティ特性が測定されている研究を収集することで，その効果をメタ分析で検討することが試みられている。全体で207の研究が分析対象となっており，薬理的な介入，精神分析学的な介入，認知行動療法学的な介入など，多様な介入方法による検討が含められている。

結果から，平均24週間の介入によって，パーソナリティ特性全体に対して小から中程度の間の効果（$d = 0.37$）が報告されている。Big Five それぞれの特性に対する介入の効果は，開放性（$d = 0.13$），協調性・調和性（$d = 0.15$），勤勉性・誠実性（$d = 0.19$），外向性（$d = 0.23$）ではあまり大きな効果は報告されず，情緒安定性（神経症傾向の逆；$d = 0.57$）では中程度以上の効果がみられた。

なお，介入のタイプによる効果の違いを検討すると，支持的療法（$d = 0.49$），認知行動療法（$d = 0.46$），精神力動療法（$d = 0.38$）といった手法には目立った効果の差はなく，それらに対して入院（$d = 0.16$）については小さな効果しかみられなかった。

臨床的介入では，抑うつや不安など臨床的な症状に対して介入が行われることが多い。その点で，もっともそれらの臨床症状に関連する Big Five の特性である神経症傾向や外向性について，介入によって比較的大きな効果がみられるという結果は，納得できるものであろう。

4 トレーニングによる変化

　パーソナリティを自分が望むように変化させたいと望む人は，一定数いるようである。では，そのようなことは可能なのだろうか。

　大学生を対象として 15 週間の課題に取り組ませることで，自らが選択した Big Five のひとつの特性について望ましい方向への変化が生じるかどうかを検討した研究がある（Hudson et al., 2019）。Big Five それぞれの特性について，日常生活の中で取り組む 50 の課題が設定された。たとえば外向性であれば，レジ打ちの店員に話しかける，友人を食事に誘う，自分に起こった面白い話を友人に話す，などである。それぞれの課題は難易度が 10 段階でつけられており，参加者は課題に取り組み，パーソナリティ尺度に回答し，翌週にはより難易度の高い課題に取り組むということを 15 週間くり返していった。結果から，外向性に関しては課題に取り組むことの効果がみられた。毎週 2 つの課題を達成した人は，毎週 0.05 標準偏差の外向性の上昇がみられ，15 週で 0.17 標準偏差分の上昇が観察された。課題による得点の上昇は，外向性だけでなく，情緒安定性，協調性・調和性，勤勉性・誠実性でもみられたが，開放性については明確な効果は認められなかった。また，もともと変化のターゲットとした特性が高い大学生はより難易度の高い課題を選択する傾向があったが，課題の難易度は特性の変化の大きさにはあまり関連をしなかった。なお，課題に失敗することでかえって得点が低下する現象もみられたことが報告されている。

　近年では，パーソナリティの変容を目的としたスマートフォンアプリも開発されている（Stieger et al., 2018）。パーソナリティの変化には，3 つの条件が必要とされる。第 1 にパーソナリティの変化を必要または望ましいものだと考えること，第 2 に行動の変化が実現可能だとみなされること，そして第 3 に行動の変化が習慣化されることである。スマートフォンやアプリを用いた介入は，これらの条件を満たす効果的な方法であると考えられる。Stieger et al.（2020）は，スマートフォンを用いた 2 週間の介入によって実際に Big Five パーソナリティ特性が変容すること，さらにその後の 2 週間後と 6 週間後の調査においても変化が持続することを報告している。

第6章

Big Five と
他の次元への展開

6-1

Big Five の高次因子モデル

谷 伊織 ● 愛知学院大学

　Big Five の 5 つの特性は性格特性を測定する場面で幅広く用いられるものとなったが，この 5 因子がもっとも単純で，幅広く性格特性を構成するものであるかどうかについては議論の余地がある（Becker, 1999；Digman, 1997）。そのおもな理由としては，5 つの特性間にある程度一貫した相関関係があることがあげられる（Costa & McCrae, 1995a；Goldberg, 1993b）。たとえば，5 因子特性を測定する多くの心理尺度では外向性と開放性には正の相関が示されており，これをひとつの因子として扱うことが検討されている。日常生活場面においても，活動的で刺激を求める人たちが新しいものを好むといった特徴はしばしば観察できるだろう。同様に，神経症傾向と勤勉性・誠実性，協調性・調和性の間には負の相関，勤勉性・誠実性と協調性・調和性の間には正の相関関係が示されている。

　このため，Big Five にさらに高次の因子を想定したモデルが提案されており，高次 2 因子や高次 1 因子のモデルが複数の研究で提案されている。このうち，高次 2 因子モデルの場合，神経症傾向と協調性・調和性，勤勉性・誠実性が第 1 因子であり，外向性と開放性が第 2 因子として統合される。高次 2 因子モデルを最初に提案した Digman（1997）は第 1 因子を α 因子，第 2 因子を β 因子と名づけている。さらに，この 2 因子の上位の階層を想定したモデルも提唱されており（図 6-1），最上位の因子はパーソナリティの一般因子（A General Factor of Personality：GFP）とよばれている（Musek, 2007）。その後，Rushton & Irwing（2008）がメタ分析を行い，高次因子モデルが頑健なものであると主張している。ただし，GFP については 2 種類のモデルが存在するため，§6-2

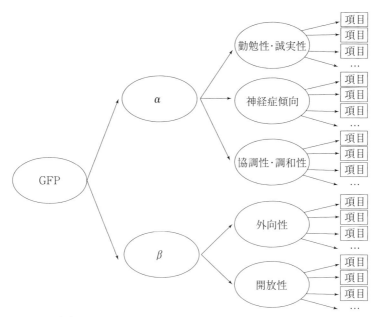

図6-1 Big Fiveの高次因子モデル

も参照してほしい。

　高次2因子について，Digman（1997）は，α因子は社会的望ましさや社会化を表している可能性があると述べている。神経症傾向が低く，協調性・調和性が高く，勤勉性・誠実性が高いことは社会的に望ましい特性を表現しており，これを社会化の傾向と考えたわけである。そして，α因子に「コミュニオン（Communion）」という異なる呼称も提案しており，「コミュニティへの志向と個性の放棄」を表しているとも述べている。一方，β因子は個人的な成長と制限と解釈している。外向性と開放性が高いことが，個人の成長や権力の獲得につながると考え，別の呼称としては「エージェンシー（Agency）」を提案している。ここでのエージェンシーが意味することは「支配，権力，自己主張，成長への努力」であると述べている。

　一方，同じ高次2因子モデルに対し，DeYoung（2006）はα因子に対応する第1因子を「安定性（Stability）」，β因子に対応する第2因子を「柔軟性（Plasticity）」と名づけて解釈している（DeYoung, 2006；DeYoung et al, 2007）。

第1因子と関連する3つの特性は安定性や不安定性を測定しており，安定した人間関係，動機づけ，感情状態を維持する一般的な特性を表すと述べている。また，この特性は感情と動機の調節に関連しているセロトニン系と関連している可能性について言及しており，生物学的な基盤としての脳機能や遺伝子との関連を想定している。安定性が高い人は，温厚で真面目で穏やかな傾向があると解釈できる。第2因子である柔軟性因子は，ポジティブな感情と探索行動，経験への開放性の組合せとして特徴づけられており，認知的な柔軟性を表していると述べている。この因子についても生物学的な基盤としてドーパミン作動系との関連を仮定している。柔軟性が高い人は，積極的で，柔軟に物事をとらえると解釈できるだろう。

Digman（1997）とDeYoung（2006）の高次2因子モデルはいずれも第1因子が神経症傾向と勤勉性・誠実性，協調性・調和性，第2因子が外向性と開放性から構成されているという点では同じであり，構造に違いのある有力な高次2因子モデルはみられない。ただし，その解釈については違いがあり，さらなる検討の余地が残されている。この高次2因子に加えて，より高次の単一因子解が存在することも提案されており，超高次因子やビッグワン（Big One）などとよばれることもある。

高次2因子は，神経症傾向と外向性というEysenck（1944）が初期に提案した2次元がそれぞれ別の因子としてわかれているため，この2次元の組合せでパーソナリティの説明を行うことも可能である。したがって，Eysenck（1944）の潮流から発展したさまざまな研究知見を活かす役割もあると期待できる。なお，Eysenck, H. J.のモデルについては§7-1を参照してほしい。

6-2

パーソナリティの一般因子モデル

谷　伊織 ● 愛知学院大学

　パーソナリティ心理学分野では，因子分析によって性格特性の構造を導き出すことが多い。Big Five も語彙仮説と因子分析から5つの基本的な性格特性が導き出されている。因子分析はその目的に応じて探索的因子分析や確認的因子分析などのさまざまな方法が使いわけられており，因子の抽出方法や回転方法に多くの選択肢がある。したがって，どのような因子分析を行ったのかによって，導き出される性格特性の因子構造には違いがあり，確認される因子構造も異なってくる。

　実際，因子分析によって見出された初期の5因子特性はそれぞれが独立していて相関関係がないことが想定されていたが，Digman, J. M. は「Big Five の5因子の独立性（因子の直交性）は，本質的な独立性よりもむしろそれを導き出すために使用された因子分析の回転方法の性質によるところが大きい」と主張しており（Digman, 1997），方法に依存することがたびたび指摘されている。現在は因子間相関を仮定した手法が主流となっており，Big Five の因子間にも一定の相関関係が認められている。そのため，因子間相関が高い因子を縮約し，高次の因子を見出すための試みが行われている。この際に用いられる因子分析は「高次因子分析」とよばれ，Big Five の上位に2つの高次因子を加えた「高次2因子モデル」が提案されている（cf. §6-1）。2つの高次因子は「2次」因子とされており，そのうえには「3次」因子とよばれる単一因子の存在も提案されている。この因子は「パーソナリティの一般因子（A General Factor of Personality：GFP）」や「ビッグワン（Big One）」とよばれている。

　ただし，ここで注意しなければならない点は，高次因子分析ではなく双因子

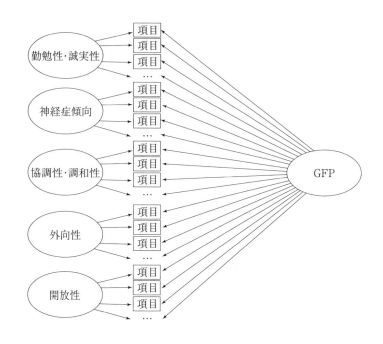

図6-2　Big Fiveの双因子モデル

分析という方法でも GFP は示されており，これらは算出方法が異なることである。双因子分析モデル（Reise, 2012）は階層的因子分析の一種であり，すべての項目（観測変数）に影響を与える一般因子（General Factor）と，一部の項目に影響を与える複数の群因子（Group Factor）の 2 層構造を有し，すべての因子が独立であることを仮定するモデルである。Big Five の双因子モデルを図 6-2 に示すので，§6-1 の高次因子モデルと比べてほしい。異なる構造であるが，いずれにも GFP が存在していることがわかる。

　双因子分析モデルでは，測定対象の幅広く包括的な構成概念である一般因子（GFP）と，その下位領域のより狭い構成概念である群因子（5 因子特性）を仮定し，同時に測定を行う。双因子モデルが最初に提案されたのは 1930 年代であるが，近年の統計手法の発展やソフトウェアの展開によって再評価され，2010 年代から急激に利用例が増えてきた。したがって，近年は双因子モデルによって GFP が測定されることが多い。

このように2種類のモデルがあるが，いずれも勤勉性・誠実性，協調性・調和性，外向性，開放性が高く，神経症傾向が低いほどGFPが高くなるという点では同じである。解釈には大きな違いはみられないが，統計解析上は違いがあるため，論文を読む際にはどの因子分析が行われているのかに注意してほしい。

　Musek（2007）によると，GFPは社会的に望ましいすべての人格次元を縮約しており，社会的な有効性や適応性を反映し，人の行動に広く影響を及ぼす実質的な因子であると解釈されている。GFPの高さは，主観的幸福感，接近的な動機づけ，自尊心，生活満足度，ポジティブ感情を高め，ネガティブ感情や回避的な動機づけを低めると考えられている。一方，Muncer（2011）が指摘するように，GFPは多様性を支える進化論と矛盾しており，たんに社会的望ましさ反応といった回答や測定のバイアスを反映する因子である，という説もある。また，5因子構造は異なる言語・文化をとおして安定性がみられたとしても，因子間の相関までは安定しておらず，そのためにGFPの信頼性が低いという主張もある。このような批判に対し，Van der Linden et al.（2010）はBig Fiveの特性間の相関関係に関する212の研究，総対象者数144,117のデータに対してメタ分析を行い，2つの高次因子のαとβ，およびその上位因子であるGFPの存在を支持する結果を報告している。さらに，GFPと職務のパフォーマンスとの関連から妥当性を示している。

　その後もGFPに関する研究結果は蓄積されており，GFPは個々の5因子よりも結果変数をよく予測するという報告もみられる。たとえばPelt et al.（2017）はGFPが個々の5因子よりも職業的な成績を予測することを見出している。このような研究の蓄積によってGFPの存在の根拠や実質的な有効性は認められつつある。しかし，先述のように，その解釈や実質的な機能，因子分析モデルにおける違いなどについては現在も研究が続けられているため，今後の発展が期待される。

6-3

6 次元：HEXACO と Big Five

吉野伸哉 ● 早稲田大学

1 HEXACO モデル

　HEXACO は Big Five と同じくパーソナリティを包括的にとらえたモデルである。Honesty-Humility（正直さ – 謙虚さ），Emotionality（情動性），eXtraversion（外向性），Agreeableness（協調性・調和性），Conscientiousness（勤勉性・誠実性），Openness to experience（開放性）の 6 つの次元から構成される。Big Five では Neuroticism（神経症傾向）とされていた次元が HEXACO では Emotionality に該当し，日本語では情動性とよばれることが多い。また "HEXACO" は各次元のアルファベットを組み合わせて命名されている。外向性は "HEXACO" の名称に合わせるため頭文字の "E" ではなく "X" が採用されており，情動性が "E" にあたる。

　Ashton et al.（2004）は，語彙アプローチの研究において，5 因子に集約されない場合があることや，Big Five の次元の定義にあてはまらない因子がみられる場合があることなどの問題点を指摘した。そして，7 つの言語における語彙アプローチの結果から 6 次元モデルの正当性を主張した。その後 HEXACO を測定する尺度が作成され（Ashton & Lee, 2009；de Vries, 2013；Lee & Ashton, 2018），政治（Chirumbolo & Leone, 2010；Zettler et al., 2011）や，宗教（Ashton & Lee, 2019b）などさまざまな変数との関連が検討されており，現在では主要なパーソナリティモデルのひとつとして定着している。

2 Hファクターとその他の次元

HEXACOの中でも正直さ－謙虚さはBig Fiveでは見出されなかった次元である。正直さ－謙虚さは，公平な（fair），正直な（sincere），控えめな（modest），強欲な（greedy：逆転），狡猾な（sly：逆転）といった特性語で表される（Ashton et al., 2004）。正直さ－謙虚さの高さは公正で嘘をつかず，低さは他者から搾取し，他者を自分の思いどおりに動かそうとするといった特徴が反映されている（Ashton & Lee, 2007, 2008）。正直さ－謙虚さはダーク・トライアド（Howard & Van Zandt, 2020；Lee & Ashton, 2005）や，職務上の非倫理的な意思決定（Lee et al., 2008），社会階層についての肯定的な志向性（Lee et al., 2010）などとの間に負の関連があり，正直さ－謙虚さの"低さ"が着目されることも多い。

HEXACOは，一見，Big Fiveの次元に正直さ－謙虚さが加わっただけのモデルにみえる。しかし，実際は正直さ－謙虚さの存在により，協調性・調和性と情動性はBig Fiveとは若干異なった構成概念になっている（Ashton & Lee, 2007；Ashton et al., 2014）。HEXACOにおける協調性・調和性は，Big Fiveにおける協調性・調和性の感傷的で共感的な要素が抜けており，またBig Fiveでは神経症傾向の側面が強かった怒りっぽく好戦的な要素を含んでいる。したがって，HEXACOにおける協調性・調和性の高さは他者に対して寛容で柔軟性があり，低さは短気で非寛容的であることを意味する。HEXACOにおける情動性は，先述のとおりBig Fiveにおける神経症傾向の怒りっぽさの要素が抜けており，Big Fiveでは協調性・調和性の側面が強かった感傷的で共感的な要素を含んでいる。したがって，HEXACOにおける情動性の高さは落ち着きがなく不安傾向があり，低さは動じずゆるがないことを意味する。一方，外向性，勤勉性・誠実性，開放性はBig Fiveとおおむね同じ構成概念が想定されている。

HEXACOにおける正直さ－謙虚さ，協調性・調和性，情動性はいずれも利他性や他者との協力といった側面を有する（Ashton & Lee, 2007；Ashton et al., 2014）。ただし，情動性は血縁者に対する利他性から解釈されるのに対して，

正直さ－謙虚さや協調性・調和性は互恵的な利他性から解釈される（Ashton & Lee, 2007；Ashton et al., 2014）。さらに，正直さ－謙虚さの高い人びとは相手をうまく利用できそうな場合であっても対等な立場で協力するが，協調性・調和性の高い人びとは相手が多少搾取的な人であっても協力するという特徴の違いがある。Hilbig et al.（2013）は2つの資源分配ゲームを用いて分配者の意思決定と両次元との関連について検討している。これによると，見知らぬ他者との分配額を一方的に決定できる独裁者ゲームにおいては，分配額と正直さ－謙虚さとの間に正の関連がみられた。一方，見知らぬ他者との分配額に関して，相手が拒否した場合は資源がもらえないという条件を設けた最後通牒ゲームにおいては，分配額と協調性・調和性との間に正の関連がみられた。このことから正直さ－謙虚さは積極的な協力，協調性・調和性は受動的な協力を予測するとされている（Ashton et al., 2014）。

3　HEXACOとBig Five

　ここまでHEXACOの構造について説明してきた。ではHEXACOとBig Fiveはどちらのモデルが優れているのだろうか。HEXACO尺度のそれぞれの次元をBig Five尺度の5次元で予測した場合と，反対にBig Five尺度のそれぞれの次元をHEXACO尺度の6次元で予測した場合の分散説明率に着目すると，Big FiveではHEXACOを説明できていない部分があることが示唆されている（Ashton & Lee, 2019a；Ashton et al., 2019）。とくにBig Fiveで正直さ－謙虚さを予測した際の分散説明率は低い傾向にあった。

　一方，正直さ－謙虚さはあくまでBig Fiveにおける協調性・調和性の下位概念のひとつであるという主張もある。たとえばFive Factor Model（5因子モデル）の尺度であるNEO-PI-Rにおいて，調和性の下位概念のうち実直さ（Straightforwardness）と慎み深さ（Modesty）は正直さ－謙虚さに類似した概念といえる（McCrae & Costa, 2008）。またDenissen et al.（2022）は，Big Five尺度のBFI-2は正直さ－謙虚さやダークパーソナリティを測定できていないという指摘（Ashton et al., 2019）を受けて，正直さ－謙虚さに関する項目を作成し，既存のBFI-2に加えて検討を行った。因子分析や次元間の関連の結果から，

正直さ−謙虚さは，独立したひとつの次元として扱うよりも，協調性・調和性の下位概念として位置づけたほうがモデルとして適当であることが示唆された。

　パーソナリティをいくつの次元で表現するかについての議論は現在でも続いている。語彙アプローチにおいても研究によって適した因子数が異なることから，今後は手続き的な妥当性や，特定の言語・文化に特有の次元が存在する可能性もふまえて検討していく必要がある。また，HEXACO と Big Five いずれにおいても，モデルの理論的な特徴や測定で用いられる尺度についての知識を得ておくことが重要だろう。

6-4

円環モデルと Big Five

橋本泰央 ● 帝京短期大学

1 対人円環モデルの特徴

パーソナリティモデルのひとつに対人円環モデル（Interpersonal Circumplex model：IPC）がある。IPC は，もともと心理療法に通う患者の対人行動と，各行動に対応したパーソナリティ特性（対人特性）の分類を表現したモデルとして Leary, T. らによって作成されたモデルである（cf. Leary, 1957）。IPC は，支配性（Dominance, Control）と親密性（Affiliation, Love, Nurturance）という直交する基本軸の周囲に対人行動・対人特性を円環状に配置したその形状から命名された。円環状に配置される行動・特性の位置関係は互いの関連の大きさを反映しており，高い正の相関を示す行動・特性ほどお互い近くに配置される。互いの相関が小さくなるにつれて円環上での配置も遠くなり，無相関が想定される行動・特性は 90 度離れた位置に，強い負の相関が想定される行動・特性は中心を挟んだ対極に配置される（Wiggins, 2003）。

2 IPCにもとづく尺度

IPC にもとづくパーソナリティ尺度には Wiggins（1979）が作成した Interpersonal Adjective Scale（IAS）の改訂版である IAS-R（Wiggins et al., 1988）や，International Personality Item Pool Interpersonal Circumplex（IPIP-IPC：Markey & Markey, 2009）がある。IAS-R は，対人特性を 16 に分類し，隣

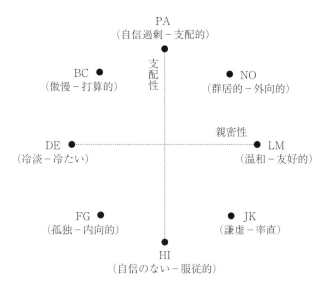

図6-3　IAS-R（日本語訳は大渕・堀毛［編］, 1996 を一部改変）

接する特性同士を組み合わせた8つの特性を測定する尺度である。16の対人特性には Leary のモデルに従って A から P のアルファベットが振られ, 8つにまとめた対人特性はアルファベット2文字の組合せで表現される。IAS-R では PA（自信過剰－支配的：Assured-Dominant）, BC（傲慢－打算的：Arrogant-Calculating）, DE（冷淡－冷たい：Cold-Hearted）, FG（孤独－内向的：Aloof-Introverted）, HI（自信のない－服従的：Unassured-Submissive）, JK（謙虚－率直：Unassuming-Ingenuous）, LM（温和－友好的：Warm-Agreeable）, NO（群居的－外向的：Gregarious-Extraverted）と命名されている（図6-3）。

　IAS, IAS-R では各特性を表現する形容詞が項目として使用される。形容詞は Goldberg（1982）の語彙リストから選び出されたものである。IAS では各特性16語ずつ（合計128語）, IAS-R では8語ずつ（合計64語）が用いられる。Markey & Markey（2009）の IPIP-IPC も同じ8つの対人特性を測定するが, 形容詞のかわりに短文形式の項目（各特性4項目, 合計32項目）が用いられる。IPIP-IPC には日本語版（IPIP-IPC-J：橋本・小塩, 2016）も存在する。

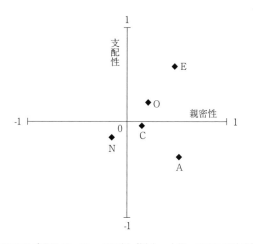

図6-4　IPCの2次元とBig Fiveの関係（橋本・小塩，2018を改変）
E：外向性，A：協調性・調和性，C：勤勉性・誠実性，N：情緒安定性，O：開放性

3　IPCとBig Fiveの関係

　IPCはパーソナリティの中でも対人的側面に限定されたモデルである。そこに，パーソナリティの包括的モデルとされるBig Fiveとの違いがある。

　IPCとBig Fiveの関係を検討した研究によれば，IPCの基本軸とされる支配性と親密性は，Big Five（厳密にはFive Factor Model）の中では外向性と協調性・調和性との関連がもっとも強い。そして，IPC平面上では，外向性と協調性・調和性はそれぞれ約45度と315度付近に布置される（図6-4）。こうしたことから支配性と親密性の軸は外向性と協調性・調和性の次元を約45度回転した軸に相当すると考えられている（橋本・小塩，2018；McCrae & Costa，1989b）。IPCは外向性と協調性・調和性の次元を詳細に表現したモデルと考えることも可能である。

4　IPCとBig Fiveを統合したモデル

　IPCとBig Fiveを統合したモデルも作成されている。Hofstee et al.（1992）

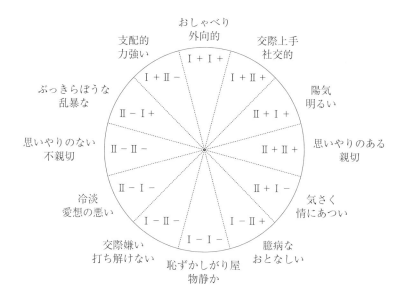

図6-5　AB5Cの円環の例（Hofstee et al., 1992 より作成）
Ⅰ：外向性，Ⅱ：協調性・調和性

の Abridged Big Five Dimensional Circumplex（AB5C）は，Big Five を IPC
で表現したモデルである。作成にあたり，Hofstee, W. K. らは Goldberg（1990）
のデータを利用して分析を行った。Goldberg, L. R. のデータには，大学生によ
る自己評定および他者評定が含まれていた。分析対象とした 456 語のうち，
Big Five のひとつの因子のみに一定の負荷量を示した言葉は 259 語で，197 語
は 2 つ以上の因子に負荷量を示した。Hofstee らは Big Five の 5 次元（Ⅰ：外
向性，Ⅱ：協調性・調和性，Ⅲ：勤勉性・誠実性，Ⅳ：情緒安定性，Ⅴ：知性もし
くは開放性）を 2 つずつ組み合わせて 10 個の円環を構成し（Ⅰ×Ⅱ，Ⅰ×Ⅲ，
Ⅰ×Ⅳ，Ⅰ×Ⅴ，Ⅱ×Ⅲ，Ⅱ×Ⅳ，Ⅱ×Ⅴ，Ⅲ×Ⅳ，Ⅲ×Ⅴ，Ⅳ×Ⅴ），それぞれ
の次元に負荷する言葉を分類した。各円環は 30 度ずつ 12 分割され，パーソナ
リティ形容語は負荷量に合わせて 12 の領域のいずれかに分類されている。た
とえば，Ⅰ×Ⅱで構成される円環のⅠ＋Ⅰ＋の領域には，Ⅰにのみプラスに負
荷し，Ⅱへの負荷量が 0 に近い言葉が，Ⅰ＋Ⅱ＋の領域には，Ⅰ，Ⅱの両方に
プラスの負荷をするもののⅠへの負荷のほうが大きい言葉が，という具合であ

る（図 6-5）。

　Big Five と IPC を統合したモデルには AB5C 以外に，Big Five の外向性，協調性・調和性，勤勉性・誠実性の 3 次元に対して正の負荷をみせる言葉と負の負荷をみせる言葉をそれぞれ円環上に配置したモデル（Peabody & Goldberg, 1989）や，外向性，協調性・調和性，神経症傾向の 3 次元で構成された多面体モデル（Saucier, 1992），IAS-R と Big Five の 3 次元（勤勉性・誠実性と神経症傾向，開放性）を測定する形容詞 60 語（各次元 20 語）を組み合わせた Interpersonal Adjective Scales -Revised- Big 5（IASR-B5：Trapnell & Wiggins, 1990）などがある。

6-5

Big Fiveの類型

谷　伊織 ● 愛知学院大学

　近年ではパーソナリティを多次元的にとらえ，量的な測定を行う特性論が主
流であるが，かつては個人を質的にいくつかのタイプに分類する類型論が盛ん
であった。特性論は対象者の特徴を複数の観点から数量化し，人の多様性を表
現する点で優れていることからさまざまな場面で使われるようになった。しか
し，その情報量は多くなるため，縮約して大まかに個人の特徴を理解する際に
は，類型論のほうが優れている。

　現在，特性論では Big Five が国内外で広く受け入れられているが，類型論
には十分にコンセンサスが得られたモデルがみられない状況である。かつて広
く用いられた類型論である Jung（1921）のタイプ論は Big Five の外向性次元
に包含されている。一方，Big Five を用いた研究が盛んになった結果，5 因子
特性から見出された新たな類型論が近年は登場している。本節ではこれらを紹
介する。

1　Big Fiveの3類型（PPs, ARC type）

　まず，Big Five にもとづいた類型として支持されているモデルのひとつが，
Block & Block（1980）によってフロイトの自我理論と Big Five にもとづいて
提唱されたパーソナリティのプロトタイプ（Personality Prototypes：PPs）とよ
ばれる類型論である。PPs では，個人の性格を「レジリエント型（resilients）」，
「統制過剰型（overcontrollers）」，「統制不全型（undercontrollers）」の 3 類型に
分類している。この理論をもとに Asendorpf & van Aken（1999），Asendorpf

et al.（2001）は，Big Five の尺度得点のデータに対してクラスター分析を行い，PPs に対応した３類型を見出している。また，同様に Robins et al.（1996）と Caspi & Silva（1995）もこの３類型を異なるデータで示している。このため，PPs は Asendorpf, Robins, Caspi という研究者の名前にちなんで ARC 類型（ARC types）とよばれることもある。

　PPs の３類型のうち，レジリエント型はすべての特性が社会的に望ましい傾向にあり，神経症傾向は低く，その他の特性は高い類型である。統制過剰型はその逆であり，神経症傾向が高く，その他の特性が低い類型となっている。統制不全型は，勤勉性・誠実性と協調性・調和性が低く，その他の特性はいずれも高い類型である。以下にそれぞれの類型の特徴を述べる。

　まず，レジリエント型には精神的に健康で問題がない人びとが多く存在すると考えられる。次に，統制過剰型には過度に自分自身を統制する，内面に問題を抱えがちな人びとが多いとされている。最後に，統制不全型には自分自身への統制が少なく，行動上の問題を抱えがちな人びとが含まれていると考えられている（小塩，2010）。また，これらの説明を支持する複数の研究結果も示されている（e.g. 嘉瀬他，2017；Steca et al., 2007）。

　本邦における PPs の研究としては，嘉瀬他（2017）が先行研究と同様に Big Five の尺度得点を用いてクラスター分析による分類を試みている。その結果，「レジリエント型」，「統制過剰型」，「統制不全型」の３つの類型が示されると同時に，日本人特有のタイプと考えられる「識別不能型（Not identifiables）」が見出されており，本邦では４類型が報告されている。この識別不能型は，外向性が低く，協調性・調和性が高いことが特徴である。

　PPs は対象者の特徴を３〜４つのタイプに分類できるため，大まかな性格を把握して，教育や治療プログラムを選択するような現場における活用が期待されている。そのため，PPs と社会適応や健康との関連性について検討した研究も進められている（e.g. 嘉瀬他，2018）。

2　Big Five の４類型

　先述の PPs の３類型はおもに統計学的な観点から問題点が指摘されること

がある。とくに，異なるデータセットや分析方法によって得られた結果が十分に再現されておらず，上記の ARC 類型を確認した研究についても，詳細に 3 類型を比較するとそれぞれの特徴にかなり違いがあることが問題視されている。再現されない原因としては，サンプルサイズが十分でないことや分析方法が異なることがあげられる。

そこで，Gerlach et al.（2018）はさまざまな国で質問紙によって 5 因子を測定した，のべ 150 万人以上の参加者からなる 4 つの異なる大規模なデータセット（それぞれ 10 万人から 50 万人の参加者を含む）を対象とした研究結果を報告している。分析にあたって，古典的なクラスター分析よりもさまざまな種類のデータに対して適切な結果をもたらすとされる混合正規分布モデリングを用いたところ，4 つの異なる類型が示されたことを報告している。このうち，3 つの類型は PPs を支持するものであるため，PPs を発展させたモデルであると考えられる。

一方，Freudenstein et al.（2019）はこの 4 類型を性格評価に用いることが有用である可能性を認めながらも，4 類型だけでは対象者全体を十分に網羅されていないことと，分類の不確実性を指摘し，教育や臨床への応用についてはさらなる検討が必要であると述べている。

現在もパーソナリティ類型についてはより頑健で網羅性が高く，十分な妥当性を有したモデルを探索するための研究が続けられており，今後の展開が期待される。

第 7 章

他のパーソナリティモデルと Big Five との関係

7-1

Eysenckのパーソナリティモデルと Big Five

国里愛彦 ● 専修大学

　Eysenck, H. J. は，外向性と神経症傾向の2因子からなるパーソナリティモデルを提案し，その後，精神病質傾向（Psychoticism）を追加した3因子からなるパーソナリティモデルを提案している（O'Connor & Corr, 2019）。Eysenckのパーソナリティモデルは，因子分析からモデルを構成する因子を抽出していること，外向性と神経症傾向といった Big Five で扱う因子を含んでいることから，Big Five モデルと関連が深いといえる。しかし，その一方で，おもに健康な参加者を対象にして特性語リストをデータ駆動的に整理することで明らかとなった Big Five モデルとは異なる点がある。以下では，Eysenck のモデルについて，精神病理学における次元モデルの側面，トップダウン的な生物学的モデルの側面に焦点をあてて論じる。

　まず，Eysenck が外向性と神経症傾向を提案した 1944 年の研究（Eysenck, 1944）は，戦時下のイギリスの病院において Eysenck が大量の患者のカルテにアクセスできたことからはじまった（O'Connor & Corr, 2019）。Eysenck は各患者に記録されていた 200 ほどの項目から 39 項目を選定し，因子分析を実施した。その結果，4因子が抽出され，そのうちの2因子に神経症傾向，外向性と命名した。まず，Eysenck のモデルの出発点は臨床群からであり，臨床的な問題を説明する次元的な精神病理学のモデルとして構成されている。出発点として用いている項目が臨床的な問題の記述であるのが Big Five モデルの発展過程とは異なっている。現状においても精神的な問題はカテゴリカルに扱われるが，次元アプローチから整理をしていく Eysenck のアプローチは先進的な考えであった。これは，Big Five モデルの発展に伴って，Big Five モデ

ルの 5 因子から精神障害や健康の説明をする取組みがあることからも，継承されている点といえる。また，抽出された 4 因子抽出のうち，臨床的な問題の整理に有用な神経症傾向と外向性の 2 因子にトップダウン的に焦点をあてている点も Big Five におけるアプローチとは異なる点であるといえる。

　次に，Eysenck のパーソナリティモデルは，その生物学的基盤に焦点をあてた実験的なアプローチを取る点に特徴がある。Eysenck は，パーソナリティモデルの構成にあたり，学習理論と神経科学を用いた。外向性－内向性に関しては，Pavlov, I. の興奮－制止を参考にして，内向性が高い者は刺激に対する興奮が生じやすく条件づけが成立しやすいとした。そして，外向性の個人差が生じる生物学的基盤として，脳幹にある上行性網様体賦活系の反応閾値の個人差を仮定した（Eysenck, 1967）。神経症傾向の個人差が生じる生物学的基盤については，神経科学的な研究知見を参考にして，大脳辺縁系の活性化の個人差を仮定している。Big Five モデルの生物学的基盤を探索する研究も行われてきており（Kunisato et al., 2011），生物学的側面の検討は Big Five においても継承されている。

　Eysenck については，1980 年代に行われたがん研究論文の掲載撤回がなされるなど，研究実践における問題点の指摘もある。1944 年の研究においても，現在の視点からは，データと解析法への批判もある（詳しくは，O'Connor & Corr, 2019）。Eysenck の過去の研究については，その多大な影響と分野横断的なアプローチの価値をふまえつつも，批判的な検討を加え，評価をする必要がある。

7-2

BIS/BASとBig Five

国里愛彦 ● 専修大学

　行動抑制系（Behavioral Inhibition System：BIS）／行動賦活系（Behavioral Activation System：BAS）は，Gray, J. A. が提唱した気質モデルの構成要素である。Gray は，Eysenck, H. J. の外向性と神経症傾向からなるパーソナリティモデルを批判的に発展させることで，強化感受性理論（Reinforcement Sensitivity Theory）を提唱した。Gray は，*The Neuropsychology of Anxiety* の出版によって強化感受性理論を広め（Gray, 1982），その第2版において理論の改訂を行った（Gray & McNaughton, 2003）。

　Gray の強化感受性理論は，闘争・逃走・凍結系（Fight-Flight-Freeze System：FFFS），BAS，BIS の3要素からなる。FFFS は，嫌悪刺激に対して行動を引き起こすシステムである。FFFS は，恐怖感情と回避−逃避行動を引き起こし，臨床上の恐怖症やパニック症と関連する。BAS は，欲求刺激に対して行動を引き起こすシステムである。BAS は快感情と接近行動を引き起こし，臨床上の依存行動や衝動的行動と関連する。FFFS と BAS は，刺激に対して行動を引き起こすシステムといえる。BIS は，目標間の葛藤を解決するシステムである。BIS は，異なる目標をもったシステム間の葛藤（たとえば，欲求刺激と嫌悪刺激が同時に呈示された状況など）が生じた際に，不安を生じさせ，葛藤のある行動を抑制し，状況の確認，葛藤の解決に使える資源の探索を引き起こす。BIS は，臨床上の全般性不安症や強迫症と関連する。強化感受性理論は，それぞれ生物学的な基盤も想定されており，臨床的な問題を対象とする点も Eysenck の理論から発展していることをうかがわせる。

　強化感受性理論の各システムは，Carver & White（1994）の BIS/BAS 尺度

などによって測定される。しかし，Grayの理論が複雑であることから理論どおりの測定がむずかしく，理論上はFFFSとBISは異なるが，尺度として測定すると両者は区別できない。そこで，質問紙ではBASに対応する報酬への感受性とBISやFFFSに対応する罰への感受性が測定されている。Grayは，Eysenckの外向性と神経症傾向と報酬・罰への感受性との関係を整理している。報酬への感受性は，2/3が外向性，1/3が神経症傾向を混合したものであり，罰への感受性は，1/3が内向性，2/3が神経症傾向を混合したものとされる。

　Eysenckのモデルと Big Five モデルにおいて，外向性と神経症傾向が完全に同一の概念とはいい切れないが，BIS/BAS と Big Five との関係においても同様の関係が想定される。BIS/BAS と Big Five との関係を検討する研究もなされており，Smits & Boeck（2006）は BIS/BAS 尺度と NEO-FFI との関連を検討し，理論から想定される関係について確認している。Gray の理論の再評価・再検討をとおして，Big Five モデルの生物学的基盤についても明確になることが期待される。

7-3

Cloningerモデルと Big Five

小塩真司 ● 早稲田大学

Cloninger, C. R. はアメリカ合衆国の精神科医であり，無意識的に環境に反応する気質（temperament）と，意識的に自分自身の行動をコントロールする傾向である性格（character）という側面から，人間のパーソナリティ全体を記述することを試みた。本節では，木島（2014）を参考にアメリカの精神医学者 Cloninger によって提唱された理論を概観し，Big Five との関係をみていきたい。

1 気質

Cloninger の理論では，もともと新奇性追求，損害回避，報酬依存という3つの気質特性が設定されていたが，その後，報酬依存から固執が独立することで，4つの気質が設定されている。

新奇性追求の高さは新しいものを好み，衝動的で，不規則な行動に結びつく，自動車でいえばアクセルに相当する特性である。またこの気質特性は，神経伝達物質のドーパミンに関連すると想定されていた。

損害回避は危険を察知し，心配し，悲観的な傾向に関連する特性であり，自動車でいえばブレーキにたとえられる。この気質特性は，神経伝達物質のセロトニンに関連することが想定されていた。

報酬依存は人と一緒にいることを好み，共感的で感傷的な特徴をもつ気質特性とされる。また報酬依存は自動車のクラッチにたとえられており，神経伝達物質のノルアドレナリンに関連するとされていた。

研究の中で，報酬依存から独立して見出されたのが固執である。これは完全主義的で目標志向的，熱心な傾向を表す気質特性である。固執は自動車のトラクション・コントロールにたとえられ，ひとつのことを続ける傾向を表すとされる。

2　性格

　英語の character には，望ましい性質というニュアンスがある。Cloninger 理論の「性格」は character のことであり，以下に述べる自己志向性，協調性，自己超越性という 3 つの特性はいずれも伸ばすことが望ましいというニュアンスを有している。

　自己志向性は，自己の次元における成長を意味する。自分自身をありのままに受け入れ，他者と比較することなく，自らの人生に目的をもつことなどが，この次元に含まれる。

　協調性は，社会の次元における成長を意味する。自分とは異なる存在である他者を受け入れ，相手に共感し，思いやりをもち，協力することができることなどが，協調性に関連する特徴である。

　自己超越性は，宇宙の次元における成長であるとされる。自分や社会も超えて，広く世界や宇宙全体をひとつのものと認識し，スピリチュアルな現象や出来事も受け入れていくことがこの特性に関連する。

3　Big Five との関連

　Cloninger 理論にもとづく検査に TCI（Temperament and Character Inventory）があり（Cloninger et al., 1993），日本語版 TCI も開発されている（木島他，1996）。そして国里他（2008）は，日本語版 TCI と和田（1996）によって測定された Big Five との関連を検討している。結果から相関係数 .20 以上を示した関連をまとめると，次のようになる。

　まずは気質と Big Five との関連についてである。新奇性追求は，勤勉性・誠実性（− .51）および神経症傾向（− .20）と負の関連，外向性および開放性

と正の関連（ともに .30）を示した。損害回避は，神経症傾向と正の関連（.54），外向性（- .43）および開放性（- .44）と負の関連を示した。報酬依存は，外向性と正の関連（.46）を示した。そして固執は，勤勉性・誠実性（.47），協調性・調和性（.26），開放性（.21）と正の関連を示した。

そして，性格と Big Five との関連は以下のとおりである。自己志向は，外向性（.25），開放性（.27），勤勉性・誠実性（.29），協調性・調和性（.25）と正，神経症傾向と負（- .39）の関連を示した。協調性は，協調性・調和性（.47）および外向性（.22）と正の関連を示した。自己超越は，開放性（.37）と正の関連を示した。

また，各 Big Five 特性に対して，TCI の気質次元と性格次元で説明する分析も行われている。そして，外向性を除き，残りの4つに対しては気質と性格の両次元で説明するのが適切であることが示された。このことは，Big Five の各次元で表現される内容が，気質だけでなくより広い範囲を含むものであることを示唆している。ただし外向性に関しては，Cloninger 理論の気質次元に比較的密接に関連する内容を含んでいるといえるだろう。TCI で測定される気質と性格はその組み合わせ方は異なるものの，Big Five で測定される内容と共通する部分がある。両者の対応関係を精査していくことで，それぞれの特性の意味内容がさらに明確化されるだろう。

7-4

Dark TriadとBig Five

下司忠大 ● 立正大学

　私たちは，社会の中で円滑に効率よく物事を進めるために他者と協同して生活を営んでいる。その一方で，ときには他者を利用したり，自身の優越さを誇示したいと思ったりするような「心の闇」もひとの生活にはつきものであろう。誰もが，多かれ少なかれこのような「心の闇」を抱えている。このような闇（dark）の個人差を研究するために，パーソナリティ心理学ではおもに"Dark Triad"（ダーク・トライアド）がその対象とされてきた。Dark Triad とはマキャベリアニズム，自己愛傾向，サイコパシー傾向の３つのダークな特性を指す概念であり（Paulhus & Williams, 2002），マキャベリアニズムは権謀術数的な傾向を，自己愛傾向は誇大・尊大で横柄な傾向を，サイコパシー傾向は冷淡で逸脱した傾向を指す。Dark Triad は Big Five とは異なり，著名な人物（ニコロ・マキャベリ）や臨床像（自己愛性パーソナリティ障害，サイコパス）をもとに概念として確立され，発展してきた研究領域であり，Big Five とは系譜を異にする。

　それでは，Dark Triad は Big Five の５次元において，どこの領域に位置づけられるのだろうか。Dark Triad と Big Five との関連は，これまで数多く確かめられてきている。Vize et al.（2018a, b）のメタ分析によると，Dark Triad の３特性はいずれも協調性・調和性の低さと関連し，その他にマキャベリアニズムは勤勉性・誠実性の低さ，神経症傾向の高さ，開放性の低さと，自己愛傾向は外向性の高さ，開放性の高さと，サイコパシー傾向は勤勉性・誠実性の低さとそれぞれ関連することが示された。ただし，Dark Triad と Big Five との関連を示した個々の研究に注目すると，その結果は一致しないことが多い。こ

のことから，比較的初期の研究においては，Dark Triad は Big Five の次元の外側の領域に存する概念である，と指摘されてきた（Veselka et al., 2011）。近年においても，Dark Triad が Big Five の5特性を統計的に統制したうえでもさまざまな行動傾向を予測することから，同様の主張がなされている（Feher & Vernon, 2021）。

　Dark Triad が Big Five の5次元の領域の外側に存するという主張に対して，Dark Triad はたしかに Big Five の領域内にあり，とくに（低い）協調性・調和性の領域に存するという主張もある（Lynam & Miller, 2019；Vize et al., 2020, 2021）。これらの知見では，これまで Dark Triad 研究の中で扱われてきた協調性・調和性の尺度が広範な協調性・調和性概念の一部しか反映していないことを指摘し，Dark Triad が（低い）協調性・調和性の領域に含まれることを主張している。実証研究として Vize et al.（2020）は，Dark Triad を含むさまざまなダークな特性を集約した「ダーク因子」が，十分に広範な（低い）協調性・調和性の概念を含む尺度と同等のものであることを示した。また，Vize et al.（2021）は Dark Triad の中核にある因子が十分に広範な（低い）協調性・調和性概念によって説明されることを示した。以上の結果は，Dark Triad が Big Five，とくに（低い）協調性・調和性概念の領域に位置づけられることを支持するものである。

　Dark Triad が（低い）協調性・調和性概念の領域に位置づけられるとすれば，そのメリットは大きい。まず科学的な説明という観点からは，Big Five 以外の概念を導入する必要がないという点で倹約的である。また，協調性・調和性概念の理論的枠組み（cf. §2-4）を，Dark Triad に適用できる可能性もある。

　ただし，いくつかの課題も残されている。第1に，Dark Triad は前述のように協調性・調和性以外の Big Five の特性とも関連するため，協調性・調和性に加えてどの Big Five の特性との組合せが Dark Triad の3特性を十分に説明するのかを検討する必要がある。第2に，日本における研究知見の少なさである。Dark Triad と Big Five との関連を検討した知見はいくつかあるものの（田村他, 2015；喜入, 2016），きわめて少ない。日本における Dark Triad の Big Five における位置づけについても今後さらに検討を進めていく必要がある。

7-5

YG性格検査とBig Five

小塩真司 ● 早稲田大学

　YG性格検査（矢田部ギルフォード性格検査：YGPI）は，わが国において広く用いられている，代表的なパーソナリティ検査のひとつである。本節では，YG性格検査の作成過程と特徴を概観し，Big Fiveとの関連を検討する。

1　YG性格検査の成立経緯

　YG性格検査の作成過程は，矢田部（1954）において詳細に示されている。研究の出発点は，淡路式向性検査（淡路・岡部，1932a, b, 1933）にある。京都大学教授だった矢田部は当初，向性検査を作成する目的でドイツのテュービンゲン大学の心理学者Kibler, M.が作成した自己診断検査にもとづき，一般的な特性として考えられていた外向性－内向性を測定するYK向性検査を作成した。また，複数の特性を測定する検査として，アメリカの心理学者Guilford, J. P.の研究を参照した。Guilfordも向性検査の質問項目を因子分析することによって，複数の因子を見出していた。そこで矢田部らは，Guilfordが見出した13因子にもとづき，日本語を用いて，できるだけ少数の因子によって広くパーソナリティの特徴を把握することができる検査の作成を試みた。この研究は矢田部が着手し，共同研究者である京都大学の園原と関西大学の辻岡が項目の選定を行い，辻岡が標準化や妥当性の検討を行い，YG性格検査へとつながっていったのである（辻岡，1967）。

2　YG性格検査の内容

　YG性格検査は120項目で構成されており，「No」，「？」，「Yes」の3段階で回答を求める。回答はカーボン紙によって転写され，採点が容易になっている。採点は素点から5段階の標準得点に換算し，さらにのちほど示すような類型化を行うことで解釈を容易にしている。

　YG性格検査には，Guilfordが見出した13因子のうち次の12因子が含まれている（辻岡，1967）。**抑うつ性**（D；陰気で悲観的な気分），**回帰性傾向**（C；情緒不安定的で気分の変化が大きい），**劣等感**（I；自己の過小評価や劣等感），**神経質**（N；神経質，心配性，苛立ち），**客観性の欠如**（O；空想性，批判を気にする），**協調性の欠如**（Co；不満が多く人を信用しない），**攻撃性**（Ag；気が短い，人の意見を聞かない），**一般的活動性**（G；活動的，動作の機敏さ），**のんきさ**（R；気軽で衝動的，刺激を求める），**思考的外向**（T；考えが大雑把，熟慮に欠ける），**支配性**（A；社会的指導性，リーダーシップ），**社会的外向**（S；広くつきあう，誰とでもよく話す）。Guilfordの研究では男性性（対女性性）の次元もあるが，これは社会的態度であると解釈され，YG性格検査には含められなかった。

　これら12因子は，情緒不安定性因子（DCIN），社会不適応因子（OCoAg）など6つの因子にまとめられるとされるが（辻岡，1967），解釈の際には大きくDCINOCo（情緒不安定性）とAgGRTAS（外向性）という2つの大きなまとまりで行われ，回答者が類型化される。A型は全体的に平均に近く，B型は情緒不安定的で外向的な不安定積極型，C型は情緒安定的で内向的な安定消極型，D型は情緒安定的で外向的な安定積極型，E型は情緒不安定的で内向的な不安定消極型である。なお，YG性格検査12因子をさらに因子分析によって検討した研究によると，情緒不安定性因子（DCINOCo），主導性因子（ASGAg）そして非内省性因子（RT）の3因子構造がみられることが報告されている（清水・山本，2017）。

150

3　YG性格検査とBig Five

　YG性格検査の12因子が大まかに情緒安定性と外向性にまとめられ，また外向性の側面が主導性や非内省性にわかれるとしても，おおよそYG性格検査の12因子はBig Fiveにおける神経症傾向と外向性に相当することが予想される。これまでに，YG性格検査とBig Fiveとの関連について部分的な検討を行った研究がある（鈴木，1994）。先行研究（續他，1971）は，YG性格検査の中から反応の偏りが少ない66項目を選択し，5つの因子を得た。そして鈴木（1994）は，これらの質問項目と，別の研究（柏木他，1993）においてBig Five構造が見出されていた日本語版ACL（形容詞チェックリスト）との対応を因子分析で検討した。結果的に，YG性格検査の質問項目はBig Fiveのうち，外向性と神経症傾向のみが含まれており，開放性，協調性・調和性，勤勉性・誠実性の次元は含まれていないことが示された。

　Guilfordも矢田部も，向性検査に含まれた質問項目から結果的に外向性と神経症傾向という上位の因子を導き出した。そしてこれらの因子は，Eysenckのモデル（cf. §7-1）とも共通する。このことは，パーソナリティ研究の初期に展開した質問項目群が，この2因子を中心に展開したという歴史的経緯を示していると考えられる。

7-6

擬態語性格尺度と Big Five

小松孝至 ● 大阪教育大学・**酒井恵子** ● 大阪工業大学
西岡美和 ● 甲南女子大学・**向山泰代** ● 京都ノートルダム女子大学

1 擬態語性格尺度

「おっとりした人」,「さっぱりした人」のように,日本語では擬態語で性格を表現することが少なくない。擬態語は,視覚や触覚の感性をとおして自己の身体図式や自己意識に根ざし,イメージ喚起力の強い表現(苧阪, 1999)とされ,性格をめぐるコミュニケーションでも固有の役割をもつと考えられる。

こうしたことをふまえ,『広辞苑』(第5版)から収集された性格表現語(辻, 2001)から選出した擬態語120語の自己評定結果から見出された6因子構造(西岡他, 2006)をもとに,6下位尺度からなる性格尺度として整備されたのが,擬態語性格尺度(小松他, 2012)とその短縮版(酒井他, 2015)である。この尺度は,十分な再検査信頼性とともに,ピアレーティングによる妥当性の検証でも一定の結果が得られている(小松他, 2016)。短縮版の30項目と,尺度の信頼性に関する指標について,**表7-1** を参照されたい。

2 擬態語性格尺度と Big Five との関連

擬態語性格尺度の開発にあたっては,既存の性格検査として,Big Five の理論にもとづくFFPQ(5因子性格検査:FFPQ研究会[編], 2002)との相関関係が分析されてきた(**表7-1**)。下位尺度のうち,「几帳面さ」は,FFPQ の「統制性」と高い正の相関を示し,「外向性」,「愛着性」とも正の相関を示して

表 7-1　擬態語性格尺度の項目例・信頼性・FFPQとの相関[1]

	臆病さ	緩やかさ	几帳面さ	不機嫌さ	淡白さ	軽薄さ
項目例 (短縮版の5項目)[2]	おどおど うじうじ くよくよ もじもじ おろおろする	のほほん ほんわか おっとり のんびり ふんわり	きっちり ちゃんと しっかり びしっとする しゃきっとした	むすっとした いらいら ぶすっとした かっとなる とげとげしい	さっぱり あっさり からっとした さばさば さらっとした	でれでれ きゃあきゃあ言う べたべた ちゃらちゃら うきうき
α係数[3]	.91 / .87	.91 / .88	.87 / .83	.88 / .84	.87 / .83	.80 / .69
再検査との相関[3]	.80 / .75	.84 / .83	.86 / .80	.81 / .79	.78 / .72	.73 / .69
FFPQとの相関[3, 4]						
外向性−内向性	−.39/−.37	−.31/−.26	.35 / .43	.09 / .00	.27 / .24	.32 / .30
愛着性−分離性	−.25/−.20	.14 / .24	.32 / .30	−.39/−.41	.23 / .22	.06 / .03
統制性−自然性	−.30/−.26	−.17/−.05	.69 / .61	−.19/−.19	.19 / .18	−.22/−.20
情動性−非情動性	.61 / .59	.22 / .09	−.22/−.18	.46 / .46	−.26/−.25	.17 / .17
遊戯性−現実性	−.03/−.03	.18 / .15	.09 / .16	.16 / .18	.29 / .19	.29 / .27

注1：数値は各下位尺度が10項目のオリジナル版（小松他，2012)/5項目の短縮版（酒井他，2015)
　　　の順に示す。なお，オリジナル版・短縮版とも同じデータから作成された
注2：各項目は「全く当てはまらない」を1，「非常に当てはまる」を5とする5件法により評定する
注3：擬態語性格尺度の開発では自己評定・他者評定（同性・同年齢の親しい友人に関する評定）の
　　　データが分析されたが，ここでは自己評定の結果を示す
注4：FFPQは高得点ほど左側に示す特性の特徴が強い

　いる。つまり，自分自身や周囲の事物に対するコントロールへの志向性を基礎
に，積極的な活動や他者との良好な関係形成をも含んだ傾向を表現するものと
いえる。「臆病さ」，「不機嫌さ」は，FFPQの「情動性」との正の相関がみら
れ，「臆病さ」は「外向性」や「統制性」と，「不機嫌さ」は「愛着性」と負の
相関を示している。「臆病さ」は情動的な過敏さにもとづく外界や他者との関
わりの消極性を，「不機嫌さ」は，同じく情動的な過敏さと関わる他責・敵対
などの傾向を示すものといえる。
　一方，「緩やかさ」，「淡白さ」，「軽薄さ」は，FFPQとの相関係数がもっと
も高いものでも絶対値が.3程度であり，それぞれがBig Fiveの複数の次元と
の関連性をもちつつ，比較的独自性の高い特性が測定されていると考えられる。
具体的には，「緩やかさ」は「行動のペース・テンポの緩慢さ，対人面での受
容性・控え目さ・優しさ，注意の散漫さ・抜け」，「淡白さ」は「ネガティブ感
情からの転換，関心の継続性の弱さ，他者との距離」，「軽薄さ」は「ポジティ
ブ感情の表出・誘出，反応・表出の過剰さ・強さ」などの傾向を含むと考えら

れる。

3　擬態語性格尺度の独自性

　このように，擬態語性格尺度は，Big Five の概念と一定程度の関連を有し
つつも，私たちが他者と接する際の感覚的な理解を，いわば分析的な言葉によ
らずに直接的に表現しうると考えられる。こうした特徴から，教育・保育場面
における子ども理解やビジネスにおける顧客理解など，言語で表現されにくい
印象を共有する場面などでの有効性が考えられる（小松他，2012）。

　また，擬態語にみられる「直観的」，「包括的」な表現の特徴は，日本語・日
本文化の特徴と関連づけて論じられてきたことでもある（小松他，2012）。前述
の「緩やかさ」，「淡白さ」，「軽薄さ」などの特徴も，それぞれ「適応・不適
応」や「善悪」といった，相反する側面を包括的に含むということができるだ
ろう。たとえば，「緩やかさ」の項目のひとつである「おっとり」は，学校な
どで否定的に評価されることもある「行為の遅さ」という意味を含みつつも，
「おおらかさ」，「おうようさ」のような意味にも広がりをもち，評価的な意図
を明確にしない表現となる（Komatsu, 2010）。さらに，その行動をみる側から
その人物への保護や，その場の緊張緩和的な作用をも含意しうる。

　また，それは一時的な印象の記述にとどまるものとはいえない。小松他
（2016）は，親しい友人ペアの「リーダー／フォロワー役割」と，相互の性格
理解を擬態語性格尺度により分析し，とくに「緩やかさ」に関して，フォロ
ワー役割にある人物の「緩やかさ」が高いという理解がペアで相互に共有され
ていることを示している。このことは，人間関係の構築や維持においても，擬
態語による自他の性格把握が一定の役割をもつことを示唆している。

7-7

RIASECとBig Five

小塩真司 ● 早稲田大学

職業という領域においてどのような興味を抱くかは，進路選択を試み就職適性について悩む多くの学生が知りたい観点であろう。本節では Holland, J. L. (e.g. Holland, 1996) による RIASEC モデルについて概観し，Big Five との関連を検討した研究を紹介する。

1　RIASECモデル

Holland は，専門的な職業キャリアを大まかに 6 つに分類することを提案した。各類型の大まかな内容は，次のとおりである（Holland, 1996）。なお，以下の 6 つの各類型の頭文字を取り，このモデルは RIASEC とよばれる。

現実的（Realistic）：機械や道具を好み，具体的な達成や物質的報酬に価値を置く。実務的で保守的，機械的なスキルは高いが社会的スキルは欠けていると自己認識する。

研究的（Investigative）：探求，理解，予測，あるいは自然や社会現象のコントロールを好む。知識の発展や獲得に価値を置く。分析的で知的，懐疑的であり，学問上の才能がある一方で，対人的スキルには欠けると自己認識する。

芸術的（Artistic）：文学，音楽，芸術活動を好む。アイデアや感情の創造的な表出に価値を置く。経験に開放されており，想像力に富み，理知的である一方で，事務的スキルには欠けていると自己認識する。

社会的（Social）：援助，教授，処置，相談，また他者との触れ合いを好む。福祉や社会奉仕活動に価値を置く。共感性や忍耐力，対人関係能力は高いが，

機械的なスキルには欠けると自己認識する。

企業的（Enterprising）：説得，操作，采配を好む。物質的達成や社会的地位に価値を置く。販売や説得の能力はあるが，科学的な能力には欠けると自己認識する。

慣習的（Conventional）：秩序を伴う定められた行動の確立と維持，標準の利用を好む。物質的また金銭上の達成，また社会的，仕事上，政治的な分野での権力に価値を置く。ビジネスや製造での技術的スキルは高いが，芸術的な能力には欠けると自己認識する。

これらは，ものに価値を置く（現実的）か人に価値を置く（社会的）かという軸と，データに価値を置く（企業的，慣習的）かアイデアに価値を置く（芸術的，研究的）かという2つの軸からなる平面上に整理することができる。また Holland らは，30歳から39歳の男性989人の職歴を検討している（Holland et al., 1973）。そして，5,812件の転職のうち79％は，6分類の中のひとつの大分類内で生じることを報告した。このことから，人びとは類似した仕事の中で職を探していく傾向があることを示している。

2　Big Fiveとの関連

RIASEC モデルと Big Five の各次元との関連について，メタ分析の手法によって関連を統合した研究がある（Barrick et al., 2003）。報告された結果の中から，おもだったものをまとめると次のようになる。

外向性は，企業的（$\rho = .41$）および社会的（$\rho = .29$）と正の関連を示した。協調性・調和性は社会的（$\rho = .15$）と正の関連，勤勉性・誠実性は慣習的（$\rho = .19$）と正の関連を示した。そして情緒安定性（神経症傾向の逆）は研究的（$\rho = .12$）と正の関連，開放性は芸術的（$\rho = .39$）および研究的（$\rho = .25$）と正の関連を示した。また，RIASEC のそれぞれを Big Five によって説明する分析を行ったところ，研究的に対しては開放性が正の影響，芸術的にも開放性の正の影響がみられ，社会的には外向性と協調性・調和性が正の影響，企業的には外向性が正の影響，慣習的には勤勉性・誠実性が正の影響を示していた。なお現実的に対しては，Big Five の各次元から統計的に有意な影響は示され

なかった。

　全体として，関連が報告されたものについては，理論的にも妥当な結果であるといえるだろう。しかしその一方で，RIASEC モデルは Big Five と重なる部分はあるが，関連の大きさからすると重複する範囲はそれほど大きいものとはいえない。近年，就職活動時の職業適性の把握に Big Five を応用する試みも散見される。Big Five とさまざまな理論との間の対応を十分に検討したうえで，実際に応用することが求められているといえるだろう。

7-8

価値観とBig Five

橋本泰央 ● 帝京短期大学

　価値観とパーソナリティ特性はともに人の行動に影響を与えると考えられている。価値観は個人の普遍的目標として望ましい行動の基準として働くと考えられることから，個人が認知的に選択できる行動の予測因として働くと考えられる。一方，パーソナリティ特性は認知的にコントロールしにくい，自発的，直観的，感情的行動の予測により適していると考えられる（Roccas et al., 2002）。

　よく取り上げられる価値観のモデルにSchwartz（1992）のモデルがある（図7-1）。このモデルでは価値観を，権力（Power），達成（Achievement），快楽（Hedonism），刺激（Stimulation），自立（Self-Direction），普遍（Universalism），

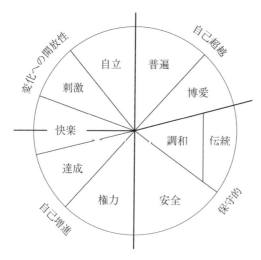

図7-1　Schwartzの価値モデル（Schwartz, 2012を参考に作成）

博愛（Benevolence），調和（Conformity），伝統（Tradition），安全（Security）の 10 にわけている。これらは，関連の強い価値観ほど近接して，関連が小さくなるほど離れて，対極的な価値観は中心を挟んで反対側になるように配置されている。そして隣接する価値観同士をまとめて 4 つの高次価値とし，「自己増進（Self-Enhancement）」対「自己超越（Self-Transcendence）」，「変化への開放性（Openness to Change）」対「保守的（Conservation）」という 2 つの次元で価値観がとらえられると仮定している。この構造は 82 の国々でおおむねあてはまるという（Schwartz, 2012）。

1 パーソナリティ特性と価値観の相関

Big Five もしくは 5 因子モデルと Schwartz の価値観のモデルを利用した研究を対象に，両者の相関を検討するメタ分析が同じ年に 2 つ行われている（Fischer & Boer, 2015；Parks-Leduc et al., 2015）。Parks-Leduc et al.（2015）の分析対象は，未発表研究も含めた 13 か国 60 研究で，サンプル数 15,000 を超える，世界中を対象とした Web 調査結果を含む。Fischer & Boer（2015）の分析対象は同じく未発表の研究を含む 14 か国 23 研究である。2 つの分析対象となった研究の重複は 10 に満たない。

表 7-2 に 2 つの研究結果を示した。Parks-Leduc et al.（2015）の数値はメタ分析による推定値，Fischer & Boer（2015）の結果は分析対象論文から抽出した相関係数の平均値である。いずれの研究においても，Big Five の中では開放性と協調性・調和性が価値観との関連が強いといえる。開放性は自立や刺激，普遍と正の，伝統とは負の関連を示し，協調性・調和性は普遍，博愛，調和，伝統と正の，権力とは負の相関をみせた。外向性は快楽，刺激と正の，勤勉性・誠実性は調和，安全と正の関連をみせたが，その大きさは開放性や協調性・調和性に比べると小さい傾向があった。神経症傾向は価値観との関連は小さいようである。Fischer & Boer（2015）は Big Five と高次価値との関連も検討し，開放性は保守的価値観と負の，協調性・調和性は自己超越と正の関連があるとしている。

また，2 つの研究ではパーソナリティ特性と価値観の関連の強さに影響を与

表7-2　価値観とパーソナリティ特性との関連（Fischer & Boer, 2015；Parks-Leduc et al., 2015 より作成）

価値観	開放性		協調性・調和性		外向性		勤勉性・誠実性		神経症傾向	
	Parks-Leduc	Fischer	Parks-Leduc	Fischer	Parks-Leduc	Fischer	Parks-Leduc	Fischer	Parks-Leduc	Fischer
権力 (Power)	-.06	-.10	-.42	-.28	.31	.18	.05	.02	.03	-.04
達成 (Achievement)	.11	.04	-.24	-.17	.31	.20	.17	.14	-.01	-.02
快楽 (Hedonism)	.09	.09	-.11	-.04	.20	.19	-.19	-.06	.01	-.04
刺激 (Stimulation)	.36	.27	-.05	-.01	.36	.30	-.16	-.06	.02	-.09
自立 (Self-Direction)	.52	.37	-.07	.03	.17	.18	.01	.10	-.01	-.08
普遍 (Universalism)	.33	.26	.39	.24	-.05	-.01	-.02	.06	-.03	.04
博愛 (Benevolence)	.13	.14	.61	.40	-.05	.10	.07	.15	-.01	.03
調和 (Conformity)	-.27	-.14	.26	.18	-.17	-.06	.27	.21	-.05	.05
伝統 (Tradition)	-.31	-.17	.22	.13	-.25	-.13	.10	.06	-.03	.04
安全 (Security)	-.24	-.10	.00	.04	-.05	-.01	.37	.22	-.03	.05

注：Parks-Leducの値はメタ分析による推定値。Fischerの値は収集データの平均値。ボールド体はいずれも95%信用区間（信頼区間）が0を含まないもの

える文化社会要因が検討されている。文化の集団主義的傾向・個人主義的傾向の違いや社会規範の強弱を調整変数とした分析では，いずれもパーソナリティ特性と価値観の関連の強さに対する明確な影響は認められなかった（Parks-Leduc et al., 2015）。一方，国民総所得や乳児死亡率，犯罪率などの指標を合成した脅威指標を調整変数とした場合，脅威の低い国ほどパーソナリティ特性と価値観の関連が高い傾向があると報告されている（Fischer & Boer, 2015）。

2 パーソナリティ特性と価値観の関連の仕方

　価値観がパーソナリティ特性と社会・心理的変数との関連を媒介するとの報告はいくつかあるが，その逆は少ないようである（cf. Vecchione et al., 2019）。価値観がパーソナリティ特性と諸変数間の媒介変数として働くとする知見は，2時点間の縦断研究でも報告されている（Caprara et al., 2009, 2012）。さらに，4年間隔で3回行われた縦断調査データを交差遅延モデルで検討した研究でも，協調性・調和性の高さが博愛の上昇を，開放性の高さが自立の上昇を予測するという結果が得られている（Vecchione et al., 2019）。

第**8**章

Big Fiveと
他の心理学的特性との関連

8-1

ポジティブ特性：自尊感情，主観的幸福感，楽観性，レジリエンス，マインドフルネス，コーピング，動機づけ

上野雄己 ● 東京大学

本節ではポジティブ特性である自尊感情，主観的幸福感，楽観性，レジリエンス，マインドフルネス，コーピング，動機づけと Big Five の関連を紹介する。ポジティブ特性と Big Five の関連の詳細については**表 8-1** に示す。

1 自尊感情

自尊感情（self-esteem）は自分自身に対する肯定的な態度を表す個人差特性であり（Rosenberg, 1965），どの程度自分自身のことを全体として肯定的にとらえているのかの程度を指す。自尊感情が高い人は肯定的な自己認識をもっており，自分自身を価値ある人間だととらえている人といえる（小塩，2018）。こうした自尊感情は情緒的な安定性に結びつくこと（神経症傾向が低いこと）や，外向性や勤勉性・誠実性の高さに関連するような特徴をもっていることが明らかにされている（Robins et al., 2001）。

2 主観的幸福感

主観的幸福感（subjective well-being）は人生全般に対する満足を含む広範な概念である（Diener et al., 1999）。主観的幸福感の高い人は神経症傾向が低く，勤勉性・誠実性が高い特徴があるが，自尊感情と比して，Big Five との相関係数は全体的に低い傾向がみられる（DeNeve & Cooper, 1998）。自分は幸せであるという感覚は身の回りの影響，すなわち自分が置かれた社会的な状況に左

表8-1　ポジティブ特性とBig Five

変数	神経症傾向	外向性	開放性	協調性・調和性	勤勉性・誠実性
自尊感情 [1] (Robins et al., 2001)	−.50	.38	.17	.13	.24
主観的幸福感 [2] (DeNeve & Cooper, 1998)	−.22	.17	.11	.17	.21
楽観性 [3] (Sharpe et al., 2011)	−.52	.42	.23	.37	.37
レジリエンス [4] (Oshio et al., 2018)	−.41	.40	.28	.27	.42
マインドフルネス [5] (Giluk, 2009)	−.58	.15	.20	.30	.44
コーピング [6] (Connor-Smith & Flachsbart, 2007)					
問題焦点型コーピング	−.13	.20	.14	.09	.30
情動焦点型コーピング	.22	.08	.10	−.09	−.13
動機づけ [7]：目標設定 (Judge & Ilies, 2002)	−.29	.15	.18	−.29	.28

注1：自尊感情の数値は1つのデータセット（*N* = 326,641）の相関係数
注2：主観的幸福感の数値は41から115のデータセットをメタ分析して統合された相関係数
注3：楽観性の数値は著者がSharpe et al.(2011)で報告されている5つのデータセット（*N* = 4,332）を用いて，データセット内で楽観性もしくはBig Fiveの尺度を2つ以上使用している場合には当該変数の相関係数の平均を算出し（情緒安定性の場合には符号を反転），統計解析プログラムR（R Development Core Team, 2021）のmeta（Schwarzer, 2007）パッケージによってメタ分析して統合された相関係数
注4：レジリエンスの数値はエゴ・レジリエンスを除外した12から21のデータセットをメタ分析して統合された相関係数
注5：マインドフルネスの数値は7から18のデータセットをメタ分析して統合された相関係数
注6：コーピングの数値は8から97のデータセットをメタ分析して統合された相関係数（問題焦点型［problem solving］，情動焦点型［mixed emotion focus］以外のコーピングは論文参照）
注7：動機づけ（目標設定に対する動機づけ：goal-setting motivation）の数値は4から19のデータセットをメタ分析して統合された相関係数（期待や自己効力感に対する動機づけは論文参照）

右されやすいと考えられ（小塩，2018），相関係数の低さは主観的幸福感の特徴を反映しているのかもしれない。

3　楽観性

楽観性とはポジティブな結果を期待する傾向を指す個人差特性である

(Scheier & Carver, 1985)。楽観性とBig Fiveの相関係数のパターンは自尊感情と比較的類似し，楽観性が高い人は神経症傾向が低く，外向性の高さに加えて，勤勉性・誠実性や協調性・調和性が高いという特徴がある（Sharpe et al., 2011）。ポジティブ感情は神経症傾向の低さと外向性の高さで説明されるが（Cordaro et al., 2021），将来よい結果が起きるだろうと期待する楽観性も同様のパーソナリティ次元と関連を示し，さらに協調的で勤勉な側面も含まれる傾向がみられる。

4 レジリエンス

レジリエンスとは精神的な落ち込みからの回復を導く心理的特性である（小塩他，2002）。レジリエンスが高い人ほど，身体的・精神的な健康状態が良好で，困難な状況から立ち直れるための心的準備性が高いとされる（小塩他，2021）。Big Fiveとの関係は神経症傾向が低く，その他の4つの特性が高い特徴がある（Oshio et al., 2018）。このような相関係数の特徴はBig Fiveを1因子に集約した際にみられる構造（GFP：cf. §6-1, §6-2）と同じであり，社会で求められる特性であることが考えられる。

5 マインドフルネス

マインドフルネスとは意図的に，いまこの瞬間に，評価や判断をせずに注意を向けることによって現れる気づき（Kabat-Zinn, 1994）を指す。マインドフルネスが高い人は自己制御が高く感情が安定しており，心理的症状（抑うつや不安など）や思考抑制が低いとされる（Baer et al., 2006）。マインドフルネスの高さは，神経症傾向が低く，協調的・調和的で勤勉性・誠実性が高いという特徴をもっている（Giluk, 2009）。Big Fiveとの相関パターンは感情の安定性や共感性，自己制御の高さといったマインドフルネスの特徴を反映しているといえる。

6 コーピング

コーピング（coping）とはストレスを対処するための行動を指す（Lazarus &

Folkman, 1984)。コーピングは問題焦点型コーピング（problem-focused coping：問題解決のために対策を講じ論理的に対処）と情動焦点型コーピング（emotional-focused coping：自分自身の感情に対する対処）の大きく2つにわけられる（Lazarus & Folkman, 1984）。外向性や勤勉性・誠実性が高い人は前向きに計画を立て能動的に問題対処する傾向がみられ，一方で情緒的に不安定な（神経症傾向が高い）人ほど，情動的な対処が多い（Connor-Smith & Flachsbart, 2007）。

7 動機づけ

動機づけ（motivation）とは「行動が生起し，維持され，方向づけられるプロセス全般」を指す（鹿毛，2012）。動機づけの理論はさまざまあるが，そのひとつに目標設定理論（Goal setting theory：意識的な目標設定が人の行動を変容させる）がある（Locke et al., 1981）。情緒不安定で協調性・調和性が高い人ほど，目標設定に対する動機づけは低いとされる（Judge & Ilies, 2002）。一方で，計画的で自制心の高さを反映する勤勉性・誠実性は，目標設定に対する動機づけの高さに関連するという特徴がある。

8 まとめ

以上のように，Big Five とポジティブ特性の間には一定の相関関係がみられているが，ポジティブ特性間で Big Five の5つの次元に関連を示す相関パターンは異なることが示されている。すなわち，各ポジティブ特性間で概念として共通要素がありつつも独自性があるといえ，Big Five との関連からみることで特性間の差異を理解することができる。一方で，本節であげた研究の多くは海外の研究による知見であり，日本人を対象とした場合の解釈には留意したい。加えて研究によってはすでに検証が試みられているが，年齢や性別，人種，社会的望ましさなどを調整変数とした場合，2変数の相関関係の向きや大きさが異なることも考えられるため，解釈には十分注意したい。

8-2

ネガティブ特性：抑うつ，不安，反社会的行動，攻撃性，疲労，バーンアウト

阿部晋吾 ● 関西大学

　ネガティブな特性として，ここでは抑うつ，不安，反社会的行動，攻撃性，疲労，バーンアウトを取り上げ，Big Five との関連を検討したメタ分析の結果を中心に概説する。

1　抑うつ，不安

　Hakulinen et al.（2015b）は，地域住民を対象とした10件の前向きコホート研究の総計約12万人のデータを用いて，Big Five と抑うつ症状のリスクとの関連についてメタ分析を行った。まず横断的分析では，低い外向性，高い神経症傾向，低い勤勉性・誠実性が抑うつ症状と関連することが示された。さらに，ベースラインの抑うつ症状で調整した縦断的分析（平均追跡期間5.0年）でも，同様の関連が認められた。すなわち，ベースライン時の低い外向性，高い神経症傾向，低い勤勉性・誠実性は将来の抑うつ症状の上昇と関連することが示された。また反対に，抑うつ症状は，外向性，協調性・調和性，勤勉性・誠実性，開放性の低下と，神経症傾向の上昇という性格の変化とも関連した。つまり，Big Five は抑うつ症状の発現に影響するとともに，抑うつ症状もまた，Big Five の変化に影響するともいえる。

　また Kotov et al.（2010）は，Big Five と抑うつ障害，不安障害，物質関連障害との関連についてメタ分析を行った。その結果，対象となったすべての障害群において神経症傾向が高く，勤勉性・誠実性が低いことが示された。また，多くの障害において外向性は低く，その中でも効果量が大きかったのは，気分

変調症と社交不安症であった（病理的特性との関連については §8-3 も参照）。

2 反社会的行動，攻撃性

Miller & Lynam（2001）はメタ分析の手法を用いて，比較的広範に定義された反社会的行動（犯罪や暴力行為など）とパーソナリティとの関係を検討した。なおここでのパーソナリティには Big Five 以外にも Eysenck モデル（cf. §7-1）や Cloninger モデル（cf. §7-3）なども対象に含まれていた。既存の研究の包括的なレビューにより，関連する 59 の研究が得られた。8 つの次元が反社会的行動と中程度の関係をもち，これらの次元はすべて Big Five の協調性・調和性の低さ，または勤勉性・誠実性の低さとして理解することができるものであった。

また Miller et al.（2003）では，パーソナリティが反社会的行動にどのように関連しているかをより正確に把握することを試みた。具体的には，Big Five のうち神経症傾向，協調性・調和性，勤勉性・誠実性の 3 次元と，問題行為の安定性，問題行為の多様性，問題行為の発生，攻撃性，反社会的人格障害症状の 5 つの結果変数との関連を検討した。この 3 つの性格特性は，反社会的行動と一貫した関係をもつことから調査の対象として選ばれた。その結果，5 つの結果変数のすべてにもっとも一貫して関連しているのは，協調性・調和性のファセットであることが示唆された。ただし，神経症傾向，勤勉性・誠実性のファセットのいくつかも有意に寄与していた。全体として，低い実直さ（協調性・調和性のファセット），低い応諾（協調性・調和性のファセット），低い慎重さ（勤勉性・誠実性のファセット）の 3 つが，もっとも強く一貫した予測因子として際立っていた。

さらに Jones et al.（2011）は Big Five と反社会的行動および攻撃行動との関連についてメタ分析を行った。その結果，協調性・調和性の低さ，勤勉性・誠実性の低さ，神経症傾向の高さがこれらの結果変数ともっとも一貫した関係を示すことが示された。ファセットのレベルでは，協調性・調和性における低い実直さ，低い応諾，低い利他性，勤勉性・誠実性における低い慎重さ，神経症傾向における高い敵意，外向性における低い温かさが強い関連を示した。

3 疲労

　Stephan et al.（2022b）は，7つの研究のメタ分析によって Big Five と疲労との横断的および縦断的な関連性を検討した。対象者は16 ～ 104 歳の範囲で総計は 40,000 人を超えるデータである。年齢や性別などの個人属性，性格特性，疲労がベースラインで測定され，5 ～ 20 年後に再び疲労が測定された。その結果，神経症傾向が高いほど，同じ時点での疲労が高く，将来の疲労も高いことが明らかとなった。また，神経症傾向ほど関連は強くないものの，外向性，開放性，協調性・調和性，勤勉性・誠実性の低さは，その時点での疲労および将来の疲労の高さと関連がみられた。自己評価による健康状態と運動不足は，これらの関連性を部分的に説明したが，年齢や性別についてはこれらの関連性にほとんど影響していなかった。神経症傾向が高く，外向性，開放性，協調性・調和性，勤勉性・誠実性が低いことは，疲労の危険因子となるといえる。

4 バーンアウト

　バーンアウトは燃え尽き症候群ともいわれ，ストレスフルな職場環境に長期間さらされることで仕事に対してネガティブな感情反応を示すことをいう。バーンアウトを測定する代表的な尺度として Maslach Burnout Inventory（MBI）があり，この尺度は3つの次元（情緒的消耗感，脱人格化，個人的達成感）からなる。Alarcon et al.（2009）はメタ分析によって，種々のパーソナリティとバーンアウトとの関連を検討した。その結果，自尊心や自己効力感などとともに，Big Five の各次元もバーンアウトと関連することが明らかとなった。とくに，神経症傾向の高さは情緒的消耗感と脱人格化の高さと関連し，外向性の高さは個人的達成感の高さと関連していた。

　Swider & Zimmerman（2010）は Big Five とバーンアウトの3次元，および欠勤，離職，職務遂行との関係についてのメタ分析を行った。この研究ではバーンアウトの3次元間にも因果関係が想定されたパスモデル（情緒的消耗感が脱人格化と個人的達成感に影響し，個人的達成感が情緒的消耗感に影響する）が

用いられているが，Big Five の各特性はこれら 3 次元と関連していた。とくに，神経症傾向の高さと外向性の低さは情緒的消耗感の高さと関連し，反対に神経症傾向の低さと外向性の高さは個人的達成感の高さと関連していた。また，協調性・調和性の低さは脱人格化の高さと関連していた。さらに，Big Five と欠勤との関連については，両者の関連をバーンアウトの情緒的消耗感が完全媒介するというモデルが支持された。また，離職に対してはバーンアウトの脱人格化が Big Five との関連を部分媒介する以外に，勤勉性・誠実性と協調性・調和性の低さおよび開放性の高さが直接関連するというモデルが支持された。

5 その他（欠勤，離職など）

Salgado（2002）は Big Five が欠勤（遅刻も含む），事故，逸脱行動（窃盗，薬物乱用，器物損壊，規則違反など），離職といった非生産的な行動の予測因子であるかどうかをメタ分析した。その結果，勤勉性・誠実性の低さが逸脱行動の高さを予測し，神経症傾向の高さと，勤勉性・誠実性，協調性・調和性，外向性，開放性の低さが離職を予測することが示された。しかしながら，Big Five はいずれも欠勤および事故の予測因子とはならないことが明らかとなった。

Zimmerman（2008）はメタ分析によって，Big Five が個人の離職意図と実際の離職に影響を与えるかを検討した。神経症傾向の高さは従業員の離職意図をもっともよく予測し，一方，勤勉性・誠実性と協調性・調和性の低さは，実際の離職をもっともよく予測した。パス解析の結果，職務満足度や職務遂行能力だけではとらえられない，Big Five からの離職意図や実際の離職への重要な直接効果が示された。これらの直接効果は，神経症傾向が高い社員は，仕事への不満や仕事がうまくいかないこと以外の理由で退職の意思をもつ可能性があることを示している。また，実際の離職への直接効果は，協調性・調和性が低い人や開放性が高い人は，計画的でない退職をする可能性があることを示唆している。

8-3

病理的特性：完全主義とパーソナリティ障害

坪田祐基 ● 愛知淑徳大学

　本節では，Big Five と病理的特性との関連について，完全主義と DSM に記載のパーソナリティ障害を取り上げて解説する。

1　完全主義とは

　完全な成果を求めて努力することは一見望ましいことのように思えるが，完全な成果は究極的に得られるものではなく，個人は失敗ばかりを経験することになる。また，わずかな失敗を恐れて物事に取り組むことができなくなる可能性もある。

　このような問題は，「完全主義（perfectionism）」という性格特性として概念化されており，「完全主義とは，完全性への希求であり，完全主義者とは，生活のあらゆる側面で完全でありたいと思う人々である」（Flett & Hewitt, 2002, p.5）と定義されている。完全主義は，抑うつや不安障害，摂食障害，自殺傾向，アルコール依存，心身症などのさまざまな心理・生理的問題との関連が指摘されている（Flett et al., 1991）。

2　完全主義の多次元性

　完全主義は，もともと１次元の不適応的な性格特性として概念化された（Burns, 1980）。しかし，近年では複数の次元によって構成されるという考え方が優勢であるとみられる。

次元がどのように定義されるかは尺度によって異なる。たとえば，Frost et al. (1990) が作成した「Frost Multidimensional Perfectionism Scale (F-MPS)」は，「自分に高い基準を設ける傾向 (personal standard)」，「ミスを恐れる傾向 (concern over mistakes)」，「自分の行動に漠然とした不安を感じる傾向 (doubting of actions)」，「秩序正しさを重んじる傾向 (organization)」，「両親の高い期待 (parental expectations)」，「両親の厳しい批判 (parental criticism)」の6つの下位尺度から構成されている。このうち，自分に高い基準を設ける傾向は適応的であり，「ミスを恐れる傾向」と，「自分の行動に漠然とした不安を感じる傾向」は不適応的であることが示唆されている。

国内では，F-MPS をもとに，桜井・大谷 (1997) によって「多次元自己志向的完全主義尺度 (Multidimensional Self-oriented Perfectionism Scale：MSPS) が作成されている。MSPS は，「完全でありたいという欲求（完全性欲求）」，「自分に高い目標を課する傾向（高目標設定）」，「ミス（失敗）を過度に気にする傾向（失敗懸念）」，「自分の行動に漠然とした疑いを持つ傾向（行動疑念）」の4つの下位尺度から構成されていた。抑うつ傾向・絶望感との関連を検討したところ，「高目標設定」とは負の，「失敗懸念」・「行動疑念」とは正の関連がみられた。

以上のように，尺度によってさまざまな次元が定義されているが，近年，これらは「完全主義的懸念 (perfectionistic concerns)」と「完全主義的努力 (perfectionistic striving)」の大きく2つの次元にまとめられるという見方が提案されている (e.g. Bieling et al., 2004)。

「完全主義的懸念（評価懸念的完全主義・不適応的評価懸念）は，失敗恐怖 (Frost et al., 1990；Hill et al., 2004)，能力・成果への慢性的な疑念 (Frost et al., 1990)，他者が自分に完全性を求めていると感じること (Hewitt & Flett, 1991)，自らの基準と成果に乖離を感じること (Slaney et al., 2001)」(Stricker et al., 2019, p.177) と定義され，完全主義の不適応的な側面を担っている。

一方，「完全主義的努力（高目標完全主義・積極的努力完全主義）は，非常に高い期待を抱く傾向と，完全であることは重要であるという信念からなる特性群として概念化される (Frost et al., 1990；Hewitt & Flett, 1991；Hill et al., 2004；Slaney et al., 2001)」(Stricker et al., 2019, p.177)。完全主義的努力は，完全主

の適応的な側面を担っている[1]。

3 完全主義とBig Fiveとの関連

完全主義とBig Five との関連について，Stricker et al. (2019) は，63 研究，72 個の標本を対象としたメタ分析を行い，その結果について，以下のようにまとめている。

完全主義的懸念は，神経症傾向と中程度の正の相関が，外向性および協調性・調和性とは弱い負の相関が，勤勉性・誠実性および開放性とはきわめて弱い負の相関がみられた。また，完全主義的努力は，勤勉性・誠実性と中程度の正の相関が，開放性，神経症傾向，外向性とはきわめて弱い正の相関がみられたが，協調性・調和性とは関連がみられなかった。また，完全主義的懸念と完全主義的努力でそれぞれお互いを統制すると，ほとんどの変数間の関連の正負はそのままに，絶対値が大きくなった。ただし，完全主義的努力と神経症傾向の関連については，統制前はきわめて弱い正の相関であったが，統制後はきわめて弱い負の関連，もしくは関連なしとなった（表8-2）。

これらの結果から，完全主義的懸念は神経症傾向ともっとも強く関連していることが示唆され，完全主義的懸念の高い人は情緒不安定で，負の感情を経験しやすいという記述（Dunkley et al., 2012）と一致する結果が得られた。一方で，完全主義的懸念と神経症傾向が弁別できるかについても議論されている（e.g. Mahaffey et al., 2016；Naragon-Gainey & Watson, 2018）が，完全主義的懸念と勤勉性・誠実性との相関は $r = -.111$ であり，神経症傾向と勤勉性・誠実性との相関（$r = -.32$）（Van der Linden et al., 2010）よりも絶対値が小さい。このことから，神経症傾向は，完全主義的懸念より不注意や無秩序性とより強く関連していることが示唆される。また，外向性や協調性・調和性との負の関連は，

---

1 完全主義的努力は，適応・不適応の両面との関わりがみられる（適応的側面：e.g. ポジティブ感情［Damian et al., 2014］，学力［Rice et al., 2014］，自尊心［Grzegorek et al., 2004］；不適応的側面：e.g. ネガティブ感情［Dunkley et al., 2014］，自己批判［Dunkley et al., 2006a, b］）。だが，完全主義的懸念の影響を統制すると，適応的な変数との関連は強くなる一方で，不適応的な変数との関連は弱くなるか，完全になくなる（Stoeber & Otto, 2006）。そのため，完全主義的努力は，本来完全主義の適応的な側面であり，不適応的な側面は，完全主義的懸念との交絡の結果であると考えられる。

表 8-2　完全主義と Big Five との関連（Stricker et al., 2019, p.183, Table 1; p.186, Table 3 より一部引用・改変）

	完全主義的懸念		完全主義的努力	
	相関係数 （r）	標準化 偏回帰係数 （β）	相関係数 （r）	標準化 偏回帰係数 （β）
外向性	-.198	-.239	.067	.143
	[-.231, -.165]	[-.277, -.204]	[.029, .106]	[.102, .187]
神経症傾向	.383	.390	.090	-.036
	[.351, .414]	[.359, .422]	[.058, .121]	[-.075, .001]
開放性	-.087	-.128	.121	.160
	[-.119, -.054]	[-.168, -.090]	[.061, .181]	[.102, .219]
協調性・調和性	-.198	-.213	.002	.063
	[-.232, -.165]	[-.250, -.177]	[-.056, .061]	[.007, .121]
勤勉性・誠実性	-.111	-.223	.368	.419
	[-.014., -.081]	[-.268, -.181]	[.330, .405]	[.378, .462]

注：[ ] 内は 95％信頼区間

　完全主義的懸念が社会的不調和や他者との断絶感を伴うという仮説を支持するものである（Sherry & Hall, 2009）。

　一方，完全主義的努力は，勤勉性・誠実性ともっとも強く関連していた。完全主義的努力を勤勉性・誠実性と弁別できるかについても議論がある（Greenspon, 2000）が，相関は $r = .368$ であり，中程度にとどまっていた。他にも，勤勉性は神経症傾向と負の相関（$r = - .32$）を示す（Van der Linden et al., 2010）が，メタ分析ではきわめて弱いながらも，完全主義的努力と神経症傾向との間に有意な正の相関（$r = .090$）がみられた。これらの結果は，完全主義的努力と勤勉性・誠実性を区別するものである。また，開放性との間に弱いながらも正の相関（$r = .121$）を示したことから，高い目標を追求するためには，ある程度の好奇心・創造性・想像力が必要であることが推察される。そして，完全主義的懸念とは異なり，完全主義的努力が社会的不調和や断絶感と関連することを示す結果は得られなかった。それどころか，きわめて弱いながらも外向性と有意な正の相関がみられている。このことからも，完全主義的努力と完全主義的懸念の性質の違いが示唆されている。

完全主義的懸念から完全主義的努力の効果を統制すると，より神経症的に，内向的に，非開放的に，勤勉性・誠実性は低く，非協調的・非調和的になったことから，概して不適応的な働きがより強くなったと考えられる。一方，完全主義的努力から完全主義的懸念の効果を統制すると，外向性，開放性，勤勉性・誠実性，協調性・調和性とより強く関連するようになった。また，神経症傾向との弱いながらも正の関連は，ほとんどなくなった。このことから，完全主義的懸念とは反対に，概して適応的な関連が強くなったと考えられる。とくに，神経症傾向との正の関連が消失したことは，完全主義的努力と神経症傾向の関連が交絡によって生じていた可能性を示唆するものである。

4　国内におけるBig Fiveと完全主義の関連を扱った研究

国内において，Big Five と完全主義の関連の検討を主目的とした研究はみられない。関心のある従属変数を予測する独立変数として，Big Five と完全主義を同時に扱った研究はいくつかあるが，独立変数間の関連を記述したものはほとんどない。

西村（2013）は，大学生 184 人を対象に，曖昧さへの態度と完全主義の関連を調べる研究の中で，Big Five と完全主義（MSPS）との関連も検討している。その結果を表8-3 に示した。完全主義的懸念にあたると考えられる「失敗懸念」については，おおむね Stricker et al.（2019）のメタ分析と同様の結果となったが，完全主義的努力にあたる「高目標設定」については，Stricker et al.（2019）のメタ分析に比べて，外向性や開放性との関連の強さが目立って異なる結果となった[2]。

Big Five と完全主義の関連を検討することを主目的とした研究は国内には

2　日本人を対象とした西村（2013）の結果について，日本人は完全主義的努力と外向性や開放性との関連が実際に異なるのか，尺度の問題なのかが判然としない。本研究で用いられている MSPS（桜井・大谷，1997）は，国内でもっとも多く用いられている完全主義尺度のうちのひとつである。本尺度は F-MPS（Frost et al., 1990）をもとにしているものの，独自の項目や下位尺度があり，純粋な邦訳版ではない。2023 年現在，国内で用いられている完全主義尺度のうち，国際的に用いられている尺度は存在しておらず，完全主義研究はシンプルに国際比較を行うことができないガラパゴス状態に陥ってしまっている。この日本の現状は今後改善されるべきであると考えられる。

表8-3　国内における完全主義とBig Fiveの関連（西村，2013, p.108，Table 5 より一部引用・改変）

	失敗懸念	高目標設定
外向性	-.26***	.28***
神経症傾向	.48***	.18*
開放性	-.07	.38***
協調性・調和性	-.20**	.11
勤勉性・誠実性	-.03	.25**

注：*$p<.05$，**$p<.01$，***$p<.001$

ない。「真面目である」と評される日本人にとって，完全主義は世界的にも特異な状況にある可能性がある。そのため，国内での完全主義とBig Fiveの関連を検討する研究を行うことは，喫緊の課題としてあげることができるだろう。

5　Big FiveとDSMにおけるパーソナリティ障害との関連

最後に，その他の病理的特性として，DSMにおけるパーソナリティ障害とBig Fiveとの関連を示す。

Samuel & Widiger（2008）はDSM-IV-TRにおけるパーソナリティ障害とBig Fiveとの関連について，18個の標本を対象としたメタ分析を行った。その結果を表8-4に示す。パーソナリティ障害の種類によって，関連の強いBig Fiveの特性が異なっていることがみてとれる。

完全主義ととくに関係の深い強迫性障害に着目すると，勤勉性・誠実性との正の相関が強い。他のパーソナリティ障害が勤勉性・誠実性とは負の相関を示していることを考慮すると，この点は強迫性障害の特異性であるといえる。完全主義の文脈では，勤勉性・誠実性はとくに完全主義的努力と正の相関がみられる。完全主義的努力は概して適応的な側面ではあるものの，強迫性障害とは近縁の関係にある可能性が示唆される。

以上のように，Big Fiveとさまざまな病理特性との関連を検討することによって，病理特性の特徴を理解するのに直接役に立つうえ，さまざまな病理特性を比較したり，その関連を検討したりする際に，Big Fiveは共通のものさ

表 8-4 Big Five とパーソナリティ障害の関連 (Samuel & Widiger, 2008, p.1330, Table 2 より一部引用・改変)

	外向性	神経症傾向	開放性	協調性・調和性	勤勉性・誠実性
妄想性	-.21	.40	-.04	-.34	-.11
シゾイド	-.46	.22	-.11	-.16	-.10
失調型	-.28	.38	.09	-.17	-.14
反社会性	.04	.18	.08	-.36	-.33
境界性	-.12	.54	.10	-.24	-.29
演技性	.33	.10	.15	-.11	-.11
自己愛性	.09	.11	.07	-.37	-.10
回避性	-.49	.52	-.08	-.07	-.16
依存性	-.15	.44	-.03	.08	-.20
強迫性	-.12	.18	-.04	-.05	.24

注：相関係数が.20 以上のものが太字で示されている

しの役割を果たしてくれる。さまざまな病理特性と Big Five の関連を検討することによって，病理特性間の網の目を広げておくことには一定の意義があるだろう。

8-4

認知的特性：知能，創造性，偏見，価値，信仰

三枝高大 ● 福島県立医科大学

1　はじめに

　パーソナリティ研究では，知能や人間の物事の知覚，認識といった認知的特性についての個人差も古くから扱われる研究テーマのひとつである。本節では，知能や創造性といった知的側面に関わるものだけではなく，偏見，価値，信仰といった社会的な側面に関わる諸特性を取り上げている。人びとの社会での成功や社会生活に深く関わるこれらの話題についても Big Five パーソナリティによる研究が行われてきた。Big Five パーソナリティとこれらの関連性について，メタ分析による研究を中心に順に紹介していく。

2　Big Five パーソナリティと知能，創造性

　パーソナリティと知能の関係について，初期のパーソナリティ研究では，知能はパーソナリティの認知的側面とみなされており（Brody, 1992；Cattell, 1941；Eysenck, 1997），また知能検査の開発者である Wechsler（1949, 1950）は，知能とパーソナリティは互いに切り離すことのできないものと考えていた。しかし，両者の間に正の相関はくり返し確認されているものの，その関連は大きなものではなく，また，現在では心理学者の多くはパーソナリティと知能は異なるものとみなしている（Maltby et al., 2007）。ただし，パーソナリティと知能を統合してとらえる理論の構築も試みられている（e.g. DeYoung, 2020）。

Big Five パーソナリティの 5 因子の中でも知能と関わり深い因子が，好奇心，創造性，新しいアイデアを探求する意欲といった幅広い知的態度が含まれている経験への開放性である。Ackerman & Heggestad（1997）によるメタ分析において，経験への開放性と知能に $r = .33$ の正の相関が報告されているように，メタ分析研究は，両者に比較的高い相関関係があることを示している（Ackerman & Heggestad, 1997；Harris, 2004；Chamorro-Premuzic et al., 2005；Moutafi et al., 2006）。その他の因子については，神経症傾向と知能の間に負の相関を報告した研究がある（Ackerman & Heggestad 1997；Austin et al., 2000）。この関連の理由については，神経症傾向の高い人びとでは知能テスト実施時の不安がテスト成績の低下と関係している可能性が考察されている（DeYoung, 2020）。知能と外向性の関係については一貫した関連性が確認されていない。Ackerman & Heggestad（1997）では両者に $r = .08$ という正の小さな相関が報告されているものの，Wolf & Ackerman（2005）のメタ分析では 2000 年以降の両者の間に負の関連を報告している。勤勉性・誠実性については Ackerman & Heggestad（1997）のメタ分析では知能と有意な相関を示さなかったものの，Moutafi et al.（2004）では有意な負の相関が報告されている。協調性・調和性については知能との関連は示されていない（Ackerman & Heggestad, 1997；Chamorro-Premuzic & Furnham, 2005）。

　その他の知的側面として創造性との関係について取り上げると，創造性には神経症傾向の高さ，勤勉性・誠実性，協調性・調和性，外向性の低さが関連することが確認されているものの，とくに関連する因子はやはり，好奇心，創造性，新しいアイデアを探求する意欲といった幅広い知的態度が含まれている経験への開放性である（Feist, 1998；Goldberg, 1993a）。Feist（1998）は，芸術家たちと科学者たちのパーソナリティ特性についてのメタ分析を実施している。このメタ分析では科学者たちと非科学者たち，創造的な科学者たちと創造的でない科学者たち，芸術家たちと非芸術家たちの 3 つのグループ内においてパーソナリティ特性が比較されている。その結果，科学者たちと非科学者たちにおいてはおもに経験への開放性，そして，外向性，勤勉性・誠実性に違いがあり，科学者たちでは自信がある，安定している，勤勉，支配的，懐疑的，規律正しいという特徴を報告している。創造的な科学者たちは創造性の低い科学者たち

に比べて，高い外向性と経験への開放性を示していた。芸術家たちは非芸術家よりも勤勉性・誠実性が低く，開放性が高いことが報告されている。Chamorro-Premuzic & Furnham（2005）は，創造性に神経症傾向，外向性，開放性が正の相関を示し，協調性・調和性と勤勉性・誠実性が負の相関を示しているものの，創造性の個人差を十分に説明するためには，パーソナリティ特性だけではなく，知能についても考慮する必要性を指摘している。

3 Big Fiveパーソナリティと偏見，価値，信仰

　パーソナリティと偏見の関連を示した初期の研究については，Adorno et al.（1950）やAllport（1954）による権威主義的パーソナリティの理論がよく知られている。この権威主義的パーソナリティは，のちにAltemeyer（1998）によって右翼的権威主義と社会的支配志向性の2つの特性によって研究されるようになった。Sibley & Duckitt（2008）は，Big Fiveと右翼的権威主義，社会的支配志向性，偏見との関連についてのメタ分析を行っている。Big Fiveの因子の中でもおもに開放性と協調性・調和性がこれらと負の関連を示していた。開放性は，右翼的権威主義と中程度，社会的支配志向性と小程度，偏見と中程度の負の関連を示していた。協調性・調和性は，社会的支配志向性と中程度，偏見とは小から中程度の負の関連を示していた。勤勉性・誠実性についても右翼的権威主義と負の関連があったが，その関連性は小さなものであった。使用するBig Fiveの測定尺度によって，それらの効果量の大きさに違いはあったものの関連の方向性に違いはみられていない。

　パーソナリティ特性と価値観は概念的に類似しているものの，パーソナリティ特性に比べて，価値観は認知的側面を重視したものである（Bilsky & Schwartz, 1994；Hitlin & Piliavin, 2004；Parks & Guay, 2009）。パーソナリティ特性は行動・反応を要約して記述するという側面が大きい一方で，価値観は動機づけのような認知的側面を扱ったものであり，必ずしも行動に反映されるものではない（Roccas et al., 2002）。価値観は基本的には認知的なものであるがパーソナリティ特性の認知的側面の程度は，特性によって違いがある（e.g. Schwartz & Bilsky, 1987）。Parks-Leduc et al.（2015）は，価値観は認知的なも

のであることから（Roccas et al., 2002），価値観との関連は，認知的側面の大き
いパーソナリティ特性において大きく，感情的側面の大きいパーソナリティ特
性において小さいものであることを予想し，個人的価値観と Big Five（5 因子
モデル）との関連性についてのメタ分析を実施している。メタ分析の結果，認
知的側面の大きい因子である開放性と協調性・調和性が多様な価値観と一貫し
て強い関係を示し，感情的側面の大きい神経症傾向と価値観との関連は全般的
に弱いものであった。外向性および勤勉性・誠実性については，その関連は一
部の価値観に限定されていた。

　信仰の個人差についてもパーソナリティ特性による検討が行われてきた。
Saroglou（2002）は Big Five パーソナリティ（5 因子モデル）と信仰に関する
諸指標との関連についてのメタ分析を行っている。メタ分析の結果，信仰（宗
教的行動）はおもに協調性・調和性，勤勉性・誠実性，そして外向性の 3 因子
と関連していることが報告されている。霊的成熟は 5 つの因子すべてと関連し
ており，外発的宗教性は神経症傾向と正の関連を示した。宗教的原理主義は，
勤勉性・誠実性を除くすべての因子と関連していた。信仰と Big Five（5 因子
モデル）は，効果量は全体として大きくはないものの，スピリチュアリティに
関わる尺度では，開放性と協調性・調和性と関連し，信仰は協調性・調和性，
勤勉性・誠実性と関連している傾向があった。Piedmont & Wilkins（2013）は
Saroglou（2002）のこうした結果について，スピリチュアリティと宗教性は，
他者への思いやりのある態度という点で共通している（Hill & Pargament,
2003）一方で，スピリチュアリティが超越的なものを求めるという，好奇心を
伴うのに対し，信仰には，勤勉に真面目な態度で取り組む活動が多く含まれて
いることを反映した結果であると考察している。

　これらの Big Five パーソナリティによる認知特性研究は，それぞれが異な
る内容を扱っていながらも 5 因子の中でも認知的側面の大きい因子である開放
性が大きな役割を果たしていることを示唆している。ただし，ここで紹介した
諸研究結果は国外で検証されたものである。今後，国内での認知特性を扱った
研究の蓄積と蓄積された研究結果を用いたメタ分析による系統だった検討が行
われることが望まれる。

第 **9** 章

Big Fiveと日常生活場面

9-1

学校場面：学業成績，学業行動，いじめ

阿部晋吾 ● 関西大学

　学業成績と Big Five との関連は盛んに研究されており膨大なデータの蓄積がある。ここではいくつか行われているメタ分析の結果を中心に，教育段階での違いや，評価方式（自己評価か他者評価か）による違いについても紹介する。また，欠席や宿題などの学業に関する行動や，いじめについてのメタ分析にも触れる。

1　全般的な傾向

　Poropat（2009）のメタ分析によると，全般的に学業成績の高さは，協調性・調和性，勤勉性・誠実性，開放性の高さと関連することがあることがわかっている。Vedel（2014）も大学および大学院での GPA（Grade Point Average：成績平均値）を対象にメタ分析を行い，協調性・調和性，勤勉性・誠実性，開放性の３つが有意に相関していることを明らかにしており，とくに勤勉性・誠実性は GPA のもっとも強い予測因子であることを示している。McAbee & Oswald（2013）も，GPA をもっとも強く予測するのは勤勉性・誠実性であり，それは NEO-PI-R，BFI，Markers，IPIP といったいずれの Big Five 尺度を用いた研究においても一貫してみられる傾向であることを明らかにしている。なお，学業成績と Big Five との関連を，職務上の成績との関連と比較したメタ分析（Zell & Lesick, 2022）では，勤勉性・誠実性の関連の強さは学業成績のほうが職務上の成績よりも大きいことが明らかとなっている（職務上の成績との関連の詳細については §9-2 を参照）。

2　教育段階による違い

　Mammadov（2022）においても，勤勉性・誠実性は学業成績の強力かつ頑健な予測因子となることが明らかとなっている。加えて，この研究ではBig Fiveが学業成績に及ぼす影響が教育段階によって異なることも示されており，開放性，外向性，協調性・調和性は，小中学校段階において，それ以降の教育段階よりも学業成績に対して大きな効果量を示し，それぞれが高いほど学業成績が高いという関連が明らかとなった。

　高校以降の学業成績を扱ったメタ分析（O'Connor & Paunonen, 2007）では，とくに勤勉性・誠実性は学業成績ともっとも強く一貫した関係をもつことが示された。その一方で，開放性は学業成績と正の相関を示すことがあり，外向性は負の相関を示すことがあったが，これら2つの次元に関する結果は研究によって一貫しなかった。Noftle & Robins（2007）では，勤勉性・誠実性は高校と大学のGPAの両方でもっとも強い予測因子である一方で，開放性はSAT（アメリカの大学進学のための標準テスト）の言語得点のもっとも強い予測因子であることが明らかとなった。Vedel et al.（2015）は，勤勉性・誠実性と開放性は，大学の一部の専攻分野においてはGPAのよい予測因子となるが，他の専攻分野では必ずしもそのような関連はみられないことを明らかにしている。Gatzka & Hell（2018）においては開放性のうち，2つのファセットのみ（価値とアイデア）が学業成績の正の予測因子であること，開放性のうち知的な開放性に関わる側面は学業成績に対して正の効果をもつが，感覚的・美的な開放性に関わる側面は負の効果をもつこと，開放性と学業成績の相関は使用する尺度や専攻分野によって異なることが示唆された。

　イギリスの大学生を対象に，Big Fiveと学業成績との関連を縦断的に検討した研究もある。Chamorro-Premuzic & Furnham（2003）は神経症傾向と勤勉性・誠実性が，3年後の最終試験の総合点の全分散のうちの10%を説明することを明らかにした。すなわち，神経症傾向は学業成績を低下させるが，勤勉性・誠実性は学業成績を向上させる可能性があることを示すものであった。なお，神経症傾向については，学業成績そのものとは関連しないが，学業満足度

とは関連がある（神経症傾向が高いほど学業満足度が低い）ことを示した研究も
ある（Trapmann et al., 2007）。

3　他者評価による Big Five との関連

　ここまでは自己評価にもとづくパーソナリティと学業成績との関連を扱う研
究であったが，他者評価にもとづくパーソナリティとの関連を検討した研究も
ある。Poropat（2014b）が行った他者評価による Big Five を対象としたメタ
分析では，学業成績と Big Five のすべての次元との相関はかなり高く，自己
評価にもとづくパーソナリティとの関連と比較して強いものであった。また，
小学生の学業成績を対象とした Poropat（2014a）においても，勤勉性・誠実性
と開放性は自己評価よりも保護者や教師による他者評価のほうが学業成績とよ
り強く相関していた。ただし，協調性・調和性は他者評価のほうが自己評価よ
りも相関が弱かった。

4　学業行動

　Hessen & Kuncel（2022）は中学生および高校生の学校生活におけるネガ
ティブあるいはポジティブな行動と Big Five との関連についてのメタ分析を
行った。その結果，欠席，宿題の不実施，クラス内での不適切行為（規則違反，
暴言・暴力行為）といったネガティブな行動には勤勉性・誠実性の低さが関連
していた。また不適切行為には勤勉性・誠実性の他に協調性・調和性の低さが
もっとも強く関連していた。一方，クラスへの積極的関与，クラス内での向社
会的行動といったポジティブな行動には勤勉性・誠実性，開放性，協調性・調
和性の高さが関連していた。

5　いじめ

　Mitsopoulou & Giovazolias（2015）は，パーソナリティといじめとの関係を
把握するために，文献レビューとメタ分析を実施した。Big Five の他に認知

的共感，感情的共感を測定し，いじめの加害および被害との関係を検討した研究をレビューの対象とした。その結果，協調性・調和性と勤勉性・誠実性が低いことと，外向性と神経症傾向が高いことが，いじめの加害と被害の両方に関連していることが明らかになった。この結果はやや直観に反する部分もあるが，他者への配慮が困難であること（協調性・調和性の低さ）や行動の抑制が困難であること（勤勉性・誠実性の低さ），また，他者と交流する機会が多いこと（外向性の高さ）やネガティブな感情を表出すること（神経症傾向の高さ）が，いじめの加害も被害も引き起こしやすくするのではないかと解釈されている。

9-2

職業場面：職業パフォーマンス，収入

下司忠大 ● 立正大学

　企業や官公庁などにおける新卒採用・中途採用・有期雇用の選考プロセスにおいて，採用担当者が着目する観点のひとつに，志望者の採用後の職業パフォーマンス（job performance）がある。職業パフォーマンスとは「被雇用者による，その組織の目標に結びつき，貢献をもたらしうる測定可能な行為・行動・成果」（Viswesvaran & Ones, 2000, p. 216, 筆者翻訳）のことを指す。採用担当者が志望者の採用後の職業パフォーマンスを事前に知ることができれば，高い職業パフォーマンスをもたらす志望者を選抜し，組織に利益をもたらすことができる。職業パフォーマンスを予測する変数としては，これまでに人口統計学的変数，知能，能力，パーソナリティ特性，創造性，認知スタイル，強みなどが取り上げられてきている（Furnham, 2008, 2021；Ones & Viswesvaran, 2011）。

　パーソナリティ特性による職業パフォーマンスの予測については Big Five を中心に古くから検討されており（Barrick & Mount, 1991；Tett et al., 1991），近年では複数のメタ分析を統合したメタ分析（メタ・メタ分析：Cleophas & Zwinderman, 2017）を行った知見も報告されている（Barrick et al., 2001；Zell & Lesick, 2022）。これらの知見によって明らかにされたのは，さまざまな職種にわたって，Big Five の中でも勤勉性・誠実性がもっとも強く，職業パフォーマンスの高さと関連するということである（Ones & Viswesvaran, 2011）。勤勉性・誠実性のセルフコントロールや計画性，責任感の強さといった特徴がほとんどの職業において重要な要素であるために，職業パフォーマンスの高さと関連すると考えられる（Barrick & Mount, 1991；Barrick et al., 2001）。また，（低い）神経症傾向も一貫してさまざまな職種における職業パフォーマンスの高さ

と関連することが示されており（Barrick & Mount, 1991；Barrick et al., 2001；Zell & Lesick, 2022），感情の安定性やストレスの感じにくさも，職業パフォーマンスにおいて重要であることが示唆される。

　勤勉性・誠実性や（低い）神経症傾向が職業パフォーマンスの高さと関連することをふまえれば，これらは収入の高さとも関連するのだろうか。Alderotti et al.（2021）はこれまでに報告されたBig Fiveと収入との関連をまとめ，メタ分析を行った。その結果，勤勉性・誠実性や（低い）神経症傾向は収入の高さと関連することが示された。そしてさらに，外向性や開放性，（低い）協調性・調和性も収入の高さと関連することを報告している。Big Fiveと収入の高さがなぜ関連するのかは不明な点が多いが（両者の媒介モデルを検討した研究についてはSpurk & Abele, 2011を参照），この両者の因果の方向性を検討するためにSutin et al.（2009）は縦断データにより，30〜40歳の若年層サンプルにおいて，外向性が10年後の収入の高さを予測することを示した。外向性はキャリアの初期において人脈を広げる役割を有するために，外向性が高い人びとほど昇進の機会が得られ，高い収入が得られる傾向にあると考えられる（Sutin et al., 2009）。

　収入との関連については未解明な部分があるものの，勤勉性・誠実性と（低い）神経症傾向が一貫して職業パフォーマンスの高さと関連を示していることから，一見すると日本の企業や官公庁などの採用担当者が志望者の勤勉性・誠実性と神経症傾向を測定することで効率よく選抜を行えるかのように思われるかもしれない。しかし，(1) 以上の知見の効果量がいずれも弱いことや，(2) 欧米圏の知見であるために日本人への適用可能性が不明瞭であること，(3) 採用試験の場合には偽装回答が増えること，の3点をふまえると，少なくとも現状においては，日本の企業や官公庁などの採用担当者がBig Fiveを利用することにはほとんど意義がないと考えられる。ただし，Big Fiveに対応する特定の行動パターンを要する職業のパフォーマンスにおいては効果量が高くなる可能性はあり，また，Big Fiveと職業パフォーマンスや収入との関連を検討することには理論的意義があるため（Furnham, 2008），今後もこの領域の研究知見を蓄積していくとともに，日本における研究知見を増やす必要があるだろう。

9-3

人間関係場面：親子関係，恋愛，友人関係，夫婦関係

橋本泰央 ● 帝京短期大学

1 Big Fiveと親子関係

　親のパーソナリティは養育行動を介して子どもの発達に影響を与える（Belsky, 1984）。Prinzie et al. (2009) は，親の養育行動を3つの次元に整理したうえで，Big Five との関連を明らかにするためのメタ分析を行った。3つの次元とは温かさ（愛情，よい感情，肯定的養育など），統制（指示，非一貫性［逆転］，緩さ［逆転］など），自立支援（意思の尊重，過干渉［逆転］，厳しい叱責［逆転］など）である。

　30研究をもとにした分析結果によれば，親の協調性・調和性と開放性は養育行動の3つの次元すべてと正の，神経症傾向は負の関連を示す。外向性と勤勉性・誠実性は温かさ，統制と正の関連を示すが，自立支援との間には有意な関連はみられないようである（**表9-1**）。これらの結果は子どもや養育者の性別

表 9-1　Big Five と養育行動・カップルの関係満足度との関連

	養育 (Prinzie et al., 2009) [a]			関係満足度	
	温かさ	統制	自立支援	(Heller et al., 2004)[b]	(Malouff et al., 2010)[c]
外向性	.14	.10	.03	.17	.06
協調性・調和性	.19	.10	.11	.29	.15
神経症傾向	−.17	−.14	−.10	−.29	−.22
勤勉性・誠実性	.11	.11	.03	.25	.12
開放性	.16	.10	.14	.10	.03

注：[a] K = 18-19, [b] K = 5-40, [c] K = 15-19

に左右されないものの，親子の年齢が高くなるほど協調性・調和性，神経症傾向と温かさの関連は小さくなる傾向があるとも報告されている。

また，縦断研究によって子どものパーソナリティ特性が親の養育行動に影響を与える側面を指摘した研究も報告されている（Van den Akker et al., 2014）。

2　Big Fiveと関係満足度

2つのメタ分析によれば，神経症傾向は恋愛関係満足度と負の，協調性・調和性や勤勉性・誠実性，外向性は正の関連を示す（**表9-1**：Heller et al., 2004；Malouff et al., 2010）。この傾向は，Big Five と関係満足度の報告者が同一人物であろうとなかろうと，変わらないようである。また，Big Five 測定対象者の性別や，婚姻関係の有無にも影響されないという（Malouff et al., 2010）。関係満足度との関連は神経症傾向がもっとも高いようであるが，この傾向は縦断研究を対象としたメタ分析（Karney & Bradbury, 1995）の結果とも合致する。

2者間データ（dyadic data）を対象とした研究の中にも，カップルの満足度に対する神経症傾向，協調性・調和性，勤勉性・誠実性の主体効果（actor effect）と客体効果（partner effect）を報告するものが多く，外向性と開放性には主体効果も客体効果も認めないとする報告が比較的多いようである（Weidmann et al., 2016）。

3　Big Fiveと友人関係

Harris & Vazire（2016）のレビューによれば，友人関係の形成および維持に与える影響は協調性・調和性がもっとも強く，研究間の知見も一致している。神経症傾向がそれに次ぎ，外向性や勤勉性・誠実性，開放性の影響は比較的小さいという。

表9-2 に Big Five と友人関係の特徴をまとめた。協調性・調和性の高い人は見知らぬ人を好意的に知覚し，また人から好かれ，友人として選ばれやすい。相互作用する2人のどちらかの協調性・調和性が高いと，よい相互作用につながる。協調性・調和性はまた，良好な友人関係の維持とも関連する。

表 9-2　Big Five と友人関係の関連（Harris & Vazire, 2016 より作成）

	友人形成期			友人関係維持期	
	主体効果	客体効果	相互効果	主体効果	客体効果
外向性	・見知らぬ他者といることを好む ・多くの友人を作る	・（時に）よい第一印象を与える	・同じ程度の外向性をもつ人と友人になる	・高い質の関係性 ・広い交友関係の維持 ・高い社交能力 ・建設的な葛藤対処方略	・関係の質に対する効果はない，もしくは小さい
協調性・調和性	・見知らぬ他者を肯定的に知覚する	・人に好かれる ・友人として選ばれやすい	・いずれかの協調性・調和性の高さはよい相互作用につながる	・高い質の関係性 ・高い社交能力 ・建設的な葛藤対処方略	・（時に）高い質の関係性 ・高い社交能力と，よりよい葛藤対処方略
神経症傾向	・他者を好む効果や友人になる効果はない，もしくは小さい	・拒否される予感。しかし必ずしも好意を抱かれたり友人に選ばれたりしないわけではない	明確な知見なし	・低い質の関係性 ・葛藤の抱きやすさ，問題ある葛藤対処方略	・低い質の関係性 ・多くの葛藤
勤勉性・誠実性	・他者を好む効果や友人になる効果はない，もしくは小さい	・他者からの好まれる効果や友人として選ばれる効果は小さい	明確な知見なし	・高い質の関係性 ・建設的な葛藤対処方略と寛容性の高さ	・関係の質に対する効果はない，もしくは小さい
開放性	・他者を好む効果や友人になる効果はない，もしくは小さい	・他者からの好まれる効果や友人として選ばれる効果は小さい	・同じ程度の開放性をもつ人と友人になる	・広い交友関係の維持 ・葛藤の少なさ，建設的な葛藤対処方略	・関係の質に対する効果はない，もしくは小さい

　神経症傾向が高いからといって，必ずしも友人形成期に他者から友人として選ばれなかったり，好意を得られなかったりするということはないようである。しかし，神経症傾向の高い人は葛藤を抱きやすく，その対処も上手くなく，友人関係の質は低くなる傾向がある。

　外向性と開放性は，それらの特性における 2 人の類似度が友人形成に影響を与えると考えられる。勤勉性・誠実性は友人を作ることよりは友人関係の維持に影響を与えるようである。

9-4

ネット場面：SNS，ネットいじめ

藤　桂 ● 筑波大学

　人が人と出会い，ともにすごす場は，今や現実世界のみにとどまることなくネットの世界にも大きく広がっている。そこでは，もはや対面での交流と変わらぬコミュニケーションが展開されているのみならず，ソーシャルネットワーキングサービス（SNS）の台頭により，いまこの瞬間のあらゆる話題を発信し受信し共有し合うという新たなコミュニケーションが日々くり返されている。

　人と人とのつながり方と Big Five の各次元の関連について多くの検討がなされてきたことは他の章で示されているとおりであるが，SNS 利用のあり方やコミュニケーションの諸相との関連も同様に多くの検討がなされてきた。それらを総括した Liu & Campbell（2017）によるメタ分析からは，たとえば外向性の高さは，他者がアップした写真にコメントをしたり，投稿に対して「いいね」や「シェア」を押したりするなどの交流の活発さと関連していることが示されている。また外向性は，ユーザー自身によって投稿された写真の数の多さとも関連するのみならず，とくに SNS 上での友人数の多さとも強い関連を示すことが明らかにされている。さらに開放性や協調性・調和性についても，外向性と同じく写真の投稿数の多さと関連することが示されているが，外向性とは異なる点もみられ，開放性においては SNS を介した情報検索・閲覧頻度やゲームプレイ頻度との関連が示されている。一方，勤勉性・誠実性はそれらとは逆に，SNS を介した情報検索・閲覧やゲームプレイの頻度と負の関連を示すことが報告されている。加えて，Big Five の５つの次元を安定性（勤勉性・誠実性，協調性・調和性，神経症傾向）と可塑性（開放性，外向性）という，より上位の因子構造にもとづいてとらえた場合にも，SNS 上でのつながりの

多さや情報検索・閲覧といった活動をよく説明し，安定性は負の関連を，可塑性は正の関連を示すことが報告されている。常に変化と成長を続けるようにデザインされている SNS は，それゆえに可塑性の高いユーザーに好まれやすいものの，「ツイート」，「自分の近況のアップデート」，「更新のチェック」などの諸々に追われ目前のタスクへの集中を阻害しうる存在ともなりかねないため，安定性の高い者からは敬遠されているようである。

　このように Big Five は SNS 利用とも深く関連しているが，その一方で，SNS 利用によってもたらされるさまざまな問題とも結びついているとされる。たとえば，ネット依存との関連をもつことは Kayiş et al.（2016）によるメタ分析によって明らかにされており，神経症傾向の高さは，ネット依存に関する諸尺度のスコアの高さと正の関連を示すことがわかっている。このことから著者らは，神経症傾向はネット依存をもたらすリスク要因となる危険性について主張している。そして，神経症傾向の高い者は，対人場面での不安が高く自信がもてないために，対面での交流を必要としないネット上での交流に依存してしまう可能性を指摘している。一方で，開放性，勤勉性・誠実性，外向性，協調性・調和性はネット依存とは負の関連を示すことも報告されており，これらの要因はネットへの依存を防ぐ保護要因として機能しうると期待されている。

　また，近年において深刻化の一途を辿るネットいじめという問題とも一定の関連性がみられることが示されている。Alonso & Romero（2017）が行った，スペインの12歳から19歳の生徒を対象とした大規模調査では，ネットいじめ被害経験のある者は，被害・加害のいずれの経験もない者と比べて神経症傾向が高いことや，加害経験のある者と比べて開放性が高いことが示されている。一方，加害経験のある者は，被害・加害のいずれの経験もない者と比して協調性・調和性や勤勉性・誠実性が低いことが報告されている。なお，この研究では従来型のいじめについても同様の分析を行っているが，ネットいじめと従来型いじめは連動しやすいことを示しつつ，ネットいじめ加害者と従来型いじめ加害者はいずれも協調性・調和性が低いというように類似した傾向がみられることも明らかにしている。ただしこの知見については慎重解釈が必要であり，いじめ被害者・加害者に関する偏見を助長する意図にもとづくものではなく，被害・加害の原因を個人のパーソナリティにのみ帰そうとしているわけではな

いことや，被害・加害の予防や介入に際してパーソナリティの変容を強いるものではないことに留意されたい。

　知見を総括すれば，ネットや SNS といった新しいコミュニケーションに対しても，これまでの対面でのコミュニケーションと同様に，Big Five は深く関わっていることが示されてきたといえよう。このことは，新しい技術やメディアの到来によって私たちのつながりの形は大きく変わってきたものの，ネット上のコミュニケーションもまた私たちそれぞれのパーソナリティのあり方を反映するものであることは変わらず，その意味で人びとのコミュニケーションの本質は時代や社会の変化を経ても変わることなく続いていく可能性を示しているのかもしれない。この可能性については，Big Five 尺度を用いた今後の研究の中でさらに検証されていくことが期待される。

9-5

....

嗜好品・嗜癖行動：アルコール，タバコ，ギャンブル

髙田琢弘 ● 東海学園大学

　本節では，アルコール，タバコ，ギャンブルを中心に，嗜好品・嗜癖行動と
Big Five との関連について述べる。過度な嗜好品の摂取や嗜癖行動は，「依存
症」として知られているように問題となっている。これらに依存しやすいパー
ソナリティ特性を明らかにすることは，依存症の治療・予防の観点から大きな
意義がある。

1　アルコール

　アルコール使用（飲酒）と Big Five の関連について，Malouff et al.（2007）
のメタ分析では，神経症傾向，協調性・調和性，勤勉性・誠実性がアルコール
使用と有意な関連があったことが示されている。アルコール使用との相関係数
は，神経症傾向が .15（$p < .01$, 95%CI [.08, .22]），協調性・調和性が $-.17$（p
$< .01$, 95%CI [$-.21$, $-.13$]），勤勉性・誠実性が $-.22$（$p < .01$, 95%CI [$-.28$,
$-.17$]）であった。なお，外向性，開放性との相関係数はそれぞれ .03（$p = .15$,
95%CI [$-.01$, .08]）， $-.01$（$p = .80$, 95%CI [$-.07$, .06]）であり，有意ではな
かった。その一方，8 つのコホート研究を対象としたメタ分析を行った
Hakulinen et al.（2015a）では，Big Five の 5 特性すべてがアルコール使用と
有意に関連していた（神経症傾向，外向性，開放性は正の関連，協調性・調和性，
勤勉性・誠実性は負の関連）。また，Hakulinen et al.（2015a）は縦断的な分析も
行い，外向性の高さと勤勉性・誠実性の低さによってリスクのあるアルコール
使用の確率が増加し，協調性・調和性の高さと開放性の低さによってアルコー

196

ル使用の確率が減少することを示している。

　さらに，Lui et al.（2022）は，アルコール使用に関する 3 側面（「消費量」，「危険な飲み方」，「飲酒に伴うネガティブな結果」）のうち，どの側面が Big Five と関連するかを明らかにすることを目的として，1994 年から 2020 年までの研究を対象としたメタ分析を行っている。その結果，協調性・調和性，勤勉性・誠実性の低さが 3 側面すべてと，外向性の高さが「消費量」と，神経症傾向の高さが「飲酒に伴うネガティブな結果」とそれぞれ有意な関連があったことが示された。

2　タバコ

　喫煙と Big Five の関連について，Malouff et al.（2006）は 9 つの先行研究のメタ分析を行っている。その結果，喫煙との相関係数は，神経症傾向が .11（$p < .01$，95%CI［.03, .18］），外向性が .05（$p = .27$，95%CI［− .04, .16］），開放性が .04（$p = .21$，95%CI［− .02, .11］），協調性・調和性が − .12（$p < .01$，95%CI［− .18, − .06］），勤勉性・誠実性が − .16（$p < .01$，95%CI［− .27, − .05］）であった。すなわち，神経症傾向の高さ，協調性・調和性および勤勉性・誠実性の低さが喫煙と有意な関連があったことが示されている。さらに，Terracciano & Costa（2004）は，現在もしくは過去に喫煙経験がある人のほうが，喫煙経験がない人よりも，神経症傾向が高く，協調性・調和性および勤勉性・誠実性が低かったことを示している。

　その一方，Hakulinen et al.（2015c）による 9 つのコホート研究のメタ分析では，神経症傾向および外向性の高さと勤勉性・誠実性の低さが，喫煙と有意に関連していた。また，Hakulinen et al.（2015c）は縦断的な分析も行い，外向性の高さと勤勉性・誠実性の低さが「喫煙の開始」と関連し，神経症傾向の高さが「喫煙の再開」と関連していたことなどを示している。なお，Zvolensky et al.（2015）による縦断的な分析では，神経症傾向および開放性の高さと勤勉性・誠実性の低さが「喫煙経験」と関連し，神経症傾向の高さと勤勉性・誠実性の低さが「喫煙の持続」と関連していた。

3 ギャンブル

　ギャンブルと Big Five の関連について，Brunborg et al.（2016）は，10,081人を対象とした検討を行い，ギャンブルの問題がない人に比べ，ギャンブルの問題を抱えている人のほうが，神経症傾向が高く，協調性・調和性および勤勉性・誠実性が低かったことを示している。同様に，日本人成人を対象とした髙田・湯川（2020）やカナダ人大学生を対象とした MacLaren et al.（2011）も，神経症傾向の高さ，協調性・調和性および勤勉性・誠実性の低さがギャンブル障害傾向と関連があったことを示している。さらに，Whiting et al.（2019）は，問題のあるギャンブラーのほうがそうでないギャンブラーよりも，神経症傾向が高く，協調性・調和性と勤勉性・誠実性が低かったことを示している。

　なお，Dudfield et al.（*in press*）が行ったメタ分析では，ギャンブル障害傾向との相関係数は，神経症傾向が.31（$p < .01$, 95%CI [.17, .44]），外向性が$-.11$（$p < .05$, 95%CI [$-.20$, $-.01$]），開放性が$-.17$（$p < .01$, 95%CI [$-.22$, $-.12$]），協調性・調和性が$-.22$（$p < .01$, 95%CI [$-.34$, $-.10$]），勤勉性・誠実性が$-.28$（$p < .01$, 95%CI [$-.38$, $-.17$]）であり，すべて有意であった。また，Spychala et al.（2022）は，英国の青年4,729人を対象としたコホート研究から，神経症傾向と協調性・調和性のポリジェニックスコア（polygenic scores）によって，ギャンブル障害が予測可能であったことを示している。

4 まとめ

　このように，嗜好品・嗜癖行動は Big Five と関連があり，神経症傾向が高く，協調性・調和性や勤勉性・誠実性が低い人は，依存しやすい傾向があると考えられる。研究間で不一致な結果もあったが，サンプルや尺度などの違いが影響していた可能性が考えられる。また，薬物使用との関連に関しても，上述と同じ傾向が指摘されている（e.g. Dash et al., 2019）。DSM-5（APA, 2013）に「物質関連障害および嗜癖性障害群」があるように，嗜好品・嗜癖行動への依存は問題を引き起こすことがあるため，さらなる検討が必要である。

9-6

室内：部屋，写真，音楽

藤　桂 ● 筑波大学

　今日，あなたがこの本を開くまでに再生した音楽，このページに目を凝らしつつすごす部屋の様子，そして，ふと視線を移したときに目に入る写真。これらはいずれも，固有のパーソナリティをもつあなたという人物によって選ばれたものであり，その組合せはあなたというパーソナリティ以外からは生まれえないものである。すなわち，私たちが自ら作り上げた自分自身を取り巻く物理的環境にも，私たちのパーソナリティの個人差は色濃く表れているのである。

　実際に，Big Five の各次元は，音楽に対する好みに影響していることが示されてきた。たとえば Rentfrow & Gosling（2003）では，開放性の高い者はクラシック，ジャズ，ブルース，フォークといったジャンルを，協調性・調和性の高い者はカントリー，ポップ，宗教音楽といったジャンルを好みやすいことを明らかにしている。また，何のために音楽をかけるかという目的面にも Big Five の各次元は関連していることが示されており（Chamorro-Premuzic & Furnham, 2007），神経症傾向の高い者ほど自分の感情状態を調節するために，開放性の高い者ほど音楽それ自体への集中を目的として音楽を利用しやすいことが報告されている。同様の結果は日本でも報告されており，池上他（2021）において，開放性の高い者は自分自身に対する理解を深めるために，外向性の高い者は他者とのコミュニケーションのために音楽を活用しやすいことなどが示唆されている。

　さらに，人が日々暮らす部屋の様子にも，その人のパーソナリティが表れやすいことも示されている。Gosling et al.（2002）は，実験参加者が普段すごすオフィス環境の特徴について 43 の観点から評価しつつ，各特徴と参加者自身

のパーソナリティがどのように関連しているかを検討する実験を行った。その結果，たとえば勤勉性・誠実性が高い者の部屋は，よく整理されきちんとしており，本やCDの種類のバリエーションに乏しい一方で，外向性の高い者の部屋は，雑誌の扱いが雑で整理されていないながらも，装飾が多く魅力的であることを明らかにしている。さらに開放性の高い者の部屋はよりスタイリッシュで独特であること，神経症傾向の高い者の部屋は逆に独特さや装飾性に乏しく，よりフォーマルであることも明らかにされている。同様の実験はプライベートな空間である寝室を対象としても行われているが，そちらでもやはりパーソナリティの個人差は部屋内の環境的特徴と一定の関連性を示すことが報告されている（ただし，寝室に関しては協調性・調和性の高い者ほど室内の雑誌の整理が行き届いていないことや，勤勉性・誠実性の高い者ほど室内での快適さが追求されているなど，普段の生活の中で周囲にみせている「顔」とは異なる一面が寝室内ではみられやすいという興味深い結果も示されている）。

　加えて，1枚の写真の中にも，当人のパーソナリティが表れやすいことを示す知見もある。Naumann et al.（2009）では，実験参加者に対し自然体での写真撮影を依頼するとともに，参加者のパーソナリティとその写真の特徴との関連性について検討している。その結果，たとえば外向性の高い者は，笑顔が多く，腕を組むポーズをあまり取らず，エネルギッシュな姿勢を取りやすいことが示された。協調性・調和性の高い者も同様に笑顔が多いものの，姿勢についてはリラックスした姿勢を取りやすく，開放性の高い者はカメラから視線をそらしやすいことも明らかとなっている。

　さて，このように各個人のパーソナリティが本人を取り巻く物理的環境にも表れやすいとすれば，逆に，その環境をよく観察することで本人のパーソナリティをうかがい知ることもできるのではないだろうか。実はその可能性もまた，先ほど紹介したGosling et al.（2002）やNaumann et al.（2009）において検討されている。これらの研究では，実験参加者と接触・交流したことのない複数名の評定者が，部屋の様子や写真の内容だけを手がかりにして，部屋の持ち主・写真の主がどのようなパーソナリティであるかについて同じBig Five尺度を用いて評定するとともに，それらの評定値が，実験参加者本人などによる回答との間で相関を示すかを分析するという手法を取っている。その結果，い

ずれの研究でも両者の間で有意な相関がみられ（とくに開放性では高い相関が示された），環境に残されたわずかな手がかりからも，その持ち主のパーソナリティをある程度正確に推測できることが示唆されている。なお同様の結果は，いわばネット上の「自室」であるホームページやフェイスブックのプロフィールページを題材とした場合にも示されている（Vazire & Gosling, 2004；Back et al., 2010）。

このように個人のパーソナリティとは，当人の内面のみにとどまることなく外的環境にもさまざまな痕跡を残しつつ，さらにそれらに触れた他者の内面においてまた構成されていく。あなたがいまいる環境は，もしかするとあなた以上にあなた自身のパーソナリティを饒舌に語り伝えているかもしれない。

9-7

住環境：居住地，移住，場所

吉野伸哉 ● 早稲田大学

1 Big Fiveパーソナリティの地域差

　県民性や国民性，地域風土といった話題は日常会話からメディアの情報まで，さまざまなところで展開されている。学術的な研究としてはこれまで観察や文献資料にもとづく議論が主流であった。しかし，オンライン調査が普及し，広範で大規模なサンプルサイズを確保しやすくなったことにより，心の地域差は実証的に検討されることが多くなった。

　大規模調査を用いた知見によると，居住地によって Big Five パーソナリティに差があることが示唆されている。たとえば，アメリカ合衆国では60万人を超えるサンプルから回答を得ており，州ごとの平均値を検討したところ，ニューヨーク州などがある北東部は神経症傾向が高い傾向にあることや，カリフォルニア州などがある太平洋側の西海岸地区は開放性が高い傾向にあることなどが示された（Rentfrow et al., 2008）。また，地理的に近い州のパーソナリティ特性は似通った傾向にあることも明らかにされている（Rentfrow et al., 2013, 2015）。これらの研究では，空間統計を用いて，各 Big Five 得点の高い（低い）地域の中心地点，いわゆるホットスポット（クールスポット）をとらえる分析が行われている。Big Five の地域差はイギリス，スイス，ロシア，中国，日本などの各国内（e.g. Rentfrow et al., 2015）や，国家間（e.g. Schmitt et al., 2007）においても検討されている。

2 地域差が生じるメカニズム

　では Big Five の地域差はどのようなメカニズムによって生じているのだろうか。Rentfrow（2010）は，生態的影響，社会的影響，選択的移住の 3 つのメカニズムをあげている。生態的影響は，自然環境や社会状況が人びとの行動傾向や思考を規定するためそれらによって地域差が生じること，社会的影響は各地域の慣習や他の住民とのコミュニケーションによってパーソナリティ特性の分散が生じること，選択的移住はあるパーソナリティ特性が高い（あるいは低い）人びとが特定の場所に移住し，集積することで地理的な特徴が顕著になることである。

　生態的影響や社会的影響に関しては，人びとを取り囲む周辺環境によって人の行動や認知，感情などの心理的傾向が方向づけられるというプロセスが想定されており，社会生態学的アプローチ（Oishi, 2014；Oishi & Graham, 2010）としても検討が進んでいる。社会生態学的アプローチに関連した Big Five の地域差の知見としては Obschonka et al.（2018）があげられる。Obschonka et al.（2018）はアメリカとイギリスのデータから，産業革命の時代に炭鉱地帯として栄えていた地域ほど，現在の住民の神経症傾向が高く，外向性や勤勉性・誠実性が低いことを報告している。炭鉱地帯は衛生や労働環境に問題があり，また閉山後は経済的にも困難な状態にある。このような劣悪な環境や生活上の困難さのために，心理的に落ち込みやすく（神経症傾向の高さ），活力も生まれにくく（外向性の低さ），まじめに暮らすことへの無力感を生じさせる（勤勉性・誠実性の低さ）と考察されている。そして現在でも地域文化的な影響としてこの傾向が続いていると指摘されている。

　また Big Five の地域差研究において共通してみられる傾向として，都市部の住民の外向性や開放性が高いというものがある（Jokela et al., 2015；Murray et al., 2005）。この理由のひとつに選択的移住があげられる。Jokela（2020）は，オーストラリアで実施された縦断調査から，外向性や開放性が高い人びとほど，もともと住んでいた地域よりも都市部の地域へ転居したことを示した。同様の傾向はフィンランド（Jokela et al., 2008）や日本（Yoshino & Oshio, 2022）にお

いても示唆されている。外向性の高さは刺激への希求，また開放性の高さは新奇な物事への接近をそれぞれ含意しているため，刺激的あるいは新奇的な体験や出会いが適う都市部に転居しやすいということが考えられる。

3　場所とBig Fiveの関係性

　ここまで居住地に着目したが"場所"という観点からBig Fiveについて検討する試みもなされている。たとえば，自然環境でかつレジャーとしても親しまれる海や山に対する選好は，外向性との関連が認められる。Oishi et al. (2015) は調査や実験をとおして，外向性が高い人びとほど海を山よりも好むことを報告している。外向的な人は大人数で手軽に楽しめる場所を好み，内向的な人は閑静な場所を好むことからこのような選好が生じたと考えられる。

　また経験サンプリング法を用いることで，普段すごしている場所とBig Fiveの関連も検討できる。学生を対象とした調査によると，勤勉性・誠実性の高い人びとは大学キャンパスや仕事場にいる頻度が多いことなどが示されている（Matz & Harari, 2021；Mehl et al., 2006）。

　Big Fiveの地域差や生活環境に関する検討は，比較的新しい研究である。そのため，今後は示された関連や差の背後にある理論を構築していくことが望まれる。また，地域差研究においてはBig Fiveの地理的な分散が実社会における生活上のアウトカムとどのように関連するのかについても検討が進んでおり（e.g. Rentfrow et al., 2013），研究としての広がりをみせている。

9-8

身体特性：BMI，身体活動，競技，握力，寿命

上野雄己 ● 東京大学

　本節では Body Mass Index（BMI）や身体活動，競技，握力，寿命（死亡予測）の身体特性と Big Five の関連を検討した研究を紹介する。身体特性と Big Five の関連の詳細については**表 9-3** に示し，統計学的に関連が認められたもの，または論文上でおもな結果として報告されているものを以下に説明する。

表 9-3　身体特性と Big Five

変数	神経症傾向	外向性	開放性	協調性・調和性	勤勉性・誠実性
Body Mass Index[1] （吉野・小塩，2020）	-.02	.01	.05	-.04	-.08
身体活動[2] （Rhodes & Smith, 2006）	-.11	.23	.08	.01	.20
競技[3] （Piepiora, 2021）	-1.63	0.42	0.34	0.45	0.53
握力[4] （Stephan et al., 2022a）	-.07	.04	.05	.01	.05
死亡予測[5] （寿命；Roberts et al., 2007）	.05	-.07	−	-.04	-.09

注1：BMIの数値は既存の調査（Sutin et al., 2015；$N = 10,304$）と当該研究で使用した3つのデータセット（$N = 25,156$）をメタ分析して統合された相関係数
注2：身体活動の数値は11から21のデータセットをメタ分析して統合された相関係数
注3：競技の数値は世界大会やヨーロッパのチャンピオン（$n = 56$）とアスリート（$n = 544$）の平均値差の効果量 d（小：0.20，中：0.50，大：0.80；Cohen, 1988）
注4：握力の数値は7つのデータセット（$N = 41,130$）より年齢，性別，教育レベル，人種を統制しメタ分析して統合された標準偏回帰係数
注5：死亡予測（寿命）の数値は4から19のデータセットをメタ分析して統合された相関係数（開放性は2研究しかなかったため算出されていない，また外向性にはポジティブ感情が含まれ，協調性・調和性は文献内では逆方向の敵意／非協調性として報告されている）

なお，本節で紹介する研究の多くは，大きなサンプルサイズを用いて検討されたものが多く，小さな相関係数でも統計的に有意な結果が報告されることも多い。相関係数の効果量は Cohen（1988）が提案した基準で解釈されることが多い。その一方で，Gignac & Szodorai（2016）は，708 のパーソナリティ研究をもとに，個人差研究における効果量の基準を報告している。そこでは $r = .10$ を小さな効果，$r = .20$ が典型的な効果，$r = .30$ を超えると比較的大きな効果だとされている。以下では，この点も考慮しつつ解釈を行うこととしたい。

　まず，勤勉性・誠実性が低い人ほど，BMI（体重と身長から算出される肥満度を表す）が高い傾向が報告されている（吉野・小塩，2020）。また外向性や勤勉性・誠実性が高い人ほど，身体活動量（家事や通学などの生活活動や運動活動を指す）が高く，神経症傾向が高い人ほど，身体活動量が低い（Rhodes & Smith, 2006）。世界大会やヨーロッパ選手権などのチャンピオンはそれ以外のアスリートと比較して，外向性と協調性・調和性，勤勉性・誠実性，開放性が高く，神経症傾向が低い（Piepiora, 2021）。外向性と開放性，勤勉性・誠実性が高い人ほど，握力が高く，神経症傾向が高い人ほど，握力が低い傾向という結果であった（Stephan et al., 2022a）。

　具体的な効果量の大きさとして，身体活動量では，小さな効果以上の関係がみられる組合せもあり，競技（トップアスリートか否か）においては神経症傾向や勤勉性・誠実性との中で典型的な効果以上が確認されている。しかし先に述べたように，本節で紹介した研究の多くはサンプルサイズが大きいことから，身体特性と Big Five の統計的に有意な関連が示されているだけであり，効果量としては小さな値が多く，関連の強さはとても低いと解釈される。実際に，BMI と握力，死亡予測については，Gignac & Szodorai（2016）の効果量の基準である小さな効果（.10）よりも下回っており，それぞれの身体特性を強く説明できるとはいえないことが考えられる。

　一方で，独立変数（予測因子）としてのパーソナリティが，心理変数以外に対して予測力をもちえるのか，心理学とは異なる学問領域と学際的に連結していくことは重要であり（高橋他，2011），対象となるレベル（国策など）や指標によっては小さな効果があっても意味が大きくなる。たとえば，Big Five の神経症傾向，外向性と勤勉性・誠実性は，寿命や死亡予測と関連することが明

らかとなっており（Roberts et al., 2007），人の生死にパーソナリティが関わるのであれば，ほんのわずかな関連であっても重要な意味をもつ。本節で紹介した身体特性は健康や寿命，さらにはパフォーマンスを規定しており，領域・文脈によって効果量の解釈に留意する必要があると思われる。

第 **10** 章

Big Five の
これから

10-1

教育場面への応用

岡田　涼 ● 香川大学

1　教育とパーソナリティ特性

　効果的な教育を考えるうえで，対象者のパーソナリティを理解することは欠かせない。実際，パーソナリティ研究の知見は，いくつかの視点から教育場面への応用が図られてきた（Braden, 1995）。そのひとつとして，パーソナリティ特性から学習の成果をどのように予測しうるかについての研究がある。とくに学業成績との関連が注目され，定期的にメタ分析が行われてきた。一連の研究では，総じて勤勉性・誠実性が .1 〜 .3 程度の正の相関をもつことが明らかにされている（Poropat, 2009；Richardson et al., 2012；Zell & Lesick, 2022）。

　パーソナリティ特性と学業成績との関連を説明しうる要因についても知見がある。たとえば，勤勉性・誠実性はグリットや自己効力感などの動機づけ変数と正の関連があること（Credé et al., 2017；Judge & Ilies, 2002），チーティングや先延ばし，セルフハンディキャッピングなどの学習を阻害する行動と負の関連があることが示されている（Cuadrado et al., 2021；Lee et al., 2020；Schwinger et al., 2022；Steel, 2007）。研究によっては，他の特性と学習面との関連も報告されているものの，全般的には勤勉性・誠実性が動機づけを促し，学習を阻害する行動を低減することで学業成績につながるというのが現時点での知見である。

2　多様な学習形態におけるパーソナリティ特性の役割

　全体としては，勤勉性・誠実性が学習成果につながることが明らかにされている。しかし，学習形態によっては，パーソナリティ特性の影響も異なる部分がある。情報通信技術の進歩と 2020 年からの COVID-19 の流行とが相まって，オンラインでの学習が急速に広まった。おもに高等教育におけるオンライン学習での成果についても，勤勉性・誠実性が学業成績や動機づけと関連することが報告されている（Abe, 2020；Keller & Karau, 2013）。一方で，開放性がオンライン学習の成績や動機づけにつながることを示す研究もある（Audet et al., 2021；Bahçekapılı & Karaman, 2020；Yu, 2021）。

　また，高等教育を中心に，対面での学習とオンラインでの学習を組み合わせたブレンド型授業や反転授業など，多様な学習形態が取り入れられている。その中で，勤勉性・誠実性が学業成績と関連することを示した研究（Alkış & Temizel, 2018）がある一方で，外向性の高い学習者においてブレンド型授業に対する満足度が高いことや（Kuo et al., 2014），協調性・調和性が高い学習者ほど反転授業を好むこと（Lyons et al., 2017）などが報告されている。他にも，ブレンド型授業の成績に対して，外向性や神経症傾向が学習スタイルとの組合せの中で予測力をもつことが示されている（Vasileva-Stojanovska et al., 2015）。

　近年の教育場面では，アダプティブラーニング（Shute & Towle, 2003；山田, 2018）や個別最適な学び（中央教育審議会, 2021）という枠組みのもと，個々の学習者に応じた学習環境が重視されるようになってきている。授業形態によってパーソナリティ特性の役割が異なることを示す一連の知見は，個々の学習者に応じた学習環境を考えるうえで示唆に富むものである。ただし，多様な学習形態においてパーソナリティ特性がどのような役割を果たすかには，十分に目が向けられてこなかったという指摘もあり（Goedhart et al., 2019；Tadayonifar & Entezari, 2020），さらなる知見の蓄積が期待されている。

3 非認知能力への注目

　パーソナリティ特性の役割に関して，近年では非認知能力に対する注目が高まっている（小塩，2021）。2000 年代以降，経済学的な視点から，幼児教育の重要性が指摘されるようになった（Heckman, 2013）。その中で，従来の学力で重視されてきた認知的な能力だけでなく，それ以外の種々の非認知能力が将来の成功にとって重要であると認識されるようになってきた。非認知能力は，非認知的スキルや社会情動的スキルともよばれ，教育的な関心が寄せられている。

　非認知能力にはさまざまなものが想定され，その中に Big Five によるパーソナリティ特性も含まれる（Heckman & Rubinstein, 2001；Lipnevich & Roberts, 2012）。先述の学習面に対するパーソナリティ特性の効果に加えて，個人の精神的健康や生涯にわたるウェルビーイングとの関連から（経済協力開発機構［OECD］，2018），パーソナリティ特性を含む非認知能力は，教育的な支援の対象として注目すべき能力であるとされている（白井，2020）。

　ただし，種々の非認知能力の中で，これまで教育の対象とされてきたものは，動機づけやメタ認知など直接的に学習に関わるような側面が中心であった（Gutman & Schoon, 2013）。臨床的な介入研究では，パーソナリティ特性への介入可能性も示唆されているものの（Roberts et al., 2017），教育的な介入や支援を試みた研究は必ずしも多くない。非認知能力への関心が高まる中で，パーソナリティ特性に対する教育的な支援や介入の実践およびその効果検証は，これからの研究が待たれる分野である。

10-2

臨床場面への応用

平野真理 ● お茶の水女子大学

1 臨床現場におけるBig Five

　病院をはじめとした保健医療の臨床現場においては，患者の状態や特性について複合的な情報を得るために，知能検査や人格検査など種々の心理検査が実施される（深津，2007）。おもに用いられるのは臨床用に開発された検査であり（e.g. MMPI），患者のパーソナリティを理解するというよりは，病理を予測する評価基準によって診断の参考となるデータを得ることを目的に実施されることが多い。YG（矢田部ギルフォード）性格検査，東大式エゴグラム（TEG）などの一般用パーソナリティ・テストも診療報酬の対象となっているが，実際には精神科臨床の現場においてこうした一般用のパーソナリティ・テストが活用されることは少ないといえる。なぜならば，心理検査による精査が必要とされる場面の患者は，ほとんどの場合，病気の症状が前景に出てしまっている状態であり，その人の本来のパーソナリティを測定することはむずかしいことが多いからである。

　5因子モデルを提唱した Costa Jr, P. T. と McCrae, R. R. は，Big Five を臨床実践にも活用することを想定していた。彼らは Big Five が臨床場面において，患者のパーソナリティ理解だけでなく診断にも役立つと述べ，さらに治療の予後の予測や，治療者と患者のラポールおよび関係性の構築においても有用であると主張している（Costa & McCrae, 1992c）。しかしながら健常な人びとを対象とした性格検査を臨床的アセスメントに使用することに対しては強い反

対の声もあげられた。その後も議論が重ねられたが（Ben-Porath & Waller, 1992a, b；Costa & McCrae, 1992d），現在のところ臨床診断において Big Five が活用されることはほとんどない。

2 パーソナリティが治療効果に与える影響

一方で，Big Five による治療の予後の予測や，治療関係への影響を探ろうとする研究はその後も積み重ねられてきたが，その結果は一貫していない（Steinert et al, 2015）。

Miller（1991）は，精神科外来患者とその家族への 2 年間の調査から，患者の神経症傾向は苦痛の強さや持続時間に，外向性は治療に対する熱意に，開放性は治療者の介入に対する反応に，協調性・調和性は治療者という人間に対する反応に，勤勉性・誠実性は患者の心理療法に対する意欲に影響することを考察している。このように，Big Five の各特性が，治療プロセスにおいて重要なさまざまな要素と関連し，治療の効果や予後に影響を与える可能性があることは想像に難くない。

しかしながら，Big Five の尺度得点は患者が現在抱えている抑うつ，不安，ストレス反応などの精神症状を強く反映しているという側面があり，純粋な予測因子としてとらえられるものではない。そこで Steinert et al.（2015）は，本来のパーソナリティのみを予測因子として検討できるようにベースラインを加味した分析を実施したところ，いずれのパーソナリティ特性も治療効果を予測しないという結果が示された。精神療法の効果を左右する要因は多岐にわたり（Lambert & Barley, 2001），また治療のプロセスは患者と治療者と環境とが相互に作用しながら流動的に構築されていくものであるため，治療の帰結は個人のパーソナリティによって予測できるものではないととらえるほうが有益であろう。

3 臨床場面での Big Five の活用の展望

Big Five は臨床用に開発されたパーソナリティ・テストではないため，臨

床場面で用いるにあたっても，あくまでも患者の「普通」の側面を理解する目的で活用することが望ましいと考える。ただしその際には，病状によっては患者の本来のパーソナリティを測定することがむずかしいことに留意する必要がある。

　もっとも有用であると思われるのは，治療形式のマッチングの場面である。Ogrodniczuk et al.（2003）は集団療法の実践研究をとおして，勤勉性・誠実性の低い患者は心理療法へのモチベーションが低くなりやすいため薬物療法のほうが効果的であること，協調性・調和性の低い患者は権威者からの新しい解釈を受け入れにくいので支持的な集団療法が適していること，外向性の低い患者は認知行動療法（cognitive behavioral therapy：CBT）や対人関係療法のような構造化された治療に向いていること，神経症傾向の高い患者は恥ずかしさや劣等感を感じやすいので集団療法は適さないこと，というように各特性と治療形式のマッチングに関する示唆を得ている。

　Big Five をマッチングに活用することの意義は，「エビデンスにより効果的な方法を提供する」ことというよりもむしろ，「患者の志向性を尊重する」という点において有意義であると考えられる。臨床場面では，どうしても患者の病理や症状への評価が優先され，本来の個性は評価されにくい。その中で，Big Five によってその人の「普通」の部分に焦点をあて，それを治療の中で活用していこうとすることは，その姿勢自体が治療的であるといえよう。そのためには，Big Five の各特性の高さ・低さにできるだけ評価的意味をもたせないような記述によって，本人の個性を表現できることが重要である。

10-3

バーチャル・キャラクターやロボットへの実装

高橋英之 ● 大阪大学

　人間の暮らしに寄りそう魅力的なコミュニケーションロボットは，さまざまな SF 作品において古くから描かれてきた。近年の人工知能技術の発達により，このようなロボットがわれわれの暮らしに深く入り込む日も，そう遠くないようにも思われる。一方，人間には，自分とあまりにも異質な存在とコミュニケーションを行うことに躊躇する保守的な性質もある。したがって Big Five などで測られるような人格的印象を，ロボットに付与することができれば，ロボットは今よりも人間にとって身近な存在になると期待される。

　高い人格性を感じさせるロボットについての基礎研究は，ヒューマンロボットインタラクションとよばれる分野において精力的に行われている。とくに，ロボットの見た目や言動，動作などを独立変数として，これらの変数がどのように人工物に対する人格的印象に影響を与えるのか，心理尺度や行動指標，脳生理指標などで精力的に調べられてきた（Takahashi et al., 2014）。

　このような研究の多くは，あるロボットに感じる人格的印象が，そのロボット固有の性質（e.g. 見た目，動き）によって生じることを前提としている。しかし社会心理学などの研究において，個人の人格的特性というのは，その個人単体のみで決まるものではなく，その個人が属する集団や，その個人とつながっている社会的ネットワークによっても形成されると考えられている。しかし，現状のロボットのほとんどは，人間社会の中で何らかの社会的集団やネットワークに属することができていない。このような現状で，ロボットの個体としての能力や表現をどれだけ進歩させたとしても，ロボットに感じることができる人格的印象には限界があるように思われる。したがって，人間の社会的

図 10-1　ぬいぐるみ同士が交流するCG動画（左）と保有者が撮影したぬいぐるみの写真（右）

ネットワークに属していないロボットに対して，どのように深い人格的印象を感じさせることができるのか，それを考えることは今後のロボット研究におけるひとつの大きなチャレンジになると思われる。

　ロボットに人格的印象を感じさせるひとつのアプローチとして，ロボットを何らかの社会的ネットワークに所属させる，という方法が考えられる。たとえば，われわれが行った予備的な検討において，自分が新しく保有することになったぬいぐるみが，自分の知らないところで他のぬいぐるみと交流している風景を，ぬいぐるみのオーナーにアニメーションによって提示した際，そのオーナーがぬいぐるみを撮影した写真が周囲に愛情深いと感じさせるものに変化した，という知見を得ている（橋川他，2021）（図10-1）。この知見は，自らが保有する人工物が自分の知らない他の社会的ネットワークにも属しているのだ，と人間に意識させることは，その人工物に対する尊重，すなわち人格的印象をより深める効果があることを示唆している。

　しかしその一方，ロボットがどれだけ固有の社会的ネットワークを有していたとしても，そのネットワークが人間と無関係のものであった場合，ロボットに人間と同等の人格的印象を抱くことはむずかしい。しかし現在のロボット技術では，人間と同じようにコミュニケーションを行い，独力で人間社会の一員になることが可能なロボットを開発することは困難である。

　筆者は，コミュニケーション能力が未熟なロボットであっても人間社会の一員になることを可能にするひとつの方法として，ロボットを"偶像"にする方法があると考えている。偶像というものは，それ自体はとくに積極的なコミュニケーションを行わなくても，それを囲む集団（ファン）によって，その人格

的特性がミームとして特徴づけられる。たとえば筆者らが行った予備調査では，偶像とそれを囲むファン集団の関係性に応じて，Big Five で測られるファンの偶像に対する人格印象が異なることが示されている（佐藤・高橋，2022）。また偶像となる対象は，人間に限らず，アニメのキャラや道具，妖怪などの概念などであっても成立することも示されている。したがって，ロボットを囲む人間のファン集団を何らかの方法で成立させることができたとしたら，ロボットであっても人格性を感じさせる偶像になることができる。たとえば有名なボーカロイドの初音ミクは，現実には存在しないエージェントであるが，ファンの間で生み出されるミームによってその人格的性質が形成されている。このような偶像性を作り出すためには，人間とロボットのコミュニケーションの設計だけではむずかしく，ロボットを囲む人間同士のコミュニケーションやコミュニティのデザインが重要になる。

　以上，ロボットに人格的特性をもたせるため，現状で考えられる方法論について議論を行った。人格のような心理学的観点からロボットのデザインを考えるうえで，ロボット工学の知見だけでは明らかに不十分であり，偶像論や宗教学，グループダイナミクスなどに関係する人文社会科学的知見が大いに参考になると期待される。

10-4

経済活動・企業活動への応用

小塩真司 ● 早稲田大学

　2013 年，イギリスの諜報機関の子会社として，ケンブリッジ・アナリティカ（Cambridge Analytica Ltd.）という会社が設立された。この企業は保守系政治家の寄付を受け，次第に政治活動におけるマーケティングやターゲット広告などを手がけるようになっていく。ケンブリッジ・アナリティカ社は 2016 年のアメリカ大統領選挙におけるドナルド・トランプ大統領の誕生や，2016 年に国民投票が行われたイギリスの欧州連合離脱（ブレグジット）にも関与したとされている。そして 2018 年，学術目的として収集していると Facebook に報告していた研究者のデータを，ケンブリッジ・アナリティカ社が営利目的に利用していたことが発覚する。これが発端となり，Facebook 社（当時）も巻き込む国際的なスキャンダルへと発展した（Kaiser, 2019；Wylie, 2019）。

1　Big Five モデル

　ケンブリッジ・アナリティカ社はさまざまな手法を用いて人びとの政治的な態度を変容させようと試みていたようである。その中で，インターネット上の人びとの行動履歴から対象となる人物のパーソナリティを推定し，その情報にもとづいて方法を選択していた。

　ここで推定されていたパーソナリティ特性は，Big Five である。これは，Kosinski, M. らによる研究にもとづくとされる。たとえば，Facebook において各個人がどのような記事に「いいね（Like）」を押すかという情報を蓄積していく。そして，70 ほどの記事情報を得たときには，友人がアンケートにも

とづいて推定するよりも高い精度で本人の Big Five パーソナリティの各特性を予測することができるようになる。そして 300 以上の「いいね」情報を用いると，配偶者による相手のパーソナリティ推定よりも高い精度で Big Five を予測することができるようになる（Youyou et al., 2015）。そして，開放性の低さと勤勉性・誠実性の高さが保守系政党の支持に結びつくといった研究知見（Jost, 2006）を援用することで，インターネット利用者の政治的な態度を推定していくことが可能になる。

2　デジタルフットプリント

　私たちがインターネット上に残す行動の履歴のことを，デジタルフットプリント（digital footprints）という。日々，コンピュータやスマートフォンでインターネットに接続すると，膨大な量の情報が記録される。たとえば Web ブラウザを利用する際に，クッキー（Cookie）に関する警告文が現れることがある。クッキーは各種情報を保存し Web サイトの利用を快適にするサービスであるが，一方で警告に同意することは，非常に多くの企業がこの情報を収集し利用することに同意することも意味する。

　このようにして得られた厖大な情報と，ユーザーの一部に対して Big Five のアンケートを実施して得ることができたパーソナリティの情報とを照合し，機械学習の手法を用いて何らかの法則を導くことを試みる。この試みに成功すれば，インターネット上に残されるデジタルフットプリントの情報だけを用いて，ユーザー自身の Big Five 各特性を推定することが可能となる。おそらくすでにこのような試みは多くの企業が導入しており，われわれは日々の行動履歴から一人ひとりの Big Five が推定されていることだろう。

3　効果と利益

　デジタルフットプリントから推定された個々人のパーソナリティ特性と，Big Five を用いた厖大な研究知見を組み合わせることで，さまざまな企業活動に研究の応用が期待される。ただし，ここで留意すべきは，効果の大きさで

ある。

　たとえば Big Five をフィットネス事業に役立てようとしても，BMI（Body Mass Index）との関連は相関係数 .10 前後（吉野・小塩，2020）であり，身体活動量との関連も相関係数 .20 に満たない（上野・小塩，2019）。パーソナリティの一貫性論争の契機となった Mischel, W. の著書（1968 ／詫摩［監訳］，1992）では，パーソナリティ特性と外的基準との関連はせいぜい .20 から .30 の相関がくり返し報告されるだけであることが指摘されている。Mischel はこの相関係数の大きさを「パーソナリティ係数」とよんでいるが，この相関係数の大きさの問題は，近年の研究でも変わらない。

　では，この相関係数の大きさをどのように考えればよいのだろうか。おそらく，このような小さな相関係数で得られている現象を前提として個々人に対する介入を試みたとしても，あまり効果は期待できないだろう。一方で，集団を対象とした何らかの介入を行う場合には，小さな効果でも意義が生じる場合がある。すなわち，大きな企業や市町村，国全体に対して何らかの介入を行う場合には，全体で 1％の効果が生じれば十分だと判断されるのである。小さな効果量を示す現象や介入は，大集団における些細な変化が大きな効果をもたらすような場面で意義が生じると考えるのがよいだろう。

10-5

COVID-19 パンデミックにおける Big Five

小塩真司 ● 早稲田大学

2019 年 12 月，中国の武漢で新型コロナウイルス感染症（COVID-19）が発生した。翌年 2020 年 3 月までに世界保健機関（WHO）はパンデミックを宣言し，日本でも 4 月には 1 日で 600 名以上の新規感染者が報告された（厚生労働省，2022）。この時期，早くも COVID-19 に関する多数の心理学関連研究が出版されており，現在まで数多くの研究が行われてきた。とくに，海外の各出版社が COVID-19 関連の研究については無料公開をするという対応をとったことも，研究の増加に拍車をかけた（たとえばエルゼビア社の対応については Elsevier, 2020 を参照）。

1 研究トピック

Obschonka et al.（2022）は，パンデミック初期における 2020 年 3 月から 6 月にかけて出版された，COVID-19 に関連する 79 の心理学研究をレビューしている。出版された論文全体で 379 のキーワードが記述されており，その中で 5 本以上の論文で記述されていたキーワードは，「不安」，「メンタルヘルス」，「社会」，「うつ病」，「恐怖」，「健康」，「異文化」，「行動」，「ストレス」であった。研究領域については，臨床心理学や健康心理学に関する領域が，全体の 8 割を占めており，その次にパーソナリティ領域が位置していたという。また，全体の約 86％である 68 件は，複数の国の著者で構成される国際共著研究となっていた。COVID-19 に関する初期の心理学研究は，国際的な視野で研究が進められてきたといえる。

心理学において尺度開発は重要な研究の段階であるといえる。Voitsidis et al.（2021）は，パンデミック初期の 2020 年 9 月末の段階で，どのような COVID-19 に関連する心理尺度が作成されたかをレビューしている。英語で発表された論文に掲載されており，COVID-19 に関連する何らかの心理特性を測定するものは 10 尺度存在しており，その内容は恐怖，不安，生活の質，ストレス，パニック買い，心理的苦痛など多岐にわたっていた。おそらくその後も，世界中で数多くの心理尺度が開発されていると推測される。

2　Big Five の動向

　では，COVID-19 に関連する研究の中で，Big Five はどのように扱われてきたのだろうか。そこでアメリカ心理学会（APA）が提供する心理学のオンラインデータベースである PsycINFO において文献検索を行った。設定したキーワードは「COVID-19」と「Big Five personality」であり，論文の要旨（アブストラクト）を対象として 2022 年 7 月末に検索を行った。検索の結果，全体で 29 件の研究が見出され，そのうち 1 件は学位論文，残りの 28 件は査読誌に掲載された論文であった。また 1 件については，要約に記載はあるものの実際には Big Five を用いた調査が行われているわけではなかったことから，27 件の査読誌に掲載された論文の内容を検討した。研究が行われた地域は多岐にわたっており，南北アメリカ，ヨーロッパ，アジア，中東，アフリカの研究も含まれている。これらの論文の要旨を概観すると，多くの研究では COVID-19 の状況下における不安，恐怖，抑うつ，レジリエンス（回復），ストレス，精神疾患，医療従事者のバーンアウトなどの心身の問題に焦点があてられており，Big Five はそれらに影響を及ぼす個人差要因として扱われている印象がある。

　たとえば Fink et al.（2021）は，ドイツにおける大規模な調査にもとづき，Big Five と COVID-19 に対する恐怖，感染の安全に関連する行動との関連を検討した。そして，恐怖は神経症傾向との間に正，外向性，協調性・調和性，勤勉性・誠実性との間に負の有意な関連はみられたものの，それらは非常に小さな関連であったこと，またパンデミックへの恐怖が神経症傾向を介して安全行動に結びつくという可能性を示した。Nikčević et al.（2021）は，アメリカ

合衆国に居住する成人に対して 2020 年 6 月に調査を行った。そして，Big Five の神経症傾向が健康不安やコロナウイルスへの不安などと正の関連，外向性，開放性，協調性・調和性，勤勉性・誠実性は負の関連を示すことなどを報告した。おおよそ，精神的な問題と Big Five との関連は，COVID-19 パンデミック下においてもそうではない状況においても，共通した関連を報告する研究が多いように見受けられる。

その他，外向性が低い人ほど社会的距離を置き，勤勉性・誠実性が高い人ほど社会的なパンデミック封じ込め策を守る傾向があること（Carvalho et al., 2020），開放性や神経症傾向，協調性・調和性が高い人がコロナ禍で買いだめをする傾向がみられること（Yoshino et al., 2021），外向性が高い女性ほどオンラインビデオチャットを利用する傾向がみられること（Pfund et al., 2021）など，パンデミック状況下における研究テーマも多岐にわたり，その中で Big Five の機能についても注目を集めているといえる。

●あとがき●

阿部晋吾・谷　伊織

　編者の谷が2002年に提出した卒業論文のタイトルは「性格特性の5因子モデルにおける協調性因子・勤勉性因子の併存的妥当性の検討」であった。その20年後に『Big Five パーソナリティ・ハンドブック──5つの因子から「性格」を読み解く──』の出版に携われたことは本当に幸せなことで，多くの方々に感謝している。当時，個人差の測定と表現に興味があり，さまざまな心理尺度や検査を調べてその項目や内容を眺めていたが，多くの心理尺度には概念の重複や項目の網羅性に問題があると考えていた。その頃に出会ったのがBig Five であり，辞書からあらゆる性格を表す言葉を集めて分類しようとする壮大なチャレンジに大いに魅力を感じたことが研究のきっかけである。この5因子は多数の個人差概念をうまく整理し，心理学研究を発展させると考えたが，一方で妥当性や解釈には検討の余地があると考え，指導教官の村上隆先生の勧めもあって卒業論文のテーマとした次第である。村上先生はオランダで在外研究をされており，Hofstee や De Raad とも親しく，因子分析の研究者として Goldberg とも知己の関係にあり，多くの貴重な助言を頂けたことは恵まれていたと思う。

　その後の20年の間に Big Five 研究は大きく飛躍した。当時よりさらに多くの国・文化・言語において尺度が開発され，さまざまな因子分析・メタ分析が行われた結果，その構造の頑健性が認められた。また，大規模な疫学研究の成果が多く発表され，その安定性や発達的変化が示されると同時に，Big Five が実に多様な結果変数を予測することも明らかとなった。20年や30年以上先の心理・社会的適応，学業・職業達成といった結果変数とも相関をもつことが示された。Big Five の躍進に大規模コホート研究は欠かせないだろう。その意味では，初期に Costa と McCrae がボルチモアの国立老化研究所にて BLSA（ボルチモア老化縦断研究）に参加していた影響は大きかったと思われる。

　さらに，近年はこれらの研究結果を重視したノーベル経済学賞受賞者である

Heckman が Big Five を認知能力（IQ）と区別するために非認知能力とよび，非認知能力が認知能力よりも経済・労働市場において予測的妥当性が高いことや，教育などによって介入可能であると述べたことも大きな出来事であろう。こうして Big Five は世界的に注目され，ベストセラーが多く生まれ，日本においても広くこの概念が知られるようになった。

　編者の阿部は，本書の企画にあたって関連する論文を収集し，あらためて Big Five に関する研究のメタ分析の多さに驚かされた。本書でも紹介したとおり多くのテーマ，分野において Big Five との関連を検討したメタ分析が行われており，本書の執筆中にも新たにメタ分析を報告した論文がいくつか公刊されていた。これは心理学の幅広い領域において Big Five が用いられ，かつ膨大なデータが蓄積されている証左でもある。こうしたメタ分析は，心理学において昨今話題となっている再現性問題に対しても，安定した知見を提供することにつながる。また，もはや Big Five はパーソナリティ心理学の中だけのものではなく，他の心理学領域，さらには心理学を超えた他の学術領域にまで影響力をもつものになっている。実際に，本書の編者や執筆者の中にも，パーソナリティ心理学が主たる専門領域ではない研究者が含まれている。このような Big Five の領域横断性は，異分野間での研究の交流を促進することにも役立つだろう。すなわち，Big Five が研究上のいわば共通言語として機能し，互いの研究計画や結果を理解するための橋渡し役となり，各分野の研究知見を同じ視点，枠組みからとらえることが可能となる。

　測定道具の展開も見逃せないポイントである。Big Five はわが国においてもこの 10 年前後で急速に各領域に広まった印象があるが，これは 100 項目以上に及ぶ尺度を，パーソナリティ研究者がパーソナリティ研究のために用いていた時代とは異なり，わずか 10 〜 20 項目程度の短縮版が開発され，さまざまなテーマでの研究実施がしやすくなったこととも関係しているだろう。編者らが開発に携わった TIPI-J や BFS 短縮版も，10 年ほど前に国内誌に掲載された論文であるにもかかわらず，現時点で TIPI-J が 300，BFS 短縮版が 100 を優に超える多さで引用されており，幅広く普及しているといえる。学部生の卒論指導をしていても，毎年必ずといっていいほど何らかの Big Five 尺度を用いた研究計画が提出されるが，それもパーソナリティそのものの研究というより

は，認知心理学，感情心理学，社会心理学などに関わるものが多い。心理学の学部・学科のカリキュラムの中においても基礎的な実習の段階でBig Fiveが題材として取り上げられることも多くなり，今後もますます普及していくと考えられる。Big Fiveという響きは覚えやすく，5つという数は手ごろで使い勝手がよいため，さらに多くの人々に知られていくだろう。

　ただし，国内での研究は比較的小規模なサンプルを対象に行われたものが依然として多く，理論的根拠や先行研究の知見を十分にふまえているとは言い難いものも中には見受けられる。海外では大規模な縦断調査やメタ分析が盛んに行われて研究の蓄積が進んでおり，国内においても同様の取組みが望まれる。また，デジタル化の進む社会の中で新たな応用も進んでおり，これまでにみられなかったサービスやシステムを生み出す可能性もあるだろう。本書はその歴史から近年の知見までを代表的な研究やメタ分析の結果をとおして幅広く紹介しており，Big Five研究の現在地を知り，次のステップに進むために役立つことを願っている。

　本書の企画は多くのBig Fiveに関連した研究者の貢献によって実現した。メタ分析を中心として，できるだけ新しい文献を引用しながら，コンパクトに各内容をまとめて頂けたと思う。また，福村出版の宮下基幸氏と編集部の川口晃太朗氏には細やかな点まで配慮をして編集作業を進めて頂いた。ここに感謝を申し上げる次第である。

2023年3月

●文献●

Abe, J. A. A. (2020). Big five, linguistic styles, and successful online learning. *The Internet and Higher Education, 45*, 100724.

Ackerman, P. L., & Heggestad, E. D. (1997). Intelligence, personality, and interests: Evidence for overlapping traits. *Psychological Bulletin, 121*, 219-245.

Adorno, T. W., Frenkel-Brunswik, E., Levinson, D. J., & Sanford, R. N. (1950). *The Authoritarian Personality*. Harper & Brothers.

Alarcon, G., Eschleman, K. J., & Bowling, N. A. (2009). Relationships between personality variables and burnout: A meta-analysis. *Work & Stress, 23*, 244-263.

Alderotti, G., Rapallini, C., & Traverso, S. (2021). The Big Five Personality Traits and Earnings: A Meta-Analysis. *GLO Discussion Paper*, No.902.

Alkış, N., & Temizel, T. T. (2018). The impact of motivation and personality on academic performance in online and blended learning environments. *Journal of Educational Technology & Society, 21*, 35-47.

Allen, T. A., & DeYoung, C. G. (2017). Personality neuroscience and the five factor model. In T. A. Widiger (Ed.), *The Oxford Handbook of the Five Factor Model* (pp.319-350). Oxford University Press.

Allik, J., & McCrae, R. R. (2002). A five-factor theory perspective. In *The Five-Factor Model of Personality Across Cultures* (pp.303-322). Springer.

Allport, G. W. (1937). *Personality: A Psychological Interpretation*. Holt. (詫摩武俊・青木孝悦・近藤由紀子・堀 正 [訳]. [1982]. パーソナリティ：心理学的解釈 新曜社.)

Allport, G. W. (1954). *The nature of prejudice*. Reading, Addison-Wesley. https://openlibrary.org/books/OL17342492M/The_nature_of_prejudice.

Allport, G. W., & Odbert, H. S. (1936). Trait-names: A psycho-lexical study. *Psychological Monographs, 47*, No. 211.

Almagor, M., Tellegen A., & Waller, N. G. (1995). The Big Seven Model: A cross-cultural replication and further exploration of the basic dimensions of natural language trait descriptors. *Journal of Personality and Social Psychology, 69*, 300-307.

Alonso, C., & Romero, E. (2017). Aggressors and victims in bullying and cyberbullying: A study of personality profiles using the five-factor model. *The Spanish Journal of Psychology, 20*, Article E76. https://doi.org/10.1017/sjp.2017.73

Altemeyer, B. (1998). The other "authoritarian personality". *Advances in Experimental Social Psychology, 30*, 47-92.

安藤寿康. (2014). 遺伝と環境の心理学――人間行動遺伝学入門 培風館.

Angleitner, A., Ostendorf, F., & John, O. P.（1990）. Towards a taxonomy of personality descriptors in German: A psycho-lexical study. *European Journal of Personality, 4,* 89-118.

青木孝悦.（1971a）. 性格表現用語の心理——辞典的研究−455語の選択，分類および望ましさの評定——. 心理学研究, *42,* 1-13.

青木孝悦.（1971b）. 性格表現用語における個人的望ましさの因子分析的研究. 心理学研究, *42,* 87-92.

青木孝悦.（1972）. 性格表現用語580語の意味類似による多因子解析から作られた性格の側面. 心理学研究, *43,* 125-136.

青木孝悦.（1974）. 個性表現辞典：人柄をとらえる技術と言葉　ダイヤモンド社.

APA（American Psychiatric Association）.（2013）. *Diagnostic and Statistical Manual of Mental Disorders* (5th ed.). American Psychiatric Publishing.（高橋三郎・大野　裕［監訳］. 染矢俊幸・神庭重信・尾崎紀夫・三村　將・村井俊哉［訳］.［2014］. DSM-5™精神疾患の診断・統計マニュアル　医学書院.）

Asendorpf, J. B., Borkenau, P., Ostendorf, F., & van Aken, M. A. G.（2001）. Carving personality description at its joints: Confirmation of three replicable personality prototypes for both children and adults. *European Journal of Personality, 15,* 169-198.

Asendorpf, J. B., Penke, L., & Back, M. D.（2011）. From dating to mating and relating: Predictors of initial and long-term outcomes of speed-dating in a community sample. *European Journal of Personality, 25,* 16-30.

Asendorpf, J. B., & van Aken, M. A. G.（1999）. Resilient, overcontrolled, and undercontrolled personality prototypes in childhood: Replicability, predictive power, and the trait-type issue. *Journal of Personality and Social Psychology, 77,* 815-832.

Asendorpf, J. B., & Wilpers, S.（1998）. Personality effects on social relationships. *Journal of Personality and Social Psychology, 74,* 1531-1544.

Ashton, M. C., & Lee, K.（2007）. Empirical, theoretical, and practical advantages of the HEXACO model of personality structure. *Personality and Social Psychology Review, 11,* 150-166.

Ashton, M. C., & Lee, K.（2008）. The prediction of Honesty-Humility-related criteria by the HEXACO and Five-Factor Models of personality. *Journal of Research in Personality, 42,* 1216-1228.

Ashton, M. C., & Lee, K.（2009）. The HEXACO-60: A short measure of the major dimensions of personality. *Journal of Personality Assessment, 91,* 340-345.

Ashton, M. C., & Lee, K.（2019a）. How well do Big Five measures capture HEXACO scale variance? *Journal of Personality Assessment, 101,* 567-573.

Ashton, M. C., & Lee, K.（2019b）. Religiousness and the HEXACO personality factors and facets in a large online sample. *Journal of Personality, 87,* 1103-1118.

Ashton, M. C., Lee, K., & de Vries, R. E.（2014）. The HEXACO Honesty-Humility, Agreeableness, and Emotionality factors: A review of research and theory. *Personality and Social Psychology Review, 18,* 139-152.

Ashton, M. C., Lee, K., & Paunonen, S. V.（2002）. What is the central feature of extraversion? Social attention versus reward sensitivity. *Journal of Personality and Social Psychology, 83*, 245-252.

Ashton, M. C., Lee, K., Perugini, M., Szarota, P., de Vries, R. E., Di Blas, L., Boies, K., & De Raad, B. (2004). A six-factor structure of personality-descriptive adjectives: Solutions from psycholexical studies in seven languages. *Journal of Personality and Social Psychology, 86*, 356-366.

Ashton, M. C., Lee, K., & Visser, B. A. (2019). Where's the H? Relations between BFI-2 and HEXACO-60 scales. *Personality and Individual Differences, 137*, 71-75.

Atherton, O. E., Zheng, L. R., Bleidorn, W., & Robins, R. W. (2019). The codevelopment of effortful control and school behavioral problems. *Journal of Personality and Social Psychology, 117*, 659-673.

Audet, É. C., Levine, S. L., Metin, E., Koestner, S., & Barcan, S. (2021). Zooming their way through university: Which Big 5 traits facilitated students' adjustment to online courses during the COVID-19 pandemic. *Personality and Individual Differences, 180*, 110969.

Austin, E. J., Hofer, S. M., Deary, I. J., & Eber, H. W. (2000). Interactions between intelligence and personality: Results from two large samples. *Personality and Individual Differences, 29*, 405-427.

淡路圓治郎・岡部彌太郎. (1932a). 向性檢査と向性指數（上）. 心理学研究, *7*, 1-54.

淡路圓治郎・岡部彌太郎. (1932b). 向性檢査と向性指數（中）. 心理学研究, *7*, 373-414.

淡路圓治郎・岡部彌太郎. (1933). 向性檢査と向性指數（下）. 心理学研究, *8*, 417-438.

Back, M. D., Stopfer, J. M., Vazire, S., Gaddis, S., Schmukle, S. C., Egloff, B., & Gosling, S. D. (2010). Facebook profiles reflect actual personality, not self-idealization. *Psychological Science, 21*, 372-374.

Baer, R. A., Smith, G. T., Hopkins, J., Krietemeyer, J., & Toney, L. (2006). Using self-report assessment methods to explore facets of mindfulness. *Assessment, 13*, 27-45.

Bahçekapılı, E., & Karaman, S. (2020). A path analysis of five-factor personality traits, self-efficacy, academic locus of control and academic achievement among online students. *Knowledge Management & E-Learning: An International Journal, 12*, 191-208.

Baltes, P. B., Reese, H. W., & Nesselroade, J. R. (1977). *Life-span Developmental Psychology: Introduction to Research Methods* (1st ed.). Psychology Press.

Barrick, M. R., & Mount, M. K. (1991). The Big Five personality dimensions and job performance: A meta-analysis. *Personnel Psychology, 44*, 1-26.

Barrick, M. R., Mount, M. K., & Gupta, R. (2003). Meta-analysis of the relationship between the five-factor model of personality and Holland's occupational types. *Personnel Psychology, 56*, 45-74.

Barrick, M. R., Mount, M. K., & Judge, T. A. (2001). Personality and performance at the beginning of the new millennium: What do we know and where do we go next? *International Journal of Selection and Assessment, 9*, 9-30.

Bastian, K. C., McCord, D. M., Marks, J. T., & Carpenter, D. (2017). A temperament for teaching? Associations between personality traits and beginning teacher performance and retention. *AERA Open, 3*, 2332858416684764.

Baumeister, R. F., Vohs, K. D., & Tice, D. M. (2007). The strength model of self-control. *Current*

Directions in Psychological Science, 16, 351-355.

Baumgarten, F. (1933). *Die Charaktereigenshaften. Beiträge zur Charakter-und Persönlichkeitsforschung.* Monogr. 1. A. Francke.

Becker, P. (1999). Beyond the Big Five. *Personality and Individual Differences, 26*, 511-530.

Belsky, J. (1984). The determinants of parenting: A process model. *Child Development, 55*, 83-96.

Benet-Martinez, V., & John, O. P. (1998). Los Cinco Grandes across cultures and ethnic groups: Multitrait multimethod analyses of the Big Five in Spanish and English. *Journal of Personality and Social Psychology, 75*, 729-750.

Ben-Ner, A., Kramer, A., & Levy, O. (2008). Economic and hypothetical dictator game experiments: Incentive effects at the individual level. *The Journal of Socio-Economics, 37*, 1775-1784.

Bennett, P. C., Rutter, N. J., Woodhead, J. K., & Howell, T. J. (2017). Assessment of domestic cat personality, as perceived by 416 owners, suggests six dimensions. *Behavioural Processes, 141* (Pt 3), 273-283.

Ben-Porath, Y. S., & Waller, N. G. (1992a). "Normal" personality inventories in clinical assessment: General requirements and the potential for using the NEO Personality Inventory. *Psychological Assessment, 4*, 14-19.

Ben-Porath, Y. S., & Waller, N. G. (1992b). Five big issues in clinical personality assessment: A rejoinder to Costa and McCrae. *Psychological Assessment, 4*, 23-25.

Bernard, L. C. (2010). Motivation and personality: Relationships between putative motive dimensions and the five factor model of personality. *Psychological Reports, 106*, 613-631.

Bieling, P. J., Israeli, A. L., & Antony, M. M. (2004). Is perfectionism good, bad, or both? Examining models of the perfectionism construct. *Personality and Individual Differences, 36*, 1373-1385.

Bilsky, W., & Schwartz, S. H. (1994). Values and personality. *European Journal of Personality, 8*, 163-181.

Bleidorn, W. (2015). What accounts for personality maturation in early adulthood? *Current Directions in Psychological Science, 24*, 245-252.

Bleidorn, W., Hopwood, C. J., Ackerman, R. A., Witt, E. A., Kandler, C., Riemann, R., Samuel, D. B., & Donnellan, M. B. (2020a). The healthy personality from a basic trait perspective. *Journal of Personality and Social Psychology, 118*, 1207-1225.

Bleidorn, W., Hopwood, C. J., Back, M. D., Denissen, J. J. A., Hennecke, M., Jokela, M., Kandler, C., Lucas, R. E., Luhmann, M., Orth, U., Roberts, B. W., Wagner, J., Wrzus, C., & Zimmermann, J. (2020b). Longitudinal experience–wide association studies: A framework for studying personality change. *European Journal of Personality, 34*, 285-300.

Bleidorn, W., Hopwood, C. J., & Lucas, R. E. (2018). Life events and personality trait change. *Journal of Personality, 86*, 83-96.

Bleidorn, W., Klimstra, T. A., Denissen, J. J. A., Rentfrow, P. J., Potter, J., & Gosling, S. D. (2013). Personality maturation around the world: A cross-cultural examination of social-investment theory. *Psychological Science, 24*, 2530-2540.

Bleidorn, W., Schwaba, T., Zheng, A., Hopwood, C. J., Sosa, S. S., Roberts, B. W., & Briley, D. A.

(2022). Personality stability and change: A meta-analysis of longitudinal studies. *Psychological Bulletin, in press.*

Block, J. H., & Block, J. (1980). The role of ego-control and ego-resiliency in organization of behavior. In A. W. Collins (Ed.), *Development of Cognition, Affect and Social Relations: The Minnesota Symposia on Child Psychology* (pp. 39-101). Lawrence Erlbaum Associates.

Bolhuis, J. E., Schouten, W. G. P., de Leeuw, J. A., Schrama, J. W., & Wiegant, V. M. (2004). Individual coping characteristics, rearing conditions and behavioural flexibility in pigs. *Behavioural Brain Research, 152,* 351-360.

Borgatta, E. F. (1964). The structure of personality characteristics. *Behavioral Science, 9,* 8-17.

Bornstein, M. H., Putnick, D. L., Gartstein, M. A., Hahn, C.-S., Auestad, N., & O'Connor, D. L. (2015). Infant temperament: Stability by age, gender, birth order, term status, and socioeconomic status. *Child Deveopment, 86,* 844-863.

Bouvette-Turcot, A.-A., Fleming, A. S., Wazana, A., Sokolowski, M. B., Gaudreau, H., Gonzalez, A., Deslauriers, J., Kennedy, J. L., Steiner, M., & Meaney, M. J. (2015). Maternal childhood adversity and child temperament: An association moderated by child 5-HTTLPR genotype. *Genes, Brain and Behavior, 14,* 229-237.

Braden, J. P. (1995). Intelligence and personality in school and educational psychology. In D. H. Saklofske & M. Zeidner (Eds.), *International Handbook of Personality and Intelligence* (pp.621-650). Plenum.

Brody, N. (1992). *Intelligence* (2nd ed.). Academic Press.

Brunborg, G. S., Hanss, D., Mentzoni, R. A., Molde, H., & Pallesen, S. (2016). Problem gambling and the five-factor model of personality: A large population-based study. *Addiction, 111,* 1428-1435.

Burch, G. St. J., Hemsley, D. R., Pavelis, C., & Corr, P. J. (2006). Personality, creativity and latent inhibition. *European Journal of Personality, 20,* 107-122.

Burns, D. (1980). The perfectionist's script for self-defeat. *Psychology Today, 14,* 34-57.

Buss, D. M., & Duntley, J. D. (2008). Adaptations for exploitation. *Group Dynamics: Theory, Research, and Practice, 12,* 53-62.

Cai, H., Zhu, J., & Yu, Y. (2020). Robust prediction of individual personality from brain functional connectome. *Social Cognitive and Affective Neuroscience, 15,* 359-369.

Caprara, G. V., Alessandri, G., & Eisenberg, N. (2012). Prosociality: The contribution of traits, values, and self-efficacy beliefs. *Journal of Personality and Social Psychology, 102,* 1289-1303.

Caprara, G. V., Vecchione, M., & Schwartz, S. H. (2009). Mediational role of values in linking personality traits to political orientation. *Asian Journal of Social Psychology, 12,* 82-94.

Carey, W. B., & McDevitt, S. C. (1978). Revision of the infant temperament questionnaire. *Pediatrics* (Evanston), *61,* 735-739.

Carvalho, L. de F., Pianowski, G., & Gonçalves, A. P. (2020). Personality differences and COVID-19: Are extroversion and conscientiousness personality traits associated with engagement with containment measures? *Trends in Psychiatry and Psychotherapy, 42,* 179-184.

Carver, C. S. & White, T. L. (1994). Behavioral inhibition, behavioral activation, and affective responses to impending reward and punishment: The BIS/BAS scales. *Journal of Personality and Social Psychology, 67*, 319-333.

Caspi, A., Roberts, B. W., & Shiner, R. L. (2005). Personality development: Stability and change. *Annual Review of Psychology, 56*, 453-484.

Caspi, A., & Shiner, R. (2008). Temperament and personality. In M. Rutter et al. (Eds.), *Rutter's Child and Adolescent Psychiatry* (5th ed., pp.182-198). Wiley Blackwell.

Caspi, A. & Silva, P. A. (1995). Temperamental qualities at age three predict personality traits in young adulthood: Longitudinal evidence from a birth cohort. *Child Development, 66*, 486-498.

Cattell, R. B. (1941). Some theoretical issues in adult intelligence testing. *Psychological Bulletin, 38*, 592.

Cattell, R. B. (1943). The description of personality: Basic traits resolved into clusters. *Journal of Abnormal and Social Psychology, 38*, 476-506.

Cattell, R. B. (1945a). The description of personality: Principles and findings in a factor analysis. *American Journal of Psychology, 58*, 69-90.

Cattell, R. B. (1945b). The principal trait clusters for describing personality. *Psychological Bulletin, 42*, 129-161.

Cattell, R. B. (1947). Confirmation and clarification of primary personality factors. *Psychometrika, 12*, 197-220.

Cattell, R. B. (1957). *Personality and Motivation Structure and Measurement.* World Book.

Cattell, R. B., & Cattell, M. D. (1969). *Handbook for the Jr.-Sr. High School Personality Questionnaire: The HSPQ for Ages Twelve Through Eighteen Years.* Institute of Personality and Ability Testing.

Cattell, R. B., Eber, H. W., & Tatsuoka, M. M. (1970). Handbook for the Sixteen Personality Factor Questionnaire (16 PF). In *Clinical, Educational, Industrial, and Research Psychology, for Use with All Forms of the Test.* Institute for Personality and Ability Testing.

Cemalcilar, Z., Baruh, L., Kezer, M., Soto, C. J., Sumer, N., & John, O. P. (2021). Testing the BFI-2 in a non-WEIRD community sample. *Personality and Individual Differences, 182*, 111087.

Chamorro-Premuzic, T., & Furnham, A. (2003). Personality predicts academic performance: Evidence from two longitudinal university samples. *Journal of Research in Personality, 37*, 319-338.

Chamorro-Premuzic, T., & Furnham, A. (2005). *Personality and Intellectual Competence.* Erlbaum.

Chamorro-Premuzic, T., & Furnham, A. (2007). Personality and music: Can traits explain how people use music in everyday life? *British Journal of Psychology, 98* (Pt 2), 175-185.

Chamorro-Premuzic, T., Moutafi, J. & Furnham, A. (2005). The relationship between personality traits, subjectively-assessed and fluid intelligence. *Personality and Individual Differences, 38*, 1517-1528.

Chapman, B. P., Duberstein, P. R., Sörensen, S., & Lyness, J. M. (2007). Gender differences in Five Factor Model personality traits in an elderly cohort: Extension of robust and surprising findings to an older generation. *Personality and Individual Differences, 43*, 1594-1603.

Chen, X., & Schmidt, L. A. (2015). Temperament and Personality. In M. E. Lamb (Vol. Ed.) & R. M. Lerner (Series Ed.), *Handbook of Child Psychology and Developmental Science, Vol.3, Socioemotional Processes* (7th ed., pp.152-200). Wiley

Chen, Y.-W., & Canli, T. (2022). "Nothing to see here": No structural brain differences as a function of the Big Five personality traits from a systematic review and meta-analysis. *Personality Neuroscience, 5*, e8, 1-28.

Chirumbolo, A., & Leone, L. (2010). Personality and politics: The role of the HEXACO model of personality in predicting ideology and voting. *Personality and Individual Differences, 49*, 43-48.

中央教育審議会. (2021). 「令和の日本型学校教育」の構築を目指して～全ての子供たちの可能性を引き出す, 個別最適な学びと, 協働的な学びの実現～ (答申).

Cipriani, G., Borin, G., Del Debbio, A., & Di Fiorino, M. (2015). Personality and dementia. *Journal of Nervous and Mental Disease, 203*, 210-214.

Clark, L. A., & Watson, D. (1999). Temperament: A new paradigm for trait psychology. In L. A. Pervin & O. P. John (Eds.), *Handbook of Personality: Theory and Research*, (2nd ed., pp.399-423). Guilford Press.

Clark, M. H., & Schroth, C. A. (2010). Examining relationships between academic motivation and personality among college students. *Learning and Individual Differences, 20*, 19-24.

Cleophas, T. J., & Zwinderman, A. H. (2017). *Modern Meta-Analysis: Review and Update of Methodologies*. Springer International Publishing.

Cloninger, C. R., Svrakic, D. M., & Przybeck, T. R. (1993). A psychobiological model of temperament and character. *Archives of General Psychiatry, 50*, 975-990.

Cohen, J. (1988). *Statistical Power Analysis for the Behavioral Sciences* (2nd ed.). Lawrence Erlbaum Associates.

Connor-Smith, J. K., & Flachsbart, C. (2007). Relations between personality and coping: A meta-analysis. *Journal of Personality and Social Psychology, 93*, 1080-1107.

Cordaro, D. T., Bradley, C., Zhang, J. W., Zhu, F., & Han, R. (2021). The development of the positive emotion assessment of contentment experience (PEACE) scale. *Journal of Happiness Studies, 22*, 1769-1790.

Costa Jr, P. T., Busch, C. M., Zonderman, A. B., & McCrae, R. R. (1986). Correlations of MMPI factor scales with measures of the five factor model of personality. *Journal of Personality Assessment, 50*, 640-650.

Costa Jr, P. T., & McCrae, R. R. (1980). Still stable after all these years: Personality as a key to some issues in adulthood and old age. In P. B. Baltes & O. G. Brim Jr. (Eds.), *Life Span Development and Behavior, Vol.III.* Academic Press.

Costa Jr, P. T., & McCrae, R. R. (1985). *The NEO Personality Inventory manual.* Psychological Assessment Resources, Inc.

Costa Jr, P. T., & McCrae, R. R. (1986). Personality stability and its implications for clinical psychology. *Clinical Psychology Review, 6*, 407-423.

Costa Jr, P. T., & McCrae, R. R. (1988). From catalog to classification: Murray's needs and the five-factor model. *Journal of Personality and Social Psychology, 55,* 258-265.

Costa Jr, P. T., & McCrae, R. R. (1992a). Four ways five factors are basic. *Personality and Individual Differences, 13,* 653-665.

Costa Jr, P. T., & McCrae, R. R. (1992b). *Revised NEO Personality Inventory (NEO-PI-R) and NEO Five-Factor Inventory (NEO-FFI).* Psychological Assessment Resources, Inc.

Costa Jr, P. T., & McCrae, R. R. (1992c). Normal personality assessment in clinical practice: The NEO Personality Inventory. *Psychological Assessment, 4,* 5-13.

Costa Jr, P. T., & McCrae, R. R. (1992d). "'Normal' personality inventories in clinical assessment: General requirements and the potential for using the NEO Personality Inventory": Reply. *Psychological Assessment, 4,* 20-22.

Costa Jr, P. T., & McCrae, R. R. (1992e). *NEO PI-R Professional Manual.* Psychological Assessment Resources, Inc.

Costa Jr, P. T., & McCrae, R. R. (1995a). Domains and facets: Hierarchical personality assessment using the Revised NEO Personality Inventory. *Journal of Personality Assessment, 64,* 21-50.

Costa Jr, P. T., & McCrae, R. R. (1995b). Primary traits of Eysenck's P-E-N system: Three- and five-factor solutions. *Journal of Personality and Social Psychology, 69,* 308-317.

Costa Jr, P. T., & McCrae, R. R. (2008). The revised NEO personality inventory (NEO-PI-R). In G. J. Boyle et al. (Eds.), *The SAGE Handbook of Personality Theory and Assessment: Volume 2-Personality Measurement and Testing* (pp.179-198). Sage Publications.

Costa Jr, P. T., McCrae, R. R., & Löckenhoff, C. E. (2019). Personality across the life span. *Annual Review of Psychology, 70,* 423-448.

Costa Jr, P. T., Terracciano, A., & McCrae, R. R. (2001). Gender differences in personality traits across cultures: Robust and surprising findings. *Journal of Personality and Social Psychology, 81,* 322-331.

Credé, M., Tynan, M. C., & Harms, P. D. (2017). Much ado about grit: A meta-analytic synthesis of the grit literature. *Journal of Personality and Social Psychology, 113,* 492-511.

Cuadrado, D., Salgado, J. F., & Moscoso, S. (2021). Personality, intelligence, and counterproductive academic behaviors: A meta-analysis. *Journal of Personality and Social Psychology, 120,* 504-537.

Damian, L. E., Stoeber, J., Negru-Subtirica, O., & Băban, A. (2014). Positive and negative affect in adolescents: An investigation of the 2x2 model of perfectionism. *Cognition, Brain, Behavior, An Interdisciplinary Journal, 18,* 1-16.

Dash, G. F., Slutske, W. S., Martin, N. G., Statham, D. J., Agrawal, A., & Lynskey, M. T. (2019). Big Five personality traits and alcohol, nicotine, cannabis, and gambling disorder comorbidity. *Psychology of Addictive Behaviors, 33,* 420-429.

De Fruyt, F., De Bolle, M., McCrae, R. R., Terracciano, A., Costa Jr, P. T., & Collaborators of the Adolescent Personality Profiles of Cultures Project. (2009). Assessing the universal structure of personality in early adolescence: The NEO-PI-R and NEO-PI-3 in 24 cultures. *Assessment, 16,* 301-311.

De Fruyt, F., De Clercq, B., & De Bolle, M. (2017). The five factor model of personality and consequential outcomes in childhood and adolescence. In T. A. Widiger (Ed.), *The Oxford Handbook of the Five Factor Model* (pp.507-520). Oxford University Press.

De Fruyt, F., & Karevold, E. B. (2021). Personality in adolescence. In O. P. John & R. W. Robins (Eds.), *Handbook of Personality: Theory and Reseach* (4th ed., pp.303-321). Guilford Press.

De Fruyt, F., Mervielde, I., & Van Leeuwen, K. (2002). The consistency of personality type classification across samples and five-factor measures. *European Journal of Personality, 16,* S57-S72.

de Haan, A. D., Deković, M., van den Akker, A. L., Stoltz, S. E. M. J., & Prinzie, P. (2013). Developmental personality types from childhood to adolescence: Associations with parenting and adjustment. *Child Development, 84,* 2015-2030.

De Raad, B. (2000). The Big Five Personality Factors: The psycholexical approach to personality. In *The Big Five Personality Factors: The Psycholexical Approach to Personality.* Hogrefe & Huber Publishers.

De Raad, B., Barelds, D. P. H., Levert, E., Ostendorf, F., Mlačić, B., Blas, L. D., Hrebícková, M., Szirmák, Z., Szarota, P., Perugini, M., Church, A. T., & Katigbak, M. S. (2010). Only three factors of personality description are fully replicable across languages: A comparison of 14 trait taxonomies. *Journal of Personality and Social Psychology, 98,* 160-173.

De Raad, B., Barelds, D. P. H., Timmerman, M. E., De Roover, K., Mlačić, B., & Church, A. T. (2014). Towards a pan-cultural personality structure: Input from 11 psycholexical studies. *European Journal of Personality, 28,* 497-510.

De Raad, B., Hendriks, A. A. J., & Hofstee, W. K. B. (1992). Towards a refined structure of personality traits. *European Journal of Personality, 6,* 301-319.

De Raad, B., Mulder, E, Kloosterman, K, & Hofstee, W. K. (1988). Personality-descriptive verbs. *European Journal of Personality, 2,* 81-96.

de Vries, R. E. (2013). The 24-item brief HEXACO inventory (BHI). *Journal of Research in Personality, 47,* 871-880.

DeNeve, K. M., & Cooper, H. (1998). The happy personality: A meta-analysis of 137 personality traits and subjective well-being. *Psychological Bulletin, 124,* 197-229.

Denissen, J. J. A., Bleidorn, W., Hennecke, M., Luhmann, M., Orth, U., Specht, J., & Zimmermann, J. (2018). Uncovering the power of personality to shape income. *Psychological Science, 29,* 3-13.

Denissen, J. J. A., Geenen, R., van Aken, M. A., Gosling, S. D., & Potter, J. (2008). Development and validation of a Dutch translation of the Big Five Inventory (BFI). *Journal of Personality Assessment, 90,* 152-157.

Denissen, J. J. A., Soto, C. J., Geenen, R., John, O. P., & van Aken, M. A. (2022). Incorporating prosocial vs. antisocial trait content in Big Five measurement: Lessons from the Big Five Inventory-2 (BFI-2). *Journal of Research in Personality, 96,* 104147.

Denissen, J. J. A., van Aken, M. A. G., Penke, L., & Wood, D. (2013). Self-regulation underlies temperament and personality: An integrative developmental framework. *Child Development*

Perspectives, 7, 255-260.

Depue, R. A., & Collins, P. F. (1999). Neurobiology of the structure of personality: Dopamine, facilitation of incentive motivation, and extraversion. *Behavioral and Brain Sciences, 22,* 491-517.

Depue, R. A., & Morrone-Strupinsky, J. V. (2005). A neurobehavioral model of affiliative bonding: Implications for conceptualizing a human trait of affiliation. *Behavioral and Brain Sciences, 28,* 313-350.

DeYoung, C. G. (2006). Higher-order factors of the Big Five in a multi-informant sample. *Journal of Personality and Social Psychology, 91,* 1138-1151.

DeYoung, C. G. (2013). The neuromodulator of exploration: A unifying theory of the role of dopamine in personality. *Frontiers in Human Neuroscience, 7,* 762.

DeYoung, C. G. (2015). Cybernetic big five theory. *Journal of Research in Personality, 56,* 33-58.

DeYoung, C. G. (2020). Intelligence and personality. In R. J. Sternberg (Ed.), *The Cambridge Handbook of Intelligence* (pp.1011-1047). Cambridge University Press.

DeYoung, C. G., & Blain, S. D. (2020). Personality neuroscience. In P. J. Corr & G. Matthews (Eds.), *The Cambridge Handbook of Personality Psychology* (pp.273-292). Cambridge University Press.

DeYoung, C. G., Peterson, J. B., & Higgins, D. M. (2005). Sources of openness/intellect: Cognitive and neuropsychological correlates of the fifth factor of personality. *Journal of Personality, 73,* 825-858.

DeYoung, C. G., Quilty, L. C., & Peterson, J. B. (2007). Between facets and domains: 10 aspects of the Big Five. *Journal of Personality and Social Psychology, 93,* 880-896.

Diener, E., Suh, E. M., Lucas, R. E., & Smith, H. L. (1999). Subjective well-being: Three decades of progress. *Psychological Bulletin, 125,* 276-302.

Digman, J. M. (1979). The five major domains of personality variables: Analysis of personality questionnaire data in the light of the five robust factors emerging from studies of rated characteristics. In *Annual Meeting of the Society of Multivariate Experimental Psychology,* Los Angeles, CA.

Digman, J. M. (1990). Personality structure: Emergence of the five-factor model. *Annual Review of Psychology, 41,* 417-440.

Digman, J. M. (1997). Higher-order factors of the Big Five. *Journal of Personality and Social Psychology, 73,* 1246-1256.

Digman, J. M., & Inouye, J. (1986). Further specification of the five robust factors of personality. *Journal of Personality and Social Psychology, 50,* 116-123.

Digman, J. M., & Takemoto-Chock, N. K. (1981). Factors in the natural language of personality: Re-analysis, comparison, and interpretation of six major studies. *Multivariate Behavioral Research, 16,* 149-170.

Dijker, A. J. M., & Koomen, W. (2007). *Stigmatization, Tolerance and Repair: An Integrative Psychological Analysis of Responses to Deviance.* Cambridge University Press.

Dingemanse, N. J., & Wolf, M. (2010). Recent models for adaptive personality differences: A review.

Philosophical Transactions of the Royal Society of London. Series B, Biological Sciences, 365, 3947-3958.

Duckworth, A. L., Peterson, C., Matthews, M. D., & Kelly, D. R. (2007). Grit: Perseverance and passion for long-term goals. *Journal of Personality and Social Psychology, 92*, 1087-1101.

Dudfield, F. W. H., Malouff, J. M., & Meynadier, J. (*in press*). The association between the five-factor model of personality and problem gambling: A meta-analysis. *Journal of Gambling Studies*.

Dudley, N. M., Orvis, K. A., Lebiecki, J. E., & Cortina, J. M. (2006). A meta-analytic investigation of conscientiousness in the prediction of job performance: Examining the intercorrelations and the incremental validity of narrow traits. *Journal of Applied Psychology, 91*, 40-57.

Dunkley, D. M., Blankstein, K. R., & Berg, J. L. (2012). Perfectionism dimensions and the five-factor model of personality. *European Journal of Personality, 26*, 233-244.

Dunkley, D. M., Blankstein, K. R., Zuroff, D. C., Lecce, S., & Hui, D. (2006a). Self-critical and personal standards factors of perfectionism located within the five-factor model of personality. *Personality and Individual Differences, 40*, 409-420.

Dunkley, D. M., Mandel, T., & Ma, D. (2014). Perfectionism, neuroticism, and daily stress reactivity and coping effectiveness 6 months and 3 years later. *Journal of Counseling Psychology, 61*, 616-633.

Dunkley, D. M., Zuroff, D. C., & Blankstein, K. R. (2006b). Specific perfectionism components versus self-criticism in predicting maladjustment. *Personality and Individual Differences, 40*, 665-676.

Durbin, C. E. (2010). Modeling temperamental risk for depression using developmentally sensitive laboratory paradigms: Temperamental risk. *Child Development Perspectives, 4*, 168-173.

Eckardt, W., Steklis, H. D., Steklis, N. G., Fletcher, A. W., Stoinski, T. S., & Weiss, A. (2015). Personality dimensions and their behavioral correlates in wild Virunga mountain gorillas (Gorilla beringei beringei). *Journal of Comparative Psychology, 129*, 26-41.

Eisenberg, N., Valiente, C., & Eggum, N. D. (2010). Self-regulation and school readiness. *Early Education and Development, 21*, 681-698.

Elsevier. (2020). Novel Coronavirus Information Center: Elsevier's free health and medical research on the novel coronavirus (SARS-CoV-2) and COVID-19. (https://www.elsevier.com/connect/coronavirus-information-center) (2022 年 7 月 27 日アクセス)

Evans, R. I. (1970). *Gordon Allport: The Man and His Ideas*. Dutton. (宇津木保・青木孝悦・青木邦子 [訳]. [1974]. オルポートとの対話 誠信書房.)

Eysenck, H. J. (1944). Types of personality: A factorial study of seven hundred neurotics. *Journal of Mental Science, 90*, 851-861.

Eysenck, H. J. (1967). *The Biological Basis of Personality*. Thomas. (梅津耕作他 [訳]. [1973]. 人格の構造：その生物学的基礎 岩崎学術出版社.)

Eysenck, H. J. (1992). Four ways five factors are not basic. *Personality and Individual Differences, 13*, 667-673.

Eysenck, H. J. (1997). Creativity and personality. In M. A. Runco (Ed.), *The Creativity Research Handbook: I* (pp.41-66). Hampton Press.

Eysenck, H. J., Barrett, P., Wilson, G., & Jackson, C. (1992). Primary trait measurement of the 21 components of the P-E-N system. *European Journal of Psychological Assessment, 8*, 109-117.

Eysenck, H. J., & Eysenck, M. W. (1985). *Personality and Individual Differences: A Natural Science Approach*. Plenum.

Eysenck, H. J., & Eysenck, S. B. G. (1964). *Manual of the Eysenck Personality Inventory*. Hodder & Stoughton.

Eysenck, H. J., & Eysenck, S. B. G. (1975). *Manual of the Eysenck Personality Questionnaire (junior and adult)*. Hodder & Stoughton.

Feher, A., & Vernon, P. A. (2021). Looking beyond the Big Five: A selective review of alternatives to the Big Five model of personality. *Personality and Individual Differences, 169*, 110002

Feist, G. J. (1998). A meta-analysis of personality in scientific and artistic creativity. *Personality and Social Psychology Review, 2*, 290-309.

FFPQ研究会（編）．（2002）．改訂FFPQ（5因子性格検査）マニュアル　北大路書房.

Fink, M., Bäuerle, A., Schmidt, K., Rheindorf, N., Musche, V., Dinse, H., Moradian, S., Weismüller, B., Schweda, A., Teufel, M., & Skoda, E.-M. (2021). COVID-19-fear affects current safety behavior mediated by neuroticism-results of a large cross-sectional study in Germany. *Frontiers in Psychology, 12*, 671768.

Fischer, R., & Boer, D. (2015). Motivational basis of personality traits: A meta-analysis of value - Personality correlations. *Journal of Personality, 83*, 491-510.

Fiske, D. W. (1949). Consistency of the factorial structures of personality ratings from different sources. *Journal of Abnormal Psychology, 44*, 329-344.

Fleeson, W. (2001). Toward a structure- and process-integrated view of personality: Traits as density distributions of states. *Journal of Personality and Social Psychology, 80*, 1011-1027.

Fleeson, W. (2004). Moving personality beyond the person-situation debate: The challenge and the opportunity of within-person variability. *Current Directions in Psychological Science, 13*, 83-87.

Fleeson, W. (2007). Situation-based contingencies underlying trait-content manifestation in behavior. *Journal of Personality, 75*, 825-862.

Fleeson, W., & Jayawickreme, E. (2015). Whole Trait Theory. *Journal of Research in Personality, 56*, 82-92.

Flett, G. L., & Hewitt, P. L. (2002). Perfectionism and maladjustment: An overview of theoretical, definitional, and treatment issues. In G. L. Flett & P. L. Hewitt (Eds.), *Perfectionism: Theory, Research, and Treatment* (pp.5-31). American Psychological Association.

Flett, G. L., Hewitt, P. L., Blankstein, K. R., & Mosher, S. W. (1991). Perfectionism, self-actualization, and personal adjustment. *Journal of Social Behavior and Personality, 6*, 147-160.

Franchow, E., Suchy, Y., Thorgusen, S., & Williams, P. G. (2013). More than education: Openness to experience contributes to cognitive reserve in older adulthood. *Journal of Aging Science, 1*, 1000109.

Freudenstein, J.-P., Strauch, C., Mussel, P., & Ziegler, M. (2019). Four personality types may be neither robust nor exhaustive. *Nature Human Behavior, 3*, 1045-1046.

Friedman, H. S., Tucker, J. S., Schwartz, J. E., Tomlinson-Keasey, C., Martin, L. R., Wingard, D. L., & Criqui, M. H. (1995). Psychosocial and behavioral predictors of longevity: The aging and death of the "Termites". *American Psychologist, 50*, 69-78.

Frost, R. O., Marten, P. A., Lahart, C., & Rosenblate, R. (1990). The dimensions of perfectionism. *Cognitive Therapy and Research, 14*, 449-468.

藤島　寛・山田尚子・辻平治郎．（2005）．5因子性格検査短縮版（FFPQ-50）の作成．パーソナリティ研究, *13*, 231-241.

深津千賀子．（2007）．精神科診療のための心理検査．精神神經學雜誌, *109*, 282-287.

Fullard, W., McDevitt, S. C., & Carey, W. B. (1984). Assessing temperament in one-to three-year-old children. *Journal of Pediatric Psychology, 9*, 205-217.

Funder, D. C. (2008). Persons, situations, and person-situation interactions. In O. P. John, R. W. Robbins & L. A. Pervin (Eds.), *Handbook of Personality: Theory and Research* (3rd ed., pp.568-580). Guilford Press.

Furnham, A. (2008). *Personality and Intelligence at Work: Exploring and Explaining Individual Differences at Work.* Routledge.

Furnham, A. (2017). Agreeableness. In V. Zeigler-Hill & T. K. Shackelford (Eds.), *Encyclopedia of Personality and Individual Differences* (pp.1-11). Springer International Publishing.

Furnham, A. (2021). Individual Differences at Work. In *Oxford Research Encyclopedia of Psychology.* Oxford University Press.

Gale, C. R., Mõttus, R., Deary, I. J., Cooper, C., & Sayer, A. A. (2017). Personality and risk of frailty: The English longitudinal study of ageing. *Annals of Behavioral Medicine, 51*, 128-136.

Galton, F. (1884). Measurement of character. *Fortnightly Review, 36*, 179-185.

Gartstein, M. A., & Rothbart, M. K. (2003). Studying infant temperament via the Revised Infant Behavior Questionnaire. *Infant Behavior & Development, 26*, 64-86.

Gatzka, T., & Hell, B. (2018). Openness and postsecondary academic performance: A meta-analysis of facet-, aspect-, and dimension-level correlations. *Journal of Educational Psychology, 110*, 355-377.

Gaughan, E. T., Miller, J. D., Pryor, L. R., & Lynam, D. R. (2009). Comparing two alternative measures of general personality in the assessment of psychopathy: A test of the NEO PI-R and the MPQ. *Journal of Personality, 77*, 965-996.

Gerlach, G., Herpertz, S., & Loeber, S. (2015). Personality traits and obesity: A systematic review. *Obesity Reviews, 16*, 32-63.

Gerlach, M., Farb, B., Revelle, W., & Nunes Amaral, L. A. (2018). A robust data-driven approach identifies four personality types across four large data sets. *Nature Human Behaviour, 2*, 735-742.

Gignac, G. E., & Szodorai, E. T. (2016). Effect size guidelines for individual differences researchers. *Personality and Individual Differences, 102*, 74-78.

Giluk, T. L. (2009). Mindfulness, Big Five personality, and affect: A meta-analysis. *Personality and Individual Differences, 47*, 805-811.

Gnambs, T. (2013). The elusive general factor of personality: The acquaintance effect. *European Journal of Personality, 27,* 507-520.

Goedhart, N. S., Blignaut-van Westrhenen, N., Moser, C., & Zweekhorst, M. B. M. (2019). The flipped classroom: Supporting a diverse group of students in their learning. *Learning Environments Research, 22,* 297-310.

Goff, M., & Ackerman, P. L. (1992). Personality-intelligence relations: Assessment of typical intellectual engagement. *Journal of Educational Psychology, 84,* 537-552.

Goldberg, L. R. (1981). Language and individual differences: The search for universals in personality lexicons. In L. Wheeler (Ed.), *Review of Personality and Social Psychology* (pp.141-165). Sage Publications.

Goldberg, L. R. (1982). From Ace to Zombie: Some explorations in the language of personality. *Advances in Personality Assessment, 1,* 203-234.

Goldberg, L. R. (1983, June). The magical number five, plus two: Some considerations on the dimensionality of personality descriptors. Paper presented at a Research Seminar, Gerontology Research Center, Baltimore, MD.

Goldberg, L. R. (1990). An alternative "description of personality": The big-five factor structure. *Journal of Personality and Social Psychology, 59,* 1216-1229.

Goldberg, L. R. (1992). The development of markers for the Big-Five factor structure. *Psychological Assessment, 4,* 26-42.

Goldberg, L. R. (1993a). The structure of phenotypic personality traits. *American Psychologist, 48,* 26-34.

Goldberg, L. R. (1993b). The structure of personality traits: Vertical and horizontal aspects. In D. C. Funder, R. D. Parke, C. Tomlinson-Keasey & K. Widaman (Eds.), *Studying Lives through Time: Personality and Development* (pp.169-188). American Psychological Association.

Goldberg, L. R. (1999). A broad-bandwidth, public domain, personality inventory measuring the lower-level facets of several five-factor models. *Personality Psychology in Europe, 7,* 7-28.

Goldsmith, H. H., Lemery, K. S., Aksan, N., & Buss, K. A. (2000). Temperamental substrates of personality. In V. J. Molfese & D. L. Molfese (Eds.), *Temperament and Personality Development Across the Life Span* (pp.1-32). Lawrence Erlbaum Associates.

Gosling, S. D. (2001). From mice to men: What can we learn about personality from animal research? *Psychological Bulletin, 127,* 45-86.

Gosling, S. D., & John, O. P. (1999). Personality dimensions in nonhuman animals: A cross-species review. *Current Directions in Psychological Science, 8,* 69-75.

Gosling, S. D., Ko, S. J., Mannarelli, T., & Morris, M. E. (2002). A room with a cue: Personality judgments based on offices and bedrooms. *Journal of Personality and Social Psychology, 82,* 379-398.

Gosling, S. D., Rentfrow, P. J., & Swann, W. B. Jr. (2003). A very brief measure of the Big-Five personality domains. *Journal of Research in Personality, 37,* 504-528.

Gough, H. G. (1956). *California Psychological Inventory.* Consulting Psychologists Press.

Gough, H. G., & Heilbrun, A. B. J. (1983). *The Adjective Check List Manual*. Consulting Psychologists Press.

Graham, E. K., Weston, S. J., Gerstorf, D. Yoneda, T. B., Booth, T., Beam, C. R., Petkus, A. J., Drewelies, J., Hall, A. N., Bastarache, E. D., Estabrook, R., Katz, M. J., Turiano, N. A., Lindenberger, U., Smith, J., Wagner, G. G., Pedersen, N. L., Allemand, M., Spiro 3rd, A., Deeg, D. J. H., Johansson, B., Piccinin, A. M., Lipton, R. B., Schaie, K. W., Willis, S., Reynolds, C. A., Deary, I. J., Hofer, S. M., & Mroczek, D. K. (2020). Trajectories of Big Five personality traits: A coordinated analysis of 16 longitudinal samples. *European Journal of Personality, 34*, 301-321.

Gray, J. A. (1982). *The Neuropsychology of Anxiety: An Enquiry into the Functions of the Septo-Hippocampal Systems*. Oxford University Press.

Gray, J. A., & McNaughton, N. (2003). *The Neuropsychology of Anxiety: An Enquiry into the Functions of the Septo-Hippocampal Systems* (2nd ed.). Oxford University Press.

Graziano, W. G. (1994). The development of Agreeableness as a dimension of personality. In C. F. Halverson, Jr., G. A. Kohnstamm & R. P. Martin (Eds.), *The Developing Structure of Temperament and Personality from Infancy to Adulthood* (pp.339-354). Lawrence Erlbaum Associates.

Graziano, W. G., & Eisenberg, N. (1997). Agreeableness: A dimension of personality. In R. Hogan, J. A. Johnson & S. R. Briggs (Eds.), *Handbook of Personality Psychology* (pp.795-824). Academic Press.

Graziano, W. G., & Habashi, M. M. (2010). Motivational processes underlying both prejudice and helping. *Personality and Social Psychology Review, 14*, 313-331.

Graziano, W. G., & Tobin, R. M. (2002). Agreeableness: Dimension of personality or social desirability artifact? *Journal of Personality, 70*, 695-727.

Graziano, W. G., & Tobin, R. M. (2009). Agreeableness. In M. R. Leary & R. H. Hoyle (Eds.), *Handbook of Individual Differences in Social Behavior* (pp.46-61). Guilford Press.

Graziano, W. G., & Tobin, R. M. (2013). The cognitive and motivational foundations underlying agreeableness. In M. D. Robinson, E. Watkins, & E. Harmon-Jones (Eds.), *Handbook of Cognition and Emotion* (pp.347-364). Guilford Press.

Graziano, W. G., & Tobin, R. M. (2017). Agreeableness and the Five Factor Model. In T. A. Widiger (Ed.), *The Oxford Handbook of the Five Factor Model* (pp.105-132). Oxford University Press.

Graziano, W. G., & Tobin, R. M. (2018). Agreeableness: A three-level integration. In V. Zeigler-Hill & T. K. Shackelford (Eds.), *The SAGE Handbook of Personality and Individual Differences: Applications of Personality and Individual Differences* (pp.212-234). Sage Publications.

Graziano, W. G., & Tobin, R. M. (2019). Theoretical conceptualizations of agreeableness and antagonism. In J. D. Miller & D. R. Lynam(Eds.), *The Handbook of Antagonism: Conceptualizations, Assessment, Consequences, and Treatment of the Low End of Agreeableness* (pp.127-139). Elsevier Academic Press.

Greenspon, T. S. (2000). "Healthy perfectionism" is an oxymoron! Reflections on the psychology of perfectionism and the sociology of science. *Journal of Secondary Gifted Education, 11*, 197-208.

Grzegorek, J. L., Slaney, R. B., Franze, S., & Rice, K. G. (2004). Self-criticism, dependency, self-esteem, and grade point average satisfaction among clusters of perfectionists and nonperfectionists. *Journal of Counseling Psychology, 51*, 192-200.

Guilford, J. P., & Martin, H. G. (1943). *The Guilford-Martin Personnel Inventory*. Sheridan Supply Company.

Guilford, J. P., & Zimmerman, W. S. (1949). *The Guilford-Zimmerman Temperament Survey (Test booklet and manual)*. Sheridan Supply Company.

Gurrera, R. J., Dickey, C. C., Niznikiewicz, M. A., Voglmaier, M. M., Shenton, M. E., & McCarley, R. W. (2005). The five-factor model in schizotypal personality disorder. *Schizophrenia Research, 80*, 243-251.

Gutman, L. M., & Schoon, I. (2013). The impact of non-cognitive skills on outcomes for young people: A literature review. Education Endowment Foundation.

Hakulinen, C., Elovainio, M., Batty, G. D., Virtanen, M., Kivimäki, M., & Jokela, M. (2015a). Personality and alcohol consumption: Pooled analysis of 72,949 adults from eight cohort studies. *Drug and Alcohol Dependence, 151*, 110-114.

Hakulinen, C., Elovainio, M., Pulkki-Råback, L., Virtanen, M., Kivimäki, M., & Jokela, M. (2015b). Personality and depressive symptoms: Individual Participant meta-analysis of 10 cohort studies. *Depression and Anxiety, 32*, 461-470.

Hakulinen, C., Hintsanen, M., Munafò, M. R., Virtanen, M., Kivimäki, M., Batty, G. D., & Jokela, M. (2015c). Personality and smoking: Individual-participant meta-analysis of nine cohort studies. *Addiction, 110*, 1844-1852.

Hampson, S. E. (2008). Mechanisms by which childhood personality traits influence adult well-being. *Current Directions in Psychological Science, 17*, 264-268.

Harris, J. A. (2004). Measured intelligence, achievement, openness to experience, and creativity. *Personality and Individual Differences, 36*, 913-929.

Harris, K., & Vazire, S. (2016). On friendship development and the Big Five personality traits. *Social and Personality Psychology Compass, 10*, 647-667.

Hartley, A. G., Jayawickreme, E., & Fleeson, W. (2020). Organizing situation Characteristics by their influences on Big Five states. In J. F. Rauthmann, R. A. Sherman & D. C. Funder (Eds.), *The Oxford Handbook of Psychological Situations* (pp.330-342). Oxford University Press.

Haselton, M. G., & Buss, D. M. (2000). Error management theory: A new perspective on biases in cross-sex mind reading. *Journal of Personality and Social Psychology, 78*, 81-91.

Haselton, M. G., & Nettle, D. (2006). The paranoid optimist: An integrative evolutionary model of cognitive biases. *Personality and Social Psychology Review, 10*, 47-66.

橋川莉乃・高橋英之・簗瀬洋平. (2021). ぬいアバターの住むお部屋——仮想空間における交流表現がもたらすぬいぐるみへの印象変化——. HAI シンポジウム 2021 プロシーディング.

橋本泰央・小塩真司. (2016). 対人円環モデルに基づいた IPIP-IPC-J の作成. 心理学研究, *87*, 395-404.

橋本泰央・小塩真司. (2018). 対人特性と Big Five・パーソナリティ特性との関連——メタ分析によ

る検討――. パーソナリティ研究, *26*, 294-296.

畑野　快.（2020）. パーソナリティ研究の動向と今後の展望：パーソナリティ特性, アイデンティティを中心とした変化・発達研究の展開に向けて. 教育心理学年報, *59*, 57-73.

Hathaway, S. R., & McKinley, J. C. (1951). *Minnesota Multiphasic Personality Inventory* (Rev. ed.). Psychological Corporation.

Heckman, J. J. (2013). *Giving Kids a Fair Chance*. MIT Press.（古草秀子［訳］.［2015］. 幼児教育の経済学　東洋経済新報社.）

Heckman, J. J., & Rubinstein, Y. (2001). The importance of noncognitive skills: Lessons from the GED testing program. *American Economic Review, 91*, 145-149.

Heller, D., Watson, D., & Hies, R. (2004). The role of person versus situation in life satisfaction: A critical examination. *Psychological Bulletin, 130*, 574-600.

Hessen, P. R., & Kuncel, N. R. (2022). Beyond grades: A meta-analysis of personality predictors of academic behavior in middle school and high school. *Personality and Individual Differences, 199*, 111809.

Hewitt, P. L., & Flett, G. L. (1991). Perfectionism in the self and social contexts: Conceptualization, assessment, and association with psychopathology. *Journal of Personality and Social Psychology, 60*, 456-470.

Hilbig, B. E., Zettler, I., Leist, F., & Heydasch, T. (2013). It takes two: Honesty-Humility and Agreeableness differentially predict active versus reactive cooperation. *Personality and Individual Differences, 54*, 598-603.

Hill, P. C., & Pargament, K. I. (2003). Advances in the conceptualization and measurement of religion and spirituality: Implications for physical and mental health research. *American Psychologist, 58*, 64-74.

Hill, R. W., Huelsman, T. J., Furr, R. M., Kibler, J., Vicente, B. B., & Kennedy, C. (2004). A new measure of perfectionism: The perfectionism inventory. *Journal of Personality Assessment, 82*, 80-91.

Hitlin, S., & Piliavin, J. A. (2004). Values: Reviving a dormant concept. *Annual Review of Sociology, 30*, 359-393.

Hofmann, W., Schmeichel, B. J., & Baddeley, A. D. (2012). Executive functions and self-regulation. *Trends in Cognitive Sciences, 16*, 174-180.

Hofmans, J., Kuppens, P., & Allik, J. (2008). Is short in length short in content? An examination of the domain representation of the Ten Item Personality Inventory scales in Dutch language. *Personality and Individual Differences, 45*, 750-755.

Hofstee, W. K., De Raad, B., & Goldberg, L. R. (1992). Integration of the big five and circumplex approaches to trait structure. *Journal of Personality and Social Psychology, 63*, 146-163.

Holland, J. L. (1996). Exploring careers with a typology: What we have learned and some new directions. *American Psychologist, 51*, 397-406.

Holland, J. L., Sorensen, A. B., Clark, J. P., Nafziger, D. H., & Blum, Z. D. (1973). Applying an occupational classification to a representative sample of work histories. *Journal of Applied*

Psychology, 58, 34-41.

堀毛一也.（2014）．パーソナリティと状況．唐沢かおり（編著），新 社会心理学：心と社会をつなぐ
知の統合（pp.71-91） 北大路書房．

堀毛一也.（2020）．人間－状況論争は続いている：心理的状況研究の新たな展開を中心に．安藤清
志・大島　尚（監修），心理学から見た社会：実証研究の可能性と課題　誠信書房．

堀毛一也・高橋智幸.（2007）．パーソナリティ．潮村公弘・福島　治（編著），社会心理学概説
（pp.12-23） 北大路書房．

Howard, M. C., & Van Zandt, E. C.（2020）. The discriminant validity of honesty-humility: A meta-analysis of the HEXACO, Big Five, and Dark Triad. *Journal of Research in Personality, 87,* 103982.

Hudson, N. W., Briley, D. A., Chopik, W. J., & Derringer, J.（2019）. You have to follow through: Attaining behavioral change goals predicts volitional personality change. *Journal of Personality and Social Psychology, 117,* 839-857.

Huovinen, E., Kaprio, J., & Koskenvuo, M.（2001）. Asthma in relation to personality traits, life satisfaction, and stress: A prospective study among 11,000 adults. *Allergy, 56,* 971-977.

池上真平・佐藤典子・羽藤　律・生駒　忍・宮澤史穂・小西潤子・星野悦子.（2021）．日本人におけ
る音楽聴取の心理的機能と個人差．心理学研究, *92,* 237-247.

今田　寛.（1988）．獲得性動機に関する相反過程理論について（その1）．関西学院大学人文論究,
38, 45-62.

Ironson, G. H., O'Cleirigh, C., Weiss, A., Schneiderman, N., & Costa Jr, P. T.（2008）. Personality and HIV disease progression: Role of NEO-PI-R openness, extraversion, and profiles of engagement. *Psychosomatic Medicine: Journal of Biobehavioral Medicine, 70,* 245-253.

Jackson, D. N.（1974）. *Personality research form manual.* Research Psychologists Press.

Jackson, J. J., Connolly, J. J., Garrison, S. M., Levine, M. M., & Connolly, S. L.（2015）. Your friends know how long you will live: A 75 year study of peer-rated personality traits. *Psychological Science, 26,* 335-340.

Jackson, J. J., Hill, P. L., Payne, B. R., Roberts, B. W., & Stine-Morrow, E. A. L.（2012）. Can an old dog learn (and want to experience) new tricks? Cognitive training increases Openness to experience in older adults. *Psychology and Aging, 27,* 286-292.

Jackson, J. J., & Roberts, B. W.（2017）. Conscientiousness. In T. A. Widiger (Ed.), *The Oxford Handbook of the Five Factor Model* (pp.133-148). Oxford University Press.

Jackson, J. J., Wood, D., Bogg, T., Walton, K. E., Harms, P. D., & Roberts, B. W.（2010）. What do conscientious people do? Development and validation of the behavioral indicators of conscientiousness (BIC). *Journal of Research in Personality, 44,* 501-511.

Jensen-Campbell, L. A., Knack, J. M., & Gomez, H. L.（2010）. The Psychology of Nice People. *Social and Personality Psychology Compass, 4,* 1042-1056.

Jeronimus, B. F., Kotov, R., Riese, H., & Ormel, J.（2016）. Neuroticism's prospective association with mental disorders halves after adjustment for baseline symptoms and psychiatric history, but the adjusted association hardly decays with time: A meta-analysis on 59 longitudinal/

prospective studies with 443,313 participants. *Psychological Medicine, 46*, 2883-2906.

John, O. P. (1990). The "Big Five" factor taxonomy: Dimensions of personality in the natural language and in questionnaires. In L. A. Pervin (Ed.), *Handbook of Personality: Theory and Research* (pp.66-100). Guilford Press.

John, O. P., Angleitner, A., & Ostendorf, F. (1988). The lexical approach to personality: A historical review of trait taxonomic research. *European Journal of Personality, 2*, 171-203.

John, O. P., Donahue, E. M., & Kentle, R. L. (1991). *The Big Five Inventory-Versions 4a and 54*. University of California, Berkeley, Institute of Personality and Social Research.

John, O. P., Naumann, L. P., & Soto, C. J. (2008). Paradigm shift to the integrative Big Five trait taxonomy: History, measurement, and conceptual issues. In O. P. John, R. W. Robins & L. A. Pervin (Eds.), *Handbook of Personality: Theory and Research* (pp.114-158). Guilford Press.

John, O. P., & Srivastava, S. (1999). The Big Five Trait taxonomy: History, measurement, and theoretical perspectives. In L. A. Pervin & O. P. John (Eds.), *Handbook of Personality: Theory and Research* (2nd ed., pp.102-138). Guilford Press.

Johnson, J. A. (2014). Measuring thirty facets of the Five Factor Model with a 120-item public domain inventory: Development of the IPIP-NEO-120. *Journal of Research in Personality, 51*, 78-89.

Jokela, M. (2020). Selective residential mobility and social influence in the emergence of neighborhood personality differences: Longitudinal data from Australia. *Journal of Research in Personality, 86*, 103953.

Jokela, M., Batty, G. D., Nyberg, S. T., Virtanen, M., Nabi, H., Singh-Manoux, A., & Kivimäki, M. (2013). Personality and all-cause mortality: Individual-participant meta-analysis of 3,947 deaths in 76,150 adults. *American Journal of Epidemiology, 178*, 667-675.

Jokela, M., Bleidorn, W., Lamb, M. E., Gosling, S. D., & Rentfrow, P. J. (2015). Geographically varying associations between personality and life satisfaction in the London metropolitan area. *PNAS Proceedings of the National Academy of Sciences of the United States of America, 112*, 725-730.

Jokela, M., Elovainio, M., Kivimäki, M., & Keltikangas-Järvinen, L. (2008). Temperament and migration patterns in Finland. *Psychological Science, 19*, 831-837.

Jones, S. E., Miller, J. D., & Lynam, D. R. (2011). Personality, antisocial behavior, and aggression: A meta-analytic review. *Journal of Criminal Justice, 39*, 329-337.

Joot, J. T. (2006). The end of the end of ideology. *American Psychologist, 61*, 651-670.

Judge, T. A., Bono, J. E., Ilies, R., & Gerhardt, M. W. (2002). Personality and leadership: A qualitative and quantitative review. *Journal of Applied Psychology, 87*, 765-780.

Judge, T. A., & Ilies, R. (2002). Relationship of personality to performance motivation: A meta-analytic review. *Journal of Applied Psychology, 87*, 797-807.

Jung, C. G. (1921). *Psychologische Typen*. Rascher Verlag, translation H. G. Baynes, 1923.

Kabat-Zinn, J. (1994). *Wherever You Go, There You Are: Mindfulness Meditation in Everyday Life*. Hyperion.

Kagan, J. (1998). Biology and the child. In W. Damon & N. Eisenberg (Eds.), *Handbook of Child*

Psychology: Social, Emotional, and Personality Development, Vol.3. (5th ed., pp.177-235). John Wiley & Sons.

Kagan, J., Snidman, N., Kahn, V., & Towsley, S. (2007). The preservation of two infant temperaments into adolescence. *Monographs of the Society for Research in Child Development, 72*, 1-75.

鹿毛雅治. (2012). 序「やる気の心理学」への招待. 鹿毛雅治 (編), モティベーションをまなぶ12の理論 (pp.3-12) 金剛出版.

Kaiser, B. (2019). *Targeted: The Cambridge Analytica Whistleblower's Inside Story of How Big Data, Trump, and Facebook Broke Democracy and How It Can Happen Again.* Harper. (染田屋茂・道本美穂・小谷 力・小金輝彦 [訳]. [2019]. 告発：フェイスブックを揺るがした巨大スキャンダル ハーパーコリンズ・ジャパン.)

Kajonius, P., & Mac Giolla, E. (2017). Personality traits across countries: Support for similarities rather than differences. *PLoS ONE, 12*, e0179646.

Kandler, C., Bleidorn, W., Riemann, R., Spinath, F. M., Thiel, W., & Angleitner, A. (2010). Sources of cumulative continuity in personality: A longitudinal multiple-rater twin study. *Journal of Personality and Social Psychology, 98*, 995-1008.

Kaplan, S. C., Levinson, C. A., Rodebaugh, T. L., Menatti, A., & Weeks, J. W. (2015). Social anxiety and the big five personality traits: The interactive relationship of trust and openness. *Cognitive Behaviour Therapy, 44*, 212-222.

Karney, B. R., & Bradbury, T. N. (1995). The longitudinal course of marital quality and stability: A review of theory, methods, and research. *Psychological Bulletin, 118*, 3-34.

嘉瀬貴祥・上野雄己・梶内大輝・島本好平. (2018). パーソナリティ・プロトタイプにおけるResilients, Overcontrollers, Undercontrollers, およびその他のタイプの特徴――ライフスキルの高低に基づいた検討. パーソナリティ研究, *27*, 164-167.

嘉瀬貴祥・上野雄己・大石和男. (2017). パーソナリティ・プロトタイプに基づいた大学生の類型化と精神的健康の関連. 日本健康教育学会誌, *25*, 195-203.

柏木繁男・辻平治郎・藤島 寛・山田尚子. (2005). 性格特性の語彙的研究 LEX400 のビッグファイブ的評価. 心理学研究, *76*, 368-374.

柏木繁男・和田さゆり・青木孝悦. (1993). 性格特性のBIG FIVEと日本語版ACLの斜交因子基本パターン. 心理学研究, *64*, 153-159.

Kaufman, S. B. (2015). The Difference between ExtrAversion and ExtrOversion: What's the correct spelling: ExtrAversion or ExtrOversion? Retrieved from https://blogs.scientificamerican.com/beautiful-minds/the-difference-between-extraversion-and-extroversion/ (2022年10月7日アクセス)

Kawamoto, T., & Endo, T. (2015). Personality change in adolescence: Results from a Japanese sample. *Journal of Research in Personality, 57*, 32-42.

Kayiş, A. R., Satici, S. A., Yilmaz, M. F., Şimşek, D., Ceyhan, E., & Bakioğlu, F. (2016). Big Five-personality trait and Internet addiction: A meta-analytic review. *Computers in Human Behavior, 63*, 35-40.

経済協力開発機構（OECD）．（2018）．ベネッセ教育総合研究所（企画・制作），無藤　隆・秋田喜代美（監訳），荒牧美佐子・都村聞人・木村治生・高岡純子・真田美恵子・持田聖子（訳），社会情動的スキル——学びに向かう力—— 明石書店.

Keller, C., & Siegrist, M. (2015). Does personality influence eating styles and food choices? Direct and indirect effects. *Appetite, 84*, 128-138.

Keller, H., & Karau, S. J. (2013). The importance of personality in students' perceptions of the online learning experience. *Computers in Human Behavior, 29*, 2494-2500.

Keller, M. C., Coventry, W. L., Heath, A. C., & Martin, N. G. (2005). Widespread evidence for non-addictive genetic variation in Cloninger's and Eysenck's personality dimensions using a twin plus sibling design. *Behavior Genetics, 35*, 707-721.

Kelly, E. L., & Conley, J. J. (1987). Personality and compatibility: A prospective analysis of marital stability and marital satisfaction. *Journal of Personality and Social Psychology, 52*, 27-40.

喜入　暁．（2016）．Dark Triadと5因子性格モデルとの関連．法政大学大学院紀要，*76*，49-54.

木島伸彦．（2014）．クロニンジャーのパーソナリティ理論入門——自分を知り，自分をデザインする——　北大路書房.

木島伸彦・斎藤令衣・竹内美呑・吉野相英・大野　裕・加藤元一郎・北村俊則．（1996）．Cloninger の気質と性格の7次元モデルおよび日本語版Temperament and Character Inventory（TCI）．季刊精神科診断学，*7*，379-399.

King, J. E., & Figueredo, A. J. (1997). The five-factor model plus dominance in chimpanzee personality. *Journal of Research in Personality, 31*, 257-271.

King, J. E., Weiss, A., & Farmer, K. H. (2005). A chimpanzee (Pan troglodytes) analogue of cross-national generalization of personality structure: zoological parks and an African sanctuary. *Journal of Personality, 73*, 389-410.

Kirkcaldy, B. D. (1982). Personality profiles at various levels of athletic participation. *Personality and Individual differences, 3*, 321-326.

Klages, L. (1926). *The Science of Character* (Trans. 1932). Allen & Unwin.

Klein, D. N., Dyson, M. W., Kujawa, A. J., & Kotov, R. (2012). Temperament and internalizing disorders. In M. Zentner & R. L. Shiner (Eds.), *Handbook of Temperament* (pp.541-561). Guilford Press.

Knopik, V.S., Neiderhiser, J. M., DeFries, J. C., & Plomin, R. (2017). *Behavioral Genetics* (7th ed.). Worth Publishers.

Komarraju, M., & Karau, S. J. (2005). The relationship between the big five personality traits and academic motivation. *Personality and Individual Differences, 39*, 557-567.

Komatsu, K. (2010). How signs function in the process of meaning construction: An Exemplification from Gitai-go in the Japanese language. *Integrative Psychological and Behavioral Science, 44*, 144-155.

小松孝至・向山泰代・西岡美和・酒井恵子．（2016）．擬態語による性格認知と友人関係におけるリーダー／フォロワー役割．心理学研究，*86*，589-595.

小松孝至・酒井恵子・西岡美和・向山泰代．（2012）．自他の性格評定に使用可能な擬態語性格尺度の

構成. 心理学研究, *83*, 82-90.

Koole, S. L., Jager, W., van den Berg, A. E., Vlek, C. A., & Hofstee, W. K. B. (2001). On the social nature of personality: Effects of extraversion, agreeableness, and feedback about collective resource use on cooperation in a resource dilemma. *Personality and Social Psychology Bulletin, 27*, 289-301.

Koolhaas, J. M., de Boer, S. F., Coppens, C. M., & Buwalda, B. (2010). Neuroendocrinology of coping styles: Towards understanding the biology of individual variation. *Frontiers in Neuroendocrinology, 31*, 307-321.

Koolhaas, J. M., Korte, S. M., de Boer, S. F., Van Der Vegt, B. J., Van Reenen, C. G., Hopster, H., De Jong, I. C., Ruis, M. A., & Blokhuis, H. J. (1999). Coping styles in animals: Current status in behavior and stress-physiology. *Neuroscience and Biobehavioral Reviews, 23*, 925-935.

厚生労働省. (2022). 国内の発生状況. https://www.mhlw.go.jp/stf/covid-19/kokunainohasseijoukyou. html#h2_1 (2022 年 7 月 27 日アクセス)

Kotov, R., Gamez, W., Schmidt, F., & Watson, D. (2010). Linking "big" personality traits to anxiety, depressive, and substance use disorders: A meta-analysis. *Psychological Bulletin, 136*, 768-821.

古浦一郎. (1952). 特性名辞の研究. 古賀先生還暦記念心理学論文集 広島文理大学心理学教室.

Krahé, B. (1992). *Personality and Social Psychology: Towards a synthesis*. Sage Publications. (堀毛一也 [編訳]. [1996]. 社会的状況とパーソナリティ 北大路書房.)

Kunisato, Y., Okamoto, Y., Okada, G., Aoyama, S., Nishiyama, Y., Onoda, K., & Yamawaki, S. (2011). Personality traits and the amplitude of spontaneous low-frequency oscillations during resting state. *Neuroscience Letters, 492*, 109-113.

国里愛彦・山口陽弘・鈴木伸一. (2008). Cloninger の気質・性格モデルと Big Five モデルとの関連性. パーソナリティ研究, *16*, 324-334.

Kuo, Y.-C., Belland, B. R., Schroder, K. E. E., & Walker, A. E. (2014). K-12 teachers' perceptions of and their satisfaction with interaction type in blended learning environments. *Distance Education, 35*, 360-381.

Lai, D. W. L., & Qin, N. (2018). Extraversion personality, perceived health and activity participation among community-dwelling aging adults in Hong Kong. *PLoS ONE, 13*, e0209154.

Lambert, M. J., & Barley, D. E. (2001). Research summary on the therapeutic relationship and psychotherapy outcome. *Psychotherapy: Theory, Research, Practice, Training, 38*, 357-361.

Lazarus, R. S., & Folkman, S. (1984). *Stress, Appraisal, and Coping*. Springer.

Leary, T. (1957). *Interpersonal Diagnosis of Personality: A Functional Theory and Methodology for Personality Evaluation*. Ronald Press.

Lee, K., & Ashton, M. C. (2005). Psychopathy, Machiavellianism, and narcissism in the Five-Factor Model and the HEXACO model of personality structure. *Personality and Individual Differences, 38*, 1571-1582.

Lee, K., & Ashton, M. C. (2018). Psychometric properties of the HEXACO-100. *Assessment, 25*, 543-556.

Lee, K., Ashton, M. C., Morrison, D. L., Cordery, J., & Dunlop, P. D. (2008). Predicting integrity with the HEXACO personality model: Use of self- and observer reports. *Journal of Occupational and Organizational Psychology, 81*, 147-167.

Lee, K., Ashton, M. C., Ogunfowora, B., Bourdage, J. S., & Shin, K.-H. (2010). The personality bases of socio-political attitudes: The role of Honesty-Humility and Openness to Experience. *Journal of Research in Personality, 44*, 115-119.

Lee, S. D., Kuncel, N. R., & Gau, J. (2020). Personality, attitude, and demographic correlates of academic dishonesty: A meta-analysis. *Psychological Bulletin, 146*, 1042-1058.

Lehnart, J., Noyon, I., Krieger, T., & Hennig, J. (2010). The neuroticism-anxiety-depression continuum in the general population: Testing the mediating effect of emotion regulation strategies. *Personality and Individual Differences, 49*, 896-901.

Lewis, D. M. G., & Buss, D. M. (2021). The evolution of human personality. In O. P. John & R. W. Robins (Eds.), *Handbook of Personality: Theory and Research* (pp.3-34). Guilford Press.

Ley, J. M., Bennett, P. C., & Coleman, G. J. (2008). Personality dimensions that emerge in companion canines. *Applied Animal Behaviour Science, 110*, 305-317.

Ley, J. M., Bennett, P. C., & Coleman, G. J. (2009). A refinement and validation of the Monash Canine Personality Questionnaire (MCPQ). *Applied Animal Behaviour Science, 116*, 220-227.

Lipnevich, A. A., & Roberts, R. D. (2012). Noncognitive skills in education: Emerging research and applications in a variety of international contexts. *Learning and Individual Differences, 22*, 173-177.

Lippa, R. A. (2010). Sex differences in personality traits and gender-related occupational preferences across 53 nations: Testing evolutionary and social-environmental theories. *Archives of Sexual Behavior, 39*, 619-636.

Litchfield, C. A., Quinton, G., Tindle, H., Chiera, B., Kikillus, K. H., & Roetman, P. (2017). The "Feline Five": An exploration of personality in pet cats (Felis catus). *PLoS ONE, 12*, e0183455.

Liu, D., & Campbell, W. K. (2017). The Big Five personality traits, Big Two metatraits and social media: A meta-analysis. *Journal of Research in Personality, 70*, 229-240.

Lloyd, A. S., Martin, J. E., Bornett-Gauci, H. L. I., & Wilkinson, R. G. (2008). Horse personality: Variation between breeds. *Applied Animal Behaviour Science, 112*, 369-383.

Locke, E. A., Shaw, K. N., Saari, L. M., & Latham, G. P. (1981). Goal setting and task performance: 1969-1980. *Psychological Bulletin, 90*, 125-152.

Lul, P. P., Chmielewski, M., Trujillo, M., Morris, J., & Pigott, T. D. (2022). Linking big five personality domains and facets to alcohol (mis)use: A systematic review and meta-analysis. *Alcohol and Alcoholism, 57*, 58-73.

Lynam, D. R., & Miller, J. D. (2019). The basic trait of Antagonism: An unfortunately underappreciated construct. *Journal of Research in Personality, 81*, 118-126.

Lyons, M., Limniou, M., Schermbrucker, I., Hands, C., & Downes, J. J. (2017). The big five, learning goals, exam preparedness, and preference for flipped classroom teaching: Evidence from a large psychology undergraduate cohort. *Psychology Learning & Teaching, 16*, 36-46.

Mac Giolla, E., & Kajonius, P. J. (2019). Sex differences in personality are larger in gender equal countries: Replicating and extending a surprising finding. *International Journal of Psychology, 54,* 705-711.

MacLaren, V. V., Best, L. A., Dixon, M. J., & Harrigan, K. A. (2011). Problem gambling and the five factor model in university students. *Personality and Individual Differences, 50,* 335-338.

Mahaffey, B. L., Watson, D., Clark, L. A., & Kotov, R. (2016). Clinical and personality traits in emotional disorders: Evidence of a common framework. *Journal of Abnormal Psychology, 125,* 758-767.

Malouff, J. M., Thorsteinsson, E. B., Rooke, S. E., & Schutte, N. S. (2007). Alcohol involvement and the five-factor model of personality: A meta-analysis. *Journal of Drug Education, 37,* 277-294.

Malouff, J. M., Thorsteinsson, E. B., & Schutte, N. S. (2006). The five-factor model of personality and smoking: A meta-analysis. *Journal of Drug Education, 36,* 47-58.

Malouff, J. M., Thorsteinsson, E. B., Schutte, N. S., Bhullar, N., & Rooke, S. E. (2010). The five-factor model of personality and relationship satisfaction of intimate partners: A meta-analysis. *Journal of Research in Personality, 44,* 124-127.

Maltby, J., Day, L., & Macaskill, A. (2007). *Personality, Individual Differences and Intelligence.* Pearson Education.

Mammadov, S. (2022). Big five personality traits and academic performance: A meta-analysis. *Journal of Personality, 90,* 222-255.

Maples-Keller, J. L., Williamson, R. L., Sleep, C. E., Carter, N. T., Campbell, W. K., & Miller, J. D. (2019). Using item response theory to develop a 60-item representation of the NEO PI-R using the International Personality Item Pool: Development of the IPIP-NEO-60. *Journal of Personality Assessment, 101,* 4-15.

Markey, P. M., & Markey, C. N. (2009). A brief assessment of the interpersonal circumplex: The IPIP-IPC. *Assessment, 16,* 352-361.

Matz, S. C., & Harari, G. M. (2021). Personality-place transactions: Mapping the relationships between Big Five personality traits, states, and daily places. *Journal of Personality and Social Psychology, 120,* 1367-1385.

McAbee, S. T., & Oswald, F. L. (2013). The criterion-related validity of personality measures for predicting GPA: A meta-analytic validity competition. *Psychological Assessment, 25,* 532-544.

McAdams, D. P. (2019). The emergence of personality. In D. P. McAdams, R. L. Shiner & J. L. Tackett (Eds.), *Handbook of Personality Development* (pp.3-19). Guilford Press.

McAdams, D. P. (2000). *The Person: An Intergrated Introduction to Personality Psychology* (3rd. ed.). Harcourt College Publishers.

McCrae, R. R. (1987). Creativity, divergent thinking, and openness to experience. *Journal of Personality and Social Psychology, 52,* 1258-1265.

McCrae, R. R. (1989). Why I advocate the five-factor model: Joint factor analyses of the NEO-PI with other instruments. In D. M. Buss, & N. Cantor (Eds.), *Personality Psychology* (pp.237-245). Springer.

McCrae, R. R., & Costa Jr, P. T. (1983). Joint factors in self-reports and ratings: Neuroticism, extraversion and openness to experience. *Personality and Individual Differences, 4,* 245-255.

McCrae, R. R., & Costa Jr, P. T. (1985a). Comparison of EPI and psychoticism scales with measures of the five-factor model of personality. *Personality and Individual Differences, 6,* 587-597.

McCrae, R. R., & Costa Jr, P. T. (1985b). Openness to experience. In R. Hogan & W. H. Jones (Eds.), *Perspective in Personality Vol.1,* (pp.145-172). JAI Press.

McCrae, R. R., & Costa Jr, P. T. (1985c). Updating Norman's" adequacy taxonomy": Intelligence and personality dimensions in natural language and in questionnaires. *Journal of Personality and Social Psychology, 49,* 710-721.

McCrae, R. R., & Costa Jr, P. T. (1989a). Reinterpreting the Myers-Briggs type indicator from the perspective of the five-factor model of personality. *Journal of Personality, 57,* 17-40.

McCrae, R. R., & Costa Jr, P. T. (1989b). The structure of interpersonal traits: Wiggins's circumplex and the five-factor model. *Journal of Personality and Social Psychology, 56,* 586-595.

McCrae, R. R., & Costa Jr, P. J. (1997). Conceptions and correlates of openness to experience. In R. Hogan, J. A. Johnson & S. R. Briggs (Eds.), *Handbook of Personality Psychology* (pp.825-847). Academic.

McCrae, R. R., & Costa Jr, P. T. (1999). A five-factor theory of personality. In L. A. Pervin & O. P. John (Eds.), *Handbook of Personality: Theory and Research* (2nd ed., pp.139-153). Guilford Press.

McCrae, R. R., & Costa Jr, P. T. (2008). The five-factor theory of personality. In O. P. John, R. W. Robins & L. A. Pervin (Eds.), *Handbook of Personality: Theory and Research* (3rd ed., pp.159-181). Guilford Press.

McCrae, R. R., Costa, Jr, P. T., & Martin, T. A. (2005a). The NEO–PI-3: A more readable revised NEO personality inventory. *Journal of Personality Assessment, 84,* 261-270.

McCrae, R. R., Costa Jr, P. T., Martin, T. A., Oryol, V. E., Rukavishnikov, A. A., Senin, I. G., Hřebíčková, M., & Urbánek, T. (2004). Consensual validation of personality traits across cultures. *Journal of Research in Personality, 38,* 179-201.

McCrae, R. R., Terracciano, A., & 78 Members of the Personality Profiles of Cultures Project. (2005b). Universal features of personality traits from the observer's perspective: Data from 50 cultures. *Journal of Personality and Social Psychology, 88,* 547-561.

McGrogan, C., Hutchison, M. D., & King, J. E. (2008). Dimensions of horse personality based on owner and trainer supplied personality traits. *Applied Animal Behaviour Science, 113,* 206-214.

Meeus, W., Van de Schoot, R., Klimstra, T., & Branje, S. (2011). Personality types in adolescence: Change and stability and links with adjustment and relationships: A five-wave longitudinal study. *Developmental Psychology, 47,* 1181-1195.

Mehl, M. R., Gosling, S. D., & Pennebaker, J. W. (2006). Personality in its natural habitat: Manifestations and implicit folk theories of personality in daily life. *Journal of Personality and Social Psychology, 90,* 862-877.

Miller, G. (2000). *The Mating Mind: How Sexual Choice Shaped the Evolution of Human Nature.* Doubleday.

Miller, J. D., & Lynam, D. (2001). Structural models of personality and their relation to antisocial behavior: A meta-analytic review. *Criminology, 39*, 765-798.

Miller, J. D., Lynam, D., & Leukefeld, C. (2003). Examining antisocial behavior through the lens of the five factor model of personality. *Aggressive Behavior, 29*, 497-514.

Miller, T. R. (1991). The psychotherapeutic utility of the five-factor model of personality: A clinician's experience. *Journal of Personality Assessment, 57*, 415-433.

Mischel, W. (1968). *Personality and Assessment.* John Wiley & Sons.（詫摩武俊［監訳］.［1992］. パーソナリティの理論：状況主義的アプローチ　誠信書房.）

Mischel, W. (1969). Continuity and change in personality. *American Psychologist, 24*, 1012-1018.

Mischel, W. (1973). Toward a cognitive social learning reconceptualization of personality. *Psychological Review, 80*, 252-283.

Mischel, W., & Shoda, Y. (1995). A cognitive-affective system theory of personality: Reconceptualizing situation, dispositions, dynamic, and invariance in personality structure. *Psychological Review, 102*, 246-268.

Mischel, W., Shoda, Y., & Ayduk, O. (2007). *Introduction to Personality: Toward an Integrative Science of the Person* (8th ed.). Wiley.（黒沢　香・原島雅之［監訳］.［2010］. パーソナリティ心理学：全体としての人間の理解　培風館.）

Mitsopoulou, E., & Giovazolias, T. (2015). Personality traits, empathy and bullying behavior: A meta-analytic approach. *Aggression and Violent Behavior, 21*, 61-72.

水野里恵.（2017）. 子どもの気質・パーソナリティの発達心理学　金子書房.

Morton, F. B., Robinson, L. M., Brando, S., & Weiss, A. (2021). Personality structure in bottlenose dolphins (Tursiops truncatus). *Journal of Comparative Psychology, 135*, 219-231.

Moutafi, J., Furnham, A., & Crump, J. (2006). What facets of openness and conscientiousness predict fluid intelligence score? *Learning and Individual Differences, 16*, 31-42.

Moutafi, J., Furnham, A., & Paltiel, L. (2004). Why is conscientiousness negatively correlated with intelligence? *Personality and Individual Differences, 37*, 1013-1022.

Muck, P. M., Hell, B., & Gosling, S. D. (2007). Construct validation of a short five-factor model instrument: A self-peer study on the German adaptation of the Ten-Item Personality Inventory (TIPI-G). *European Journal of Psychological Assessment, 23*, 166-175.

Muncer, S. J. (2011). The general factor of personality: Evaluating the evidence from meta-analysis, confirmatory factor analysis and evolutionary theory. *Personality and Individual Differences, 51*, 775-778.

村上宣寛.（2003）. 日本語におけるビッグ・ファイブとその心理測定的条件. 性格心理学研究, *11*, 70-85.

村上宣寛・畑山奈津子.（2010）. 小学生用主要5因子性格検査の作成. 行動計量学, *37*, 93-104.

村上宣寛・村上千恵子.（1992）. コンピュータ心理診断法——MINI, MMPI-1自動診断システムへの招待——　学芸図書.

村上宣寛・村上千恵子.（1997）. 主要5因子性格検査の尺度構成. 性格心理学研究, *6*, 29-39.

村上宣寛・村上千恵子.（1999a）. 主要5因子性格検査の世代別標準化. 性格心理学研究, *8*, 32-42.

村上宣寛・村上千恵子. (1999b). 性格は五次元だった――性格心理学入門――　培風館.

村上宣寛・村上千恵子. (2008). 主要5因子性格検査ハンドブック改訂版　学芸図書.

Muris, P., Meesters, C., & Blijlevens, P. (2007). Self-reported reactive and regulative temperament in early adolescence: Relations to internalizing and externalizing problem behavior and "Big Three" personality factors. *Journal of Adolescence, 30*, 1035-1049.

Murray, G., Judd, F., Jackson, H., Fraser, C., Komiti, A., Hodgins, G., Pattison, P., Humphreys, J., & Robins, G. (2005). The Five Factor Model and Accessibility/Remoteness: Novel evidence for person–environment interaction. *Personality and Individual Differences, 39*, 715-725.

Musek, J. (2007). A general factor of personality: Evidence for the Big One in the five-factor model. *Journal of Research in Personality, 41*, 1213-1233.

Myers, K. M., Burke, P., & McCauley, E. (1985). Suicidal behavior by hospitalized preadolescent children on a psychiatric unit. *Journal of the American Academy of Child Psychiatry, 24*, 474-480.

並川　努・谷　伊織・脇田貴文・熊谷龍一・中根　愛・野口裕之. (2012). Big Five 尺度短縮版の開発と信頼性と妥当性の検討. 心理学研究, *83*, 91-99.

Naragon-Gainey, K., & Watson, D. (2018). What lies beyond neuroticism? An examination of the unique contributions of social-cognitive vulnerabilities to internalizing disorders. *Assessment, 25*, 143-158.

Naumann, L. P., Vazire, S., Rentfrow, P. J., & Gosling, S. D. (2009). Personality judgments based on physical appearance. *Personality and Social Psychology Bulletin, 35*, 1661-1671.

Neeleman, J., Sytema, S., & Wadsworth, M. (2002). Propensity to psychiatric and somatic ill-health: Evidence from a birth cohort. *Psychological Medicine, 32*, 793-803.

Nesse, R. M. (2005). Natural selection and the regulation of defenses: A signal detection analysis of the smoke detector principle. *Evolution and Human Behavior, 26*, 88-105.

Nettle, D. (2001). *Strong Imagination: Madness, Creativity and Human Nature.* Oxford University Press.

Nettle, D. (2005a). An evolutionary approach to the extraversion continuum. *Evolution and Human Behavior, 26*, 363-373.

Nettle, D. (2005b). *Happiness: The Science Behind Your Smile.* Oxford University Press.

Nettle, D. (2006). The evolution of personality variation in humans and other animals. *American Psychologist, 61*, 622-631.

Nettle, D. (2007). *Personality: What Makes You the Way You Are.* Oxford University Press. (竹内和世 [訳]. [2009]. パーソナリティを科学する　白揚社.)

Nettle, D. (2011). Evolutionary perspectives on the Five Factor model of personality. In D. M. Buss & P. H. Hawley (Eds.), *The Evolution of Personality and Individual Differences* (pp. 5-28). Oxford University Press.

Nettle, D., & Clegg, H. (2006). Schizotypy, creativity and mating success in humans. *Proceedings of the Royal Society B: Biological Sciences, 273*, 611-615.

Nikčević, A. V., Marino, C., Kolubinski, D. C., Leach, D., & Spada, M. M. (2021). Modelling the contribution of the Big Five personality traits, health anxiety, and COVID-19 psychological distress to generalised anxiety and depressive symptoms during the COVID-19 pandemic. *Journal of Affective Disorders, 279*, 578-584.

西村佐彩子. (2013). 曖昧さへの態度と自己志向的完全主義の関連 (1). 京都教育大学紀要, *123*, 103-112.

西岡美和・小松孝至・向山泰代・酒井恵子. (2006). 性格記述語としての擬態語──語群の構成及び解釈──. 心理学研究, *77*, 325-332.

Nishita, Y., Tange, C., Tomida, M., Otsuka, R., Ando, F., & Shimokata, H. (2016). Personality and global cognitive decline in Japanese community-dwelling elderly people: A 10-year longitudinal study. *Journal of Psychosomatic Research, 91*, 20-25.

Noftle, E. E., & Robins, R. W. (2007). Personality predictors of academic outcomes: Big five correlates of GPA and SAT scores. *Journal of Personality and Social Psychology, 93*, 116-130.

Norman, W. T. (1963). Toward an adequate taxonomy of personality attributes: Replicated factor structure in peer nomination personality ratings. *Journal of Abnormal and Social Psychology, 66*, 574-583.

Norman, W. T. (1967). *2800 personality trait descriptors: Normative operating characteristics for a university population.* University of Michigan.

Nunes, A., Limpo, T., Lima, C. F., & Castro, S. L. (2018). Short scales for the assessment of personality traits: Development and validation of the Portuguese Ten-Item Personality Inventory (TIPI). *Frontiers in Psychology, 9*, 461.

Obschonka, M., Cai, Q., Chan, A. C. Y., Marsalis, S., Basha, S. A. J., Lee, S.-K., & Gewirtz, A. H. (2022). International psychological research addressing the early phase of the COVID-19 pandemic: A rapid scoping review and implications for global psychology. *International Journal of Psychology, 57*, 1-19.

Obschonka, M., Stuetzer, M., Rentfrow, P. J., Shaw-Taylor, L., Satchell, M., Silbereisen, R. K., Potter, J., & Gosling, S. D. (2018). In the shadow of coal: How large-scale industries contributed to present-day regional differences in personality and well-being. *Journal of Personality and Social Psychology, 115*, 903-927.

O'Connor, K. P., & Corr, P. J. (2019). The dimensional model of personality and psychopathology: Building on Eysenck (1944). In P. J. Corr (Ed.), *Personality and Individual Differences: Revisiting the Classic Studies.* Sage Publications. (戸谷彰宏 [訳]. [2021]. パーソナリティと精神病理学の次元モデル：アイゼンク [1944] の研究・再入門. 中村菜々子・古谷嘉一郎 [監訳]. パーソナリティと個人差の心理学・再入門：ブレークスルーを生んだ14の研究　新曜社.)

O'Connor, M. C., & Paunonen, S. V. (2007). Big Five personality predictors of post-secondary academic performance. *Personality and Individual Differences, 43*, 971-990.

Ogrodniczuk, J. S., Piper, W. E., Joyce, A. S., McCallum, M., & Rosie, J. S. (2003). NEO-five factor personality traits as predictors of response to two forms of group psychotherapy. *International Journal of Group Psychotherapy, 53*, 417-442.

大渕憲一・堀毛一也 (編). (1996). パーソナリティと対人行動 (対人行動学研究シリーズ5) 誠信

書房.

Oishi, S. (2014). Socioecological psychology. *Annual Review of Psychology, 65*, 581-609.

Oishi, S., & Graham, J. (2010). Social ecology: Lost and found in psychological science. *Perspectives on Psychological Science, 5*, 356-377.

Oishi, S., Talhelm, T., & Lee, M. (2015). Personality and geography: Introverts prefer mountains. *Journal of Research in Personality, 58*, 55-68.

Ones, D. S., & Viswesvaran, C. (2011). Individual differences at work. In T. Chamorro-Premuzic, S. von Stumm, & A. Furnham (Eds.), *The Wiley-Blackwell Handbook of Individual Differences* (pp.379-407). Wiley Blackwell.

Ono, Y., Ando, J., Onoda, N., Yoshimura, K., Kanba, S., Hirano, M., & Asai, M. (2000). Genetic structure of the five-factor model of personality in Japanese twin population. *Keio Journal of Medicine, 49*, 152-158.

大野木裕明. (2004). 主要5因子性格検査3種間の相関的資料. パーソナリティ研究, *12*, 82-89.

Ormel, J., Jeronimus, B. F., Kotov, R., Riese, H., Bos, E. H., Hankin, B., Rosmalen, J. G. M., & Oldehinkel, A. J. (2013). Neuroticism and common mental disorders: Meaning and utility of a complex relationship. *Clinical Psychology Review, 33*, 686-697.

苧阪直行. (1999). 擬音語・擬態語の認知科学. 苧阪直行 (編著), 感性のことばを研究する――擬音語・擬態語に読む心のありか―― (pp.1-26) 新曜社.

小塩真司. (2010). はじめて学ぶパーソナリティ心理学―― 個性をめぐる冒険―― ミネルヴァ書房.

小塩真司. (2018). 性格がいい人, 悪い人の科学 日本経済新聞出版社.

小塩真司 (編著). (2021). 非認知能力――概念・測定と教育の可能性―― 北大路書房.

小塩真司・阿部晋吾・カトローニ, ピノ. (2012). 日本語版 Ten Item Personality Inventory (TIPI-J) 作成の試み. パーソナリティ研究, *21*, 40-52.

Oshio, A., Abe, S., Cutrone, P., & Gosling, S. D. (2013). Big five content representation of the Japanese version of the ten-item personality inventory. *Psychology, 4*, 924-929.

Oshio, A., Abe, S., Cutrone, P., & Gosling, S. D. (2014). Further Validity of the Japanese Version of the Ten Item Personality Inventory (TIPI-J). *Journal of Individual Differences, 35*, 236-244.

小塩真司・平野真理・上野雄己 (編). (2021). レジリエンスの心理学：社会をよりよく生きるために 金子書房.

小塩真司・中谷素之・金子一史・長峰伸治. (2002). ネガティブな出来事からの立ち直りを導く心理的特性：精神回復力尺度の作成. カウンセリング研究, *35*, 57-65.

Oshio, A., Taku, K., Hirano, M., & Saeed, G. (2018). Resilience and Big Five personality traits: A meta-analysis. *Personality and Individual Differences, 127*, 54-60.

尾崎幸謙. (2021). 双生児法とは何か. 安藤寿康 (監修) 敷島千鶴・平石 界 (編), ふたご研究シリーズ第1巻 認知能力と学習 創元社.

Parks, L., & Guay, R. P. (2009). Personality, values, and motivation. *Personality and Individual Differences, 47*, 675-684.

Parks-Leduc, L., Feldman, G., & Bardi, A. (2015). Personality traits and personal values: A meta-analysis. *Personality and Social Psychology Review, 19*, 3-29.

Parrigon, S., Woo, S. E., Tay, L., & Wang, T. (2017). CAPTION-ing the situation: A lexically-derived taxonomy of psychological situation characteristics. *Journal of Personality and Social Psychology, 112*, 642-681.

Passamonti, L., Terracciano, A., Riccelli, R., Donzuso, G., Cerasa, A., Vaccaro, Mg., Novellino, F., Fera, F., & Quattrone, A. (2015). Increased functional connectivity within mesocortical networks in open people. *NeuroImage, 104*, 301-309.

Paulhus, D. L., & Williams, K. M. (2002). The Dark Triad of personality: Narcissism, Machiavellianism, and psychopathy. *Journal of Research in Personality, 36*, 556-563.

Pavot, W., Diener, E., & Fujita, F. (1990). Extraversion and happiness. *Personality and Individual Differences, 11*, 1299-1306.

Peabody, D. (1987). Selecting representative trait adjectives. *Journal of Personality and Social Psychology, 52*, 59-71.

Peabody, D., & Goldberg, L. R. (1989). Some determinants of factor structures from personality-trait descriptors. *Journal of Personality and Social Psychology, 57*, 552-567.

Pelt, D. H. M., Van der Linden, D., Dunkel, C. S., & Born, M. P. (2017). The general factor of personality and job performance: Revisiting previous meta-analyses. *International Journal of Selection and Assessment, 25*, 333-346.

Penke, L., Denissen, J. J. A., & Miller, G. F. (2007). The evolutionary genetics of personality. *European Journal of Personality, 21*, 549-587.

Pfund, G. N., Harriger, J., & Hill, P. L. (2021). Video chat usage and the Big Five in women during the COVID-19 pandemic. *Personality and Individual Differences, 171*, 110537.

Piedmont, R. L., McCrae, R. R., & Costa Jr, P. T. (1991). Adjective Check List scales and the five-factor model. *Journal of Personality and Social Psychology, 60*, 630-637.

Piedmont, R. L., & Wilkins, T. A. (2013). The role of personality in understanding religious and spiritual constructs. In R. F. Paloutzian & C. L. Park (Eds.), *Handbook of the Psychology of Religion and Spirituality* (pp.292-311). Guilford Press.

Piepiora, P. (2021). Personality profile of individual sports champions. *Brain and Behavior, 11*, e02145.

Polak-Toste, C. P., & Gunnar, M. R. (2006). Temperamental Exuberance: Correlates and Consequences. In P. J. Marshall & N. A. Fox (Eds.), *The Development of Social Engagement: Neurobiological Perspectives* (pp.19-45). Oxford University Press.

Pollet, T. V., Roberts, S. G. B., & Dunbar, R. I. M. (2011). Extraverts have larger social network layers: But do not feel emotionally closer to individuals at any layer. *Journal of Individual Differences, 32*, 161-169.

Poropat, A. E. (2009). A meta-analysis of the five-factor model of personality and academic performance. *Psychological Bulletin, 135*, 322-338.

Poropat, A. E. (2014a). A meta-analysis of adult-rated child personality and academic performance in primary education. *British Journal of Educational Psychology, 84*(Pt 2), 239-252.

Poropat, A. E. (2014b). Other-rated personality and academic performance: Evidence and implications. *Learning and Individual Differences, 34*, 24-32.

Power, R. A., & Pluess, M. (2015). Heritability estimates of the Big Five personality traits based on common genetic variants. *Translational Psychiatry, 5*, e604.

Prinzie, P., Stams, G. J. J. M., Deković, M., Reijntjes, A. H. A., & Belsky, J. (2009). The relations between parents' Big Five personality factors and parenting: A meta-analytic review. *Journal of Personality and Social Psychology, 97*, 351-362.

Proto, E., Rustichini, A., & Sofianos, A. (2019). Intelligence, personality, and gains from cooperation in repeated interactions. *Journal of Political Economy, 127*, 1351-1390.

Quick, J. M., Atkinson, R. K., & Lin, L. (2012). Empirical taxonomies of gameplay enjoyment: Personality and video game preference. *International Journal of Game-Based Learning, 2*, 11-31.

R Development Core Team (2021). R: A language and environment for statistical computing. R Foundation for Statistical Computing. Retrieved from http://www.r-project.org/ (2021 年 7 月 18 日アクセス)

Rammstedt, B., & John, O. P. (2007). Measuring personality in one minute or less: A 10-item short version of the Big Five Inventory in English and German. *Journal of Research in Personality, 41*, 203-212.

Rauthmann, J. F., Gallardo-Pujol, D., Guillaume, E. M., Todd, E., Nave, C. S., Sherman, R. A., Ziegler, M., Jones, A. B., & Funder, D. C. (2014). The Situational Eight DIAMONDS: A taxonomy of major dimensions of situation characteristics. *Journal of Personality and Social Psychology, 107*, 677-718.

Réale, D., Reader, S. M., Sol, D., McDougall, P. T., & Dingemanse, N. J. (2007). Integrating animal temperament within ecology and evolution. *Biological Reviews, 82*, 291-318.

Reise, S. P. (2012). The rediscovery of bifactor measurement models. *Multivariate Behavioral Research, 47*, 667-696.

Rentfrow, P. J. (2010). Statewide differences in personality: Toward a psychological geography of the United States. *American Psychologist, 65*, 548-558.

Rentfrow, P. J., & Gosling, S. D. (2003). The do re mi's of everyday life: The structure and personality correlates of music preferences. *Journal of Personality and Social Psychology, 84*, 1236-1256.

Rentfrow, P. J., Gosling, S. D., Jokela, M., Stillwell, D. J., Kosinski, M., & Potter, J. (2013). Divided we stand: Three psychological regions of the United States and their political, economic, social, and health correlates. *Journal of Personality and Social Psychology, 105*, 996-1012.

Rentfrow, P. J., Gosling, S. D., & Potter, J. (2008). A theory of the emergence, persistence, and expression of geographic variation in psychological characteristics. *Perspectives on Psychological Science, 3*, 339-369.

Rentfrow, P. J., Jokela, M., & Lamb, M. E. (2015). Regional personality differences in Great Britain. *PLoS ONE, 10*, e0122245.

Rhodes, R. E., & Smith, N. E. I. (2006). Personality correlates of physical activity: A review and meta-analysis. *British Journal of Sports Medicine, 40*, 958-965.

Riccelli, R., Toschi, N., Nigro, S., Terracciano, A., & Passamonti, L. (2017). Surface-based morphometry reveals the neuroanatomical basis of the five-factor model of personality. *Social Cognitive and Affective Neuroscience, 12*, 671-684.

Rice, K. G., Richardson, C. M. E., & Tueller, S. (2014). The short form of the revised almost perfect scale. *Journal of Personality Assessment, 96*, 368-379.

Richardson, M., Abraham, C., & Bond, R. (2012). Psychological correlates of university students' academic performance: A systematic review and meta-analysis. *Psychological Bulletin, 138*, 353-387.

Roberts, B. W., Chernyshenko, O. S., Stark, S., & Goldberg, L. R. (2005). The structure of conscientiousness: An empirical investigation based on seven major personality questionnaires. *Personnel Psychology, 58*, 103-139.

Roberts, B. W., & DelVecchio, W. F. (2000). The rank-order consistency of personality traits from childhood to old age: A quantitative review of longitudinal studies. *Psychological Bulletin, 126*, 3-25.

Roberts, B. W., Kuncel, N. R., Shiner, R., Caspi, A., & Goldberg, L. R. (2007). The power of personality: The comparative validity of personality traits, socioeconomic status, and cognitive ability for predicting important life outcomes. *Perspectives on Psychological Science, 2*, 313-345.

Roberts, B. W., Lejuez, C., Krueger, R. F., Richards, J. M., & Hill, P. L. (2014). What is conscientiousness and how can it be assessed? *Developmental Psychology, 50*, 1315-1330.

Roberts, B. W., Luo, J., Briley, D. A., Chow, P. I., Su, R., & Hill, P. L. (2017). A systematic review of personality trait change through intervention. *Psychological Bulletin, 143*, 117-141.

Roberts, B. W., Walton, K. E., & Viechtbauer, W. (2006). Patterns of mean-level change in personality traits across the life course: A meta-analysis of longitudinal studies. *Psychological Bulletin, 132*, 1-25.

Robins, R. W., John, O. P., Caspi, A., Moffitt, T. E., & Stouthamer-Loeber, M. (1996). Resilient, overcontrolled, and undercontrolled boys: Three replicable personality types. *Journal of Personality and Social Psychology, 70*, 157-171.

Robins, R. W., Tracy, J. L., Trzesniewski, K., Potter, J., & Gosling, S. D. (2001). Personality correlates of self-esteem. *Journal of Research in Personality, 35*, 463-482.

Roccas, S., Sagiv, L., Schwartz, S. H., & Knafo, A. (2002). The Big Five personality factors and personal values. *Personality and Social Psychology Bulletin, 28*, 789-801.

Rosenberg, M. (1965). *Society and the Adolescent Self-image.* Princeton University Press.

Rothbart, M. K., Ahadi, S. A., & Evans, D. E. (2000). Temperament and personality: Origins and outcomes. *Journal of Personality and Social Psychology, 78*, 122-135.

Rothbart, M. K., & Bates, J. E. (1998). Temperament. In W. Damon & N. Eisenberg (Eds.), *Handbook of Child Psychology: Vol.3. Social, Emotional and Personality Development* (5th ed., pp.105-176). Wiley.

Rothbart, M. K., & Bates, J. E. (2006). Temperament. In N. Eisenberg, W. Damon & R. M. Lerner

(Eds.), *Handbook of Child Psychology: Vol.3. Social, Emotional, and Personality Development* (6th ed., pp.99-166). Wiley.

Rothbart, M. K., & Derryberry, D. (1981). Development of individual differences in temperament. *Advances in Developmental Psychology, 1*, 33-86.

Rothbart, M. K., Ellis, L. K., Rueda, M. R., & Posner, M. I. (2003). Developing mechanisms of temperamental effortful control. *Journal of Personality, 71*, 1113-1143.

Rothbart, M. K., & Goldsmith, H. H. (1985). Three approaches to the study of infant temperament. *Developmental Review, 5*, 237-260.

Rushton, J. P., & Irwing, P. (2008). A General Factor of Personality (GFP) from two meta-analyses of the Big Five: Digman (1997) and Mount, Barrick, Scullen, and Rounds (2005). *Personality and Individual Differences, 45*, 679-683.

酒井恵子・西岡美和・向山泰代・小松孝至. (2015). 擬態語性格尺度短縮版の作成. パーソナリティ研究, *24*, 163-166.

桜井茂男・大谷佳子. (1997). "自己に求める完全主義" と抑うつ傾向および絶望感との関係. 心理学研究, *68*, 179-186.

Salgado, J. F. (2002). The Big Five personality dimensions and counterproductive behaviors. *International Journal of Selection and Assessment, 10*, 117-125.

Samuel, D. B., & Widiger, T. A. (2008). A meta-analytic review of the relationships between the five-factor model and DSM-IV-TR personality disorders: A facet level analysis. *Clinical Psychology Review, 28*, 1326-1342.

Samuels, J., Bienvenu, O. J., Cullen, B., Costa Jr, P. T., Eaton, W. W., & Nestadt, G. (2004). Personality dimensions and criminal arrest. *Comprehensive Psychiatry, 45*, 275-280.

Sanson, A., Hemphill, S. A., & Smart, D. (2004). Connections between temperament and social development: A review. *Social Development, 13*, 142-170.

Saroglou, V. (2002). Religion and the five factors of personality: A meta-analytic review. *Personality and Individual Differences, 32*, 15-25.

佐藤萌日・高橋英之. (2022). アイドル・エンジニアリング――「偶像」と「オタク」の関係性の分類とモデル化――. 研究報告エンタテインメントコンピューティング (EC), *21*, 1-4.

Saucier, G. (1992). Benchmarks: Integrating affective and interpersonal circles with the Big-Five personality factors. *Journal of Personality and Social Psychology, 62*, 1025-1035.

Saucier, G. (1994a). Mini-markers: A brief version of Goldberg's unipolar Big-Five markers. *Journal of Personality Assessment, 63*, 506-516.

Saucier, G. (1994b). Separating description and evaluation in the structure of personality attributes. *Journal of Personality and Social Psychology, 66*, 141-154.

Saucier, G., & Goldberg, L. R. (1996). The language of personality: Lexical perspectives on the five-factor model. In J. S. Wiggins (Ed.), *The Five-Factor Model of Personality: Theoretical Perspectives* (pp.21-50). Guilford Press.

Saucier, G., & Iurino, K. (2020). High-dimensionality personality structure in the natural language: Further analyses of classic sets of English-language trait-adjectives. *Journal of Personality and*

Social Psychology, 119, 1188-1219.

Saucier, G., & Ostendorf, F. (1999). Hierarchical subcomponents of the Big Five personality factors: A cross-language replication. *Journal of Personality and Social Psychology, 76*, 613-627.

Schaefer, S. A., & Steklis, H. D. (2014). Personality and subjective well-being in captive male western lowland gorillas living in bachelor groups. *American Journal of Primatology, 76*, 879-889.

Scheier, M. F., & Carver, C. S. (1985). Optimism, coping, and health: Assessment and implications of generalized outcome expectancies. *Health Psychology, 4*, 219-247.

Schmitt, D. P., Allik, J., McCrae, R. R., & Benet-Martinez, V. (2007). The geographic distribution of Big Five personality traits: Patterns and profiles of human self-description across 56 nations. *Journal of Cross-Cultural Psychology, 38*, 173-212.

Schmitt, D. P., Long, A. E., McPhearson, A., O'Brien, K., Remmert, B., & Shah, S. H. (2017). Personality and gender differences in global perspective. *International Journal of Psychology, 52* (Suppl 1), 45-56.

Schmitt, D. P., Realo, A., Voracek, M., & Allik, J. (2008). Why can't a man be more like a woman? Sex differences in Big Five personality traits across 55 cultures. *Journal of Personality and Social Psychology, 94*, 168-182.

Schwartz, S. H. (1992). Universals in the content and structure of values: Theoretical advances and empirical tests in 20 countries. In M. P. Zanna (Ed.), *Advances in Experimental Social Psychology, Vol.25* (pp.1-65). Academic Press.

Schwartz, S. H. (2012). An overview of the Schwartz theory of basic values. Online readings in *Psychology and Culture, 2*. https://doi.org/10.9707/2307-0919.1116

Schwartz, S. H., & Bilsky, W. (1987). Toward a universal psychological structure of human values. *Journal of Personality and Social Psychology, 53*, 550-562.

Schwarzer, G. (2007). Meta: An R package for meta-analysis. *R news, 7*, 40-45.

Schwinger, M., Trautner, M., Pütz, N., Fabianek, S., Lemmer, G., Lauermann, F., & Wirthwein, L. (2022). Why do students use strategies that hurt their chances of academic success? A meta-analysis of antecedents of academic self-handicapping. *Journal of Educational Psychology, 114*, 576-596.

Sharpe, J. P., Martin, N. R., & Roth, K. A. (2011). Optimism and the Big Five factors of personality: Beyond neuroticism and extraversion. *Personality and Individual Differences, 51*, 946-951.

Sherman, R. A., Rauthmann, J. F., Brown, N. A., Serfass, D. G., & Jones, A. B. (2015). The independent effects of personality and situations on real-time expressions of behavior and emotion. *Journal of Personality and Social Psychology, 109*, 872-888.

Sherry, S. B., & Hall, P. A. (2009). The perfectionism model of binge eating: Tests of an integrative model. *Journal of Personality and Social Psychology, 96*, 690-709.

Shikishima, C., Hiraishi, K., Takahashi, Y., Yamagata, S., Yamaguchi, S., & Ando, J. (2018). Genetic and environmental etiology of stability and changes in self-esteem linked to personality: A Japanese twin study. *Personality and Individual Differences, 121*, 140-146.

清水和秋・山本理恵.（2017）. YG性格検査の因子の構造——多集団同時分析による3次元構造の確認——. 関西大学社会学部紀要, *48*, 1-25.

下仲順子・中里克治・権藤恭之・高山　緑.（1999）. NEO-PI-R, NEO-FFI使用マニュアル　東京心理.

Shiner, R. L.（2015）. The development of temperament and personality traits in childhood and adolescence. In M. Mikulincer, P. R. Shaver, M. L. Cooper & R. J. Larsen（Eds.）, *APA Handbook of Personality and Social Psychology, Vol.4: Personality Processes and Individual Differences*（pp.85-105）. American Psychological Association.

Shiner, R. L., & Caspi, A.（2012）. Temperament and the development of personality traits, adaptations, and narratives. In M. Zentner & R. L. Shiner（Eds.）, *Handbook of Temperament*（pp.497-516）. Guilford Press.

Shiner, R. L., & DeYoung, C. G.（2013）. The structure of temperament and personality traits: A developmental perspective. In P. D. Zelazo（Ed.）, *Oxford Handbook of Developmental Psychology, Vol.2. Self and Other*（pp.113-141）. Oxford University Press.

白井　俊.（2020）. OECD Education 2030 プロジェクトが描く教育の未来——エージェンシー，資質・能力とカリキュラム——　ミネルヴァ書房.

Shute, V., & Towle, B.（2003）. Adaptive e-learning. *Educational Psychologist, 38*, 105-114.

Sibley, C. G., & Duckitt, J.（2008）. Personality and prejudice: A meta-analysis and theoretical review. *Personality and Social Psychology Review, 12*, 248-279.

Sih, A., Bell, A., & Johnson, J. C.（2004）. Behavioral syndromes: An ecological and evolutionary overview. *Trends in Ecology & Evolution, 19*, 372-378.

Slaney, R. B., Rice, K. G., Mobley, M., Trippi, J., & Ashby, J. S.（2001）. The revised almost perfect scale. *Measurement and Evaluation in Counseling and Development, 34*, 130-145.

Smith, B. R., & Blumstein, D. T.（2008）. Fitness consequences of personality: A meta-analysis. *Behavioral Ecology, 19*, 448-455.

Smith, G. M.（1967）. Usefulness of peer ratings of personality in educational research. *Educational and Psychological Measurement, 27*, 967-984.

Smith, R. E., & Shoda, Y.（2009）. Personality as a cognitive-affective processing system. In P. J. Corr & G. Matthews（Eds.）, *The Cambridge Handbook of Personality Psychology*（pp.473-487）. Cambridge University Press.

Smits, D. J. M., & Boeck, P. D.（2006）. From BIS/BAS to the big five. *European Journal of Personality, 20*, 255-270.

Soldz, S., & Vaillant, G. E.（1999）. The Big Five personality traits and the life course: A 45-year longitudinal study. *Journal of Research in Personality, 33*, 208-232.

Solomon, R. L.（1980）. The opponent-process theory of acquired motivation: The costs of pleasure and the benefits of pain. *American Psychologist, 35*, 691-712.

Solomon, R. L., & Corbit, J. D.（1974）. An opponent-process theory of motivation: I. Temporal dynamics of affect. *Psychological Review, 81*, 119-145.

Soto, C. J.（2016）. The little six personality dimensions from early childhood to early adulthood: Mean-level age and gender differences in parents' reports. *Journal of Personality, 84*, 409-422.

Soto, C. J. (2019). How replicable are links between personality traits and consequential life outcomes? The life outcomes of personality replication project. *Psychological Science, 30*, 711-727.

Soto, C. J., & John, O. P. (2009). Ten facet scales for the Big Five Inventory: Convergence with NEO PI-R facets, self-peer agreement, and discriminant validity. *Journal of Research in Personality, 43*, 84-90.

Soto, C. J., & John, O. P. (2017). The next Big Five Inventory (BFI-2): Developing and assessing a hierarchical model with 15 facets to enhance bandwidth, fidelity, and predictive power. *Journal of Personality and Social Psychology, 113*, 117-143.

Soto, C. J., & John, O. P. (2019). Optimizing the length, width, and balance of a personality scale: How do internal characteristics affect external validity? *Psychological Assessment, 31*, 444-459.

Soto, C. J., John, O. P., Gosling, S. D., & Potter, J. (2008). The developmental psychometrics of big five self-reports: Acquiescence, factor structure, coherence, and differentiation from ages 10 to 20. *Journal of Personality and Social Psychology, 94*, 718-737.

Soto, C. J., John, O. P., Gosling, S. D., & Potter, J. (2011). Age differences in personality traits from 10 to 65: Big Five domains and facets in a large cross-sectional sample. *Journal of Personality and Social Psychology, 100*, 330-348.

Soto, C. J., & Tackett, J. L. (2015). Personality traits in childhood and adolescence: Structure, development, and outcomes. *Current Directions in Psychological Science, 24*, 358-362.

Spearman, C. (1904). "General Intelligence," objectively determined and measured. *American Journal of Psychology, 15*, 201-293.

Specht, J., Egloff, B., & Schmukle, S. C. (2011). Stability and change of personality across the life course: The impact of age and major life events on mean-level and rank-order stability of the Big Five. *Journal of Personality and Social Psychology, 101*, 862-882.

Spiller, R. C. (2007). Role of infection in irritable bowel syndrome. *Journal of Gastroenterology, 42*, S41-S47.

Spurk, D., & Abele, A. E. (2011). Who earns more and why? A multiple mediation model from personality to salary. *Journal of Business and Psychology, 26*, 87-103.

Spychala, K. M., Gizer, I. R., Davis, C. N., Dash, G. F., Piasecki, T. M., & Slutske, W. S. (2022). Predicting disordered gambling across adolescence and young adulthood from polygenic contributions to Big 5 personality traits in a UK birth cohort. *Addiction, 117*, 690-700.

Srivastava, S., John, O. P., Gosling, S. D., & Potter, J. (2003). Development of personality in early and middle adulthood: Set like plaster or persistent change? *Journal of Personality and Social Psychology, 84*, 1041-1053.

Steca, P., Alessandri, G., Vecchio, G. M., & Caprata, G. V. (2007). Being a successful adolescent at school and with peers. The discriminative power of a typological approach. *Emotional and Behavioral Difficulties, 12*, 147-162.

Steel, P. (2007). The nature of procrastination: A meta-analytic and theoretical review of quintessential self-regulatory failure. *Psychological Bulletin, 133*, 65-94.

Steinert, C., Klein, S., Leweke, F., & Leichsenring, F. (2015). Do personality traits predict outcome of psychodynamically oriented psychosomatic inpatient treatment beyond initial symptoms? *British Journal of Clinical Psychology, 54*, 109-125.

Stephan, Y., Boiché, J., Canada, B., & Terracciano, A. (2014). Association of personality with physical, social, and mental activities across the lifespan: Findings from US and French samples. *British Journal of Psychology, 105*, 564-580.

Stephan, Y., Sutin, A. R., Canada, B., Deshayes, M., Kekäläinen, T., & Terracciano, A. (2022a). Five-factor model personality traits and grip strength: Meta-analysis of seven studies. *Journal of Psychosomatic Research, 160*, 110961.

Stephan, Y., Sutin, A. R., Canada, B., & Terracciano, A. (2017). Personality and frailty: Evidence from four samples. *Journal of Research in Personality, 66*, 46-53.

Stephan, Y., Sutin, A. R., Luchetti, M., Canada, B., & Terracciano, A. (2022b). Personality and fatigue: Meta-analysis of seven prospective studies. *Scientific Reports, 12*, 9156.

Stieger, M., Nißen, M., Rüegger, D., Kowatsch, T., Flückiger, C., & Allemand, M. (2018). PEACH, a smartphone- and conversational agent-based coaching intervention for intentional personality change: Study protocol of a randomized, wait-list controlled trial. *BMC Psychology, 6*, 43.

Stieger, M., Wepfer, S., Rüegger, D., Kowatsch, T., Roberts, B. W., & Allemand, M. (2020). Becoming more conscientious or more open to experience? Effects of a two-week smartphone-based intervention for personality change. *European Journal of Personality, 34*, 345-366.

Stoeber, J., & Otto, K. (2006). Positive conceptions of perfectionism: Approaches, evidence, challenges. *Personality and Social Psychology Review, 10*, 295-319.

Stricker, J., Buecker, S., Schneider, M., & Preckel, F. (2019). Multidimensional perfectionism and the Big Five personality traits: A meta-analysis. *European Journal of Personality, 33*, 176-196.

Strickhouser, J. E., Zell, E., & Krizan, Z. (2017). Does personality predict health and well-being? A metasynthesis. *Health Psychology, 36*, 797-810.

菅原ますみ・北村俊則・戸田まり・島　悟・佐藤達哉・向井隆代．(1999)．子どもの問題行動の発達：Externalizing な問題傾向に関する生後 11 年間の縦断研究から．発達心理学研究, *10*, 32-45.

Sutin, A. R., Costa Jr, P. T., Miech, R., & Eaton, W. W. (2009). Personality and career success: Concurrent and longitudinal relations. *European Journal of Personality, 23*, 71-84.

Sutin, A. R., Stephan, Y., Wang, L., Gao, S., Wang, P., & Terracciano, A. (2015). Personality traits and body mass index in Asian populations. *Journal of Research in Personality, 58*, 137-142.

Sutin, A. R., Terracciano, A., Deiana, B., Naitza, S., Ferrucci, L., Uda, M., Schlessinger, D., & Costa Jr, P. T. (2010). High neuroticism and low conscientiousness are associated with interleukin-6. *Psychological Medicine, 40*, 1485-1493.

鈴木眞雄．(1994)．"The Big Five" と續・織田・鈴木の 5 因子の比較．愛知教育大学研究報告, *43* (教育科学編), 119-124.

Swider, B. W., & Zimmerman, R. D. (2010). Born to burnout: A meta-analytic path model of personality, job burnout, and work outcomes. *Journal of Vocational Behavior, 76*, 487-506.

Tackett, J. L., Hernández, M. M., & Eisenberg, N. (2019). Agreeableness. In D. P. McAdams, R. L.

Shiner & J. L. Tackett (Eds.), *Handbook of Personality Development* (pp.171-184). Guilford Press.

Tackett, J. L., Herzhoff, K., Kushner, S. C., & Rule, N. (2016). Thin slices of child personality: Perceptual, situational, and behavioral contributions. *Journal of Personality and Social Psychology, 110*, 150-166.

Tackett, J. L., Kushner, S. C., De Fruyt, F., & Mervielde, I. (2013a). Delineating personality traits in childhood and adolescence: Associations across measures, temperament, and behavioral problems. *Assessment, 20*, 738-751.

Tackett, J. L., & Lahey, B. B. (2017). Neuroticism. In T. A. Widiger (Ed.), *The Oxford Handbook of the Five Factor Model* (pp.39-56). Oxford University Press.

Tackett, J. L., Lahey, B. B., van Hulle, C., Waldman, I., Krueger, R. F., & Rathouz, P. J. (2013b). Common genetic influences on negative emotionality and a general psychopathology factor in childhood and adolescence. *Journal of Abnormal Psychology, 122*, 1142-1153.

Tackett, J. L., Slobodskaya, H. R., Mar, R. A., Deal, J. E., Halverson, C. F., Baker, S. R., Pavlopoulos, V., & Besevegis, E. (2012). The hierarchical structure of childhood personality in five countries: Continuity from early childhood to early adolescence. *Journal of Personality, 80*, 847-879.

多田治夫. (1966). 性格記述用語のリスト. 金沢大学教養部論集（人文科学篇）, *3*, 47-66.

Tadayonifar, M., & Entezari, M. (2020). Does flipped learning affect language skills and learning styles differently? *E-Learning and Digital Media, 17*, 324-340.

髙田琢弘・湯川進太郎. (2020). 日本人成人におけるギャンブル障害傾向とBig Fiveパーソナリティ特性の関連. パーソナリティ研究, *28*, 260-262.

Takahashi, H., Terada, K., Morita, T., Suzuki, S., Haji, T., Kozima, H., Yoshikawa, M., Matsumoto, Y., Omori, T., Asada, M., & Naito, E. (2014). Different impressions of other agents obtained through social interaction uniquely modulate dorsal and ventral pathway activities in the social human brain. *Cortex: A Journal Devoted to the Study of the Nervous System and Behavior, 58*, 289-300.

高橋雄介・山形伸二・星野崇宏. (2011). パーソナリティ特性研究の新展開と経済学・疫学など他領域への貢献の可能性. 心理学研究, *82*, 63-76.

Takahashi, Y., Zheng, A., Yamagata, S., & Ando, J. (2021). Genetic and environmental architecture of conscientiousness in adolescence. *Scientific Reports, 11*, 3205.

滝沢武久. (1971). 知能指数──発達心理学からみたIQ── 中央公論社.

田村紋女・小塩真司・田中圭介・増井啓太・ジョナソン, ピーター・カール. (2015). 日本語版Dark Triad Dirty Dozen (DTDD-J) 作成の試み. パーソナリティ研究, *24*, 26-37.

Tellegen, A. (1982). *Brief Manual for the Multidimensional Personality Questionnaire*. Unpublished manuscript, University of Minnesota.

Tellegen, A., & Waller, N. G. (2008). Exploring personality through test construction: Development of the Multidimensional Personality Questionnaire. In G. J. Boyle, G. Matthews & D. H. Saklofske (Eds.), *The SAGE Handbook of Personality Theory and Assessment, Vol.2. Personality Measurement and Testing* (pp.261-292). Sage Publications.

Terracciano, A., & Costa Jr, P. T. (2004). Smoking and the Five-Factor Model of personality.

Addiction, 99, 472-481.

Terracciano, A., Stephan, Y., Luchetti, M., Gonzalez-Rothi, R., & Sutin, A. R. (2017). Personality and lung function in older adults. *The Journals of Gerontology Series B: Psychological Sciences and Social Sciences, 72,* 913-921.

Tett, R. P., Jackson, D. N., & Rothstein, M. (1991). Personality measures as predictors of job performance: A meta-analytic review. *Personnel Psychology, 44,* 703-742.

Thomas, A., & Chess, S. (1984). Genesis and evolution of behavioral disorders: From infancy to early adult life. *American Journal of Psychiatry, 141,* 1-9.

Thomas, A., Chess, S., Birch, H. G., Hertzig, M. E., & Korn, S. (1963). *Behavioral Individuality in Early Childhood.* New York University Press.

Thurstone, L. L. (1934). The vectors of mind. *Psychological Review, 41,* 1-32.

登張真稲. (2010). 協調性とその起源――Agreeableness と Cooperativeness の概念を用いた検討. パーソナリティ研究, *19,* 46-58.

登張真稲・首藤敏元・大山智子・名尾典子. (2019). 3因子で捉える多面的協調性尺度の作成. 心理学研究, *90,* 167-177.

Tobin, R. M., & Gadke, D. L. (2015). Agreeableness. In J. D. Wright (Ed.), *International Encyclopedia of the Social & Behavioral Sciences* (2nd ed., pp.463-470). Elsevier.

Tobin, R. M., & Graziano, W. G. (2020). Agreeableness. In B. J. Carducci, C. S. Nave & C. S. Nave (Eds.), *Wiley Encyclopedia of Personality and Individual Differences* (pp.105-110). John Wiley & Sons.

Toh, C. A., & Miller, S. R. (2016). Creativity in design teams: The influence of personality traits and risk attitudes on creative concept selection. *Research in Engineering Design, 27,* 73-89.

Trapmann, S., Hell, B., Hirn, J.-O. W., & Schuler, H. (2007). Meta-analysis of the relationship between the Big Five and academic success at university. *Zeitschrift für Psychologie/Journal of Psychology, 215,* 132-151.

Trapnell, P. D., & Wiggins, J. S. (1990). Extension of the Interpersonal Adjective Scales to include the Big Five dimensions of personality. *Journal of Personality and Social Psychology, 59,* 781-790.

辻平治郎 (編著). (1998). 5因子性格検査の理論と実際――こころをはかる5つのものさし―― 北大路書房.

辻平治郎. (2001). 日本語での語彙アプロ ヂによるパ ソナリテ 特性次元の分析. 文部科学省科学研究費補助金・研究成果報告書.

辻平治郎・藤島 寛・辻 斉・夏野良司・向山泰代・山田尚子・森田義宏・秦 一士. (1997). パーソナリティの特性論と5因子モデル：特性の概念, 構造, および測定. 心理学評論, *40,* 239-259.

辻岡美延. (1967). 新性格検査法――Y-G性格検査実施・応用・研究手引―― 竹井機器工業.

續 有恒・織田揮準・鈴木眞雄. (1971). 質問型式による性格診断の方法論的吟味：II. YG性格検査の洗練の試み. 教育心理学研究, *19,* 21-33.

Tupes, E. C., & Christal, R. C. (1958). Stability of personality trait rating factors obtained under diverse conditions (Vol.58). Personnel Laboratory, Wright Air Development Center, Air Research and Development Command, United States Air Force.

Tupes, E. C., & Christal, R. E. (1961). Recurrent personality factors based on trait ratings. Technical Report. Lackland Air Forse Base, United States Air Force.

Turiano, N. A., Silva Belanger, N. M., Damitz, R. L., Hill, P. L., & Mroczek, D. K. (2021). Health processes in personality. In J. F. Rauthmann (Ed.), *The Handbook of Personality Dynamics and Processes* (pp.1251-1271). Academic Press.

Úbeda, Y., & Llorente, M. (2015). Personality in sanctuary-housed chimpanzees: A comparative approach of psychobiological and penta-factorial human models. *Evolutionary Psychology, 13*, 182-196.

Úbeda, Y., Ortin, S., St Leger, J., Llorente, M., & Almunia, J. (2019). Personality in captive killer whales (Orcinus orca): A rating approach based on the five-factor model. *Journal of Comparative Psychology, 133*, 252-261.

内田照久. (2002). 音声の発話速度が話者の性格印象に与える影響. 心理学研究, *73*, 131-139.

内田照久. (2005). 音声中の抑揚の大きさと変化パターンが話者の性格印象に与える影響. 心理学研究, *76*, 382-390.

上野雄己・小塩真司. (2019). 日本人成人における運動行動とBig Fiveパーソナリティ特性の関連. *Journal of Health Psychology Research, 31*, 165-173.

Van den Akker, A. L., Deković, M., Asscher, J., & Prinzie, P. (2014). Mean-level personality development across childhood and adolescence: A temporary defiance of the maturity principle and bidirectional associations with parenting. *Journal of Personality and Social Psychology, 107*, 736-750.

Van der Linden, D., te Nijenhuis, J., & Bakker, A. B. (2010). The general factor of personality: A meta-analysis of Big Five intercorrelations and a criterion-related validity study. *Journal of Research in Personality, 44*, 315-327.

van Scheppingen, M. A., Jackson, J. J., Specht, J., Hutteman, R., Denissen, J. J. A., & Bleidorn, W. (2016). Personality trait development during the transition to parenthood: A test of social investment theory. *Social Psychological and Personality Science, 7*, 452-462.

Vasileva-Stojanovska, T., Malinovski, T., Vasileva, M., Jovevski, D., & Trajkovik, V. (2015). Impact of satisfaction, personality and learning style on educational outcomes in a blended learning environment. *Learning and Individual Differences, 38*, 127-135.

Vazire, S. (2010). Who knows what about a person? The self-other knowledge asymmetry (SOKA) model. *Journal of Personality and Social Psychology, 98*, 281-300.

Vazire, S., & Gosling, S. D. (2004). e-Perceptions: Personality impressions based on personal websites. *Journal of Personality and Social Psychology, 87*, 123-132.

Vecchione, M., Alessandri, G., Roccas, S., & Caprara, G. V. (2019). A look into the relationship between personality traits and basic values: A longitudinal investigation. *Journal of Personality, 87*, 413-427.

Vedel, A. (2014). The Big Five and tertiary academic performance: A systematic review and meta-analysis. *Personality and Individual Differences, 71*, 66-76.

Vedel, A., Thomsen, D. K., & Larsen, L. (2015). Personality, academic majors and performance: Revealing complex patterns. *Personality and Individual Differences, 85*, 69-76.

Verbeek, M. E. M., Drent, P. J., & Wiepkema, P. R. (1994). Consistent individual differences in early exploratory behaviour of male great tits. *Animal Behaviour, 48*, 1113-1121.

Veselka, L., Schermer, J. A., & Vernon, P. A. (2011). Beyond the Big Five: The dark triad and the Supernumerary Personality Inventory. *Twin Research and Human Genetics, 14*, 158-168.

Viswesvaran, C., & Ones, D. S. (2000). Perspectives on models of job performance. *International Journal of Selection and Assessment, 8*, 216-226.

Vize, C. E., Collison, K. L., Miller, J. D., & Lynam, D. R. (2018a). Examining the effects of controlling for shared variance among the dark triad using meta-analytic structural equation modelling. *European Journal of Personality, 32*, 46-61.

Vize, C. E., Collison, K. L., Miller, J. D., & Lynam, D. R. (2020). The "core" of the dark triad: A test of competing hypotheses. *Personality Disorders: Theory, Research, and Treatment, 11*, 91-99.

Vize, C. E., Lynam, D. R., Collison, K. L., & Miller, J. D. (2018b). Differences among dark triad components: A meta-analytic investigation. *Personality Disorders: Theory, Research, and Treatment, 9*, 101-111.

Vize, C. E., Miller, J. D., & Lynam, D. R. (2021). Examining the conceptual and empirical distinctiveness of Agreeableness and "dark" personality items. *Journal of Personality, 89*, 594-612.

Voitsidis, P., Kerasidou, M. D., Nikopoulou, A. V., Tsalikidis, P., Parlapani, E., Holeva, V., & Diakogiannis, I. (2021). A systematic review of questionnaires assessing the psychological impact of COVID-19. *Psychiatry Research, 305*, 114183.

von Stumm, S., & Ackerman, P. L. (2013). Investment and intellect: A review and meta-analysis. *Psychological Bulletin, 139*, 841-869.

Vukasović, T., & Bratko, D. (2015). Heritability of personality: A meta-analysis of behavior genetic studies. *Psychological Bulletin, 141*, 769-785.

和田さゆり. (1996). 性格特性用語を用いたBig Five尺度の作成. 心理学研究, *67*, 61-67.

Wagner, J., Becker, M., Lüdtke, O., & Trautwein, U. (2015). The first partnership experience and personality development: A propensity score matching study in young adulthood. *Social Psychological and Personality Science, 6*, 455-463.

渡邊芳之. (2010). 性格とはなんだったのか――心理学と日常概念―― 新曜社.

Watson, D., Stanton, K., Khoo, S., Ellickson-Larew, S., & Stasik-O'Brien, S. M. (2019). Extraversion and psychopathology: A multilevel hierarchical review. *Journal of Research in Personality, 81*, 1-10.

Wechsler, D. (1949). *Wechsler Intelligence Scale for Children; manual.* The Psychological Corp.

Wechsler, D. (1950). Cognitive, conative, and non-intellective intelligence. *American Psychologist, 5*, 78-83.

Weidmann, R., Ledermann, T., & Grob, A. (2016). The interdependence of personality and satisfaction in couples: A review. *European Psychologist, 21,* 284-295.

Weisberg, Y. J., DeYoung, C. G., & Hirsh, J. B. (2011). Gender differences in personality across the ten aspects of the big five. *Frontiers in Psychology, 2,* 178.

Weiss, A., Inoue-Murayama, M., King, J. E., Adams, M. J., & Matsuzawa, T. (2012). All too human? Chimpanzee and orang-utan personalities are not anthropomorphic projections. *Animal Behaviour, 83,* 1355-1365.

Weiss, A., King, J. E., & Figueredo, A. J. (2000). The heritability of personality factors in chimpanzees (Pan troglodytes). *Behavior Genetics, 30,* 213-221.

Weiss, A., King, J. E., & Perkins, L. (2006). Personality and subjective well-being in orangutans (Pongo pygmaeus and Pongo abelii). *Journal of Personality and Social Psychology, 90,* 501-511.

Weston, S. J., Hill, P. L., & Jackson, J. J. (2015). Personality traits predict the onset of disease. *Social Psychological and Personality Science, 6,* 309-317.

Whiting, S. W., Hoff, R. A., Balodis, I. M., & Potenza, M. N. (2019). An exploratory study of relationships among five-factor personality measures and forms of gambling in adults with and without probable pathological gambling. *Journal of Gambling Studies, 35,* 915-928.

Widiger, T. A. (2009). Neuroticism. In M. R. Leary & R. H. Hoyle (Eds.), *Handbook of Individual Differences in Social Behavior* (pp.129-146). Guilford Press.

Wiggins, J. S. (1979). A psychological taxonomy of trait-descriptive terms: The interpersonal domain. *Journal of Personality and Social Psychology, 37,* 395-412.

Wiggins, J. S. (1991). Agency and communion as conceptual coordinates for the understanding and measurement of interpersonal behavior. In D. Cicchetti & W. M. Grove (Eds.), *Thinking Clearly about Psychology: Essays in honor of Paul E. Meehl, Vol.1: Matters of Public Interest; Vol.2: Personality and Psychopathology* (pp.89-113). University of Minnesota Press.

Wiggins, J. S. (2003). *Paradigms of Personality Assessment.* Guilford Press.

Wiggins, J. S., Trapnell, P., & Phillips, N. (1988). Psychometric and geometric characteristics of the Revised Interpersonal Adjective Scales (IAS-R). *Multivariate Behavioral Research, 23,* 517-530.

Wolf, M. B., & Ackerman, P. L. (2005). Extraversion and intelligence: A meta-analytic investigation. *Personality and Individual Differences, 39,* 531-542.

Wylie, C. (2019). *Mindf*ck: Inside Cambridge Analytica's Plot to Break the World.* Profile Books. (牧野　洋 [訳]. [2020]. マインドハッキング——あなたの感情を支配し行動を操るソーシャルメディア——　新潮社.)

山田尚子・藤島　寛・辻平治郎. (2001). 5因子モデルに基づくパーソナリティテストの比較. 日本性格心理学会発表論文集, *10,* 86-87.

山田誠二. (2018). 人工知能AIの現状と教育への影響. コンピュータ＆エディケーション, *45,* 12-16.

山形伸二. (印刷中). Big Fiveの遺伝的妥当性・普遍性. 安藤寿康 (監修), 山形伸二・高橋雄介 (編著), ふたご研究シリーズ第2巻　パーソナリティ　創元社.

Yamagata, S., Suzuki, A., Ando, J., Ono, Y., Kijima, N., Yoshimura, K., Ostendorf, F., Angleitner, A., Riemann, R., Spinath, F. M., Livesley, W. J., & Jang, K. L. (2006). Is the genetic structure of human personality universal? A cross-cultural twin study from North America, Europe, and

Asia. *Journal of Personality and Social Psychology, 90,* 987-998.

柳井晴夫・柏木繁男・国生理枝子．（1987）．プロマックス回転法による新性格検査の作成について（I）．心理学研究, *58,* 158-165.

矢田部達郎．（1954）．性格自己診断検査の作製．京都大學文學部研究紀要, *3,* 71-167.

吉野伸哉・小塩真司．（2020）．日本における Big Five パーソナリティ特性と BMI の関連．心理学研究, *91,* 267-273.

Yoshino, S., & Oshio, A. (2022). Personality and migration in Japan: Examining the tendency of extroverted and open people to migrate to Tokyo. *Journal of Research in Personality, 96,* 104168.

Yoshino, S., Shimotsukasa, T., Hashimoto, Y., & Oshio, A. (2021). The association between personality traits and hoarding behavior during the COVID-19 pandemic in Japan. *Personality and Individual Differences, 179,* 110927.

Yoshino, S., Shimotsukasa, T., Oshio, A., Hashimoto, Y., Ueno, Y., Mieda, T., Migiwa, I., Sato, T., Kawamoto, S., Soto, C. J., & John, O. P. (2022). A validation of the Japanese adaptation of the Big Five Inventory-2 (BFI-2-J). *Frontiers in Psychology, 13,* 924351.

Youyou, W., Kosinski, M., & Stillwell, D. (2015). Computer-based personality judgments are more accurate than those made by humans. *PNAS Proceedings of the National Academy of Sciences of the United States of America, 112,* 1036-1040.

Yu, Z. (2021). The effects of gender, educational level, and personality on online learning outcomes during the COVID-19 pandemic. *International Journal of Educational Technology in Higher Education, 18,* 1-17.

Zell, E., & Lesick, T. L. (2022). Big five personality traits and performance: A quantitative synthesis of 50+ meta-analyses. *Journal of Personality, 90,* 559-573.

Zettler, I., Hilbig, B. E., & Haubrich, J. (2011). Altruism at the ballots: Predicting political attitudes and behavior. *Journal of Research in Personality, 45,* 130-133.

Ziegler, M., Horstmann, K. T., & Ziegler, J. (2019). Personality in situations: Going beyond the OCEAN and introducing the Situation Five. *Psychological Assessment, 31,* 567-580.

Zimmerman, R. D. (2008). Understanding the impact of personality traits on individuals' turnover decisions: A meta-analytic path model. *Personnel Psychology, 61,* 309-348.

Zuckerman, M. (2005). *Psychobiology of Personality* (2nd ed.). Cambridge University Press.

Zvolensky, M. J., Taha, F., Bono, A., & Goodwin, R. D. (2015). Big five personality factors and cigarette smoking: A 10-year study among US adults. *Journal of Psychiatric Research, 63,* 91-96.

●索引●

▶編著者

谷　伊織　　　愛知学院大学心理学部心理学科 准教授。専門：教育心理学，臨床心理学。
阿部晋吾　　　関西大学社会学部社会学科 教授。専門：社会心理学。
小塩真司　　　早稲田大学文学学術院 教授。専門：パーソナリティ心理学，発達心理学。

▶執筆者（掲載順，所属は執筆時）

小塩真司　　　　　（編著者）
橋本泰央　　　　　帝京短期大学
堀毛一也　　　　　東洋大学
谷　伊織　　　　　（編著者）
川本哲也　　　　　国士舘大学
三枝高大　　　　　福島県立医科大学
下司忠大　　　　　立正大学
山田尚子　　　　　甲南女子大学
並川　努　　　　　新潟大学
吉野伸哉　　　　　早稲田大学
阿部晋吾　　　　　（編著者）
清水由紀　　　　　早稲田大学
西田裕紀子　　　　国立長寿医療研究センター
敷島千鶴　　　　　帝京大学
今野晃嗣　　　　　帝京科学大学
国里愛彦　　　　　専修大学
小松孝至　　　　　大阪教育大学
酒井恵子　　　　　大阪工業大学
西岡美和　　　　　甲南女子大学
向山泰代　　　　　京都ノートルダム女子大学
上野雄己　　　　　東京大学
坪田祐基　　　　　愛知淑徳大学
藤　桂　　　　　　筑波大学
髙田琢弘　　　　　東海学園大学
岡田　涼　　　　　香川大学
平野真理　　　　　お茶の水女子大学
高橋英之　　　　　大阪大学

Big Five パーソナリティ・ハンドブック
5つの因子から「性格」を読み解く

2023 年 6 月 15 日　初版第 1 刷発行
2024 年 2 月 20 日　　　第 2 刷発行

編著者　谷　伊織
　　　　阿部晋吾
　　　　小塩真司
発行者　宮下基幸
発行所　福村出版株式会社
　　　　〒 113-0034　東京都文京区湯島 2-14-11
　　　　電話　03-5812-9702
　　　　FAX　03-5812-9705
　　　　https://www.fukumura.co.jp
印　刷　株式会社文化カラー印刷
製　本　協栄製本株式会社